《中国榜样：永远的雷锋》大型丛书

编委会主任　冷　宽　王保安

雷锋精神与企业文化建设

薛盛伟　齐艳红　李　玲　董志刚　王　雪

编著

中国财政经济出版社

图书在版编目（CIP）数据

雷锋精神与企业文化建设／薛盛伟等编著．—北京：中国财政经济出版社，2013.2

（《中国榜样：永远的雷锋》大型丛书）

ISBN 978-7-5095-4285-9

Ⅰ.①雷…　Ⅱ.①薛…　Ⅲ.①雷锋精神—学习参考资料②企业文化—建设—中国—学习参考资料　Ⅳ.①D64②F279.23

中国版本图书馆 CIP 数据核字（2013）第 027938 号

责任编辑：林治滨　　　　责任印制：张　健

封面设计：逸品文化　　　　版式设计：逸品文化

中国财政经济出版社出版

URL：http：//www.cfeph.cn

E-mail：cfeph@cfeph.cn

社址：北京市海淀区阜成路甲 28 号　邮政编码：100142

营销中心电话：88190406　北京财经书店电话：64033436　84041336

北京富生印刷厂印刷　各地新华书店经销

710×1000 毫米　16 开　19.25 印张　263 千字

2013 年 3 月第 1 版　2013 年 3 月北京第 1 次印刷

印数：1—5000　定价：35.80 元

ISBN 978-7-5095-4285-9/D·0225

（图书出现印装问题，本社负责调换）

本社质量投诉电话：010-88190744

《中国榜样：永远的雷锋》
大型丛书编委会

总 序

一个人无法选择自己所处的时代，但可以选择自己的人生道路。人所从事的职业可能要双向选择，而人生的态度完全由自己决定。雷锋，一个年轻的士兵，影响了几代人的成长，成为全国人民学习的榜样。50年来，学雷锋活动经久不息，这足以证明雷锋精神具有多么强大的渗透力和感染力。现在，几乎整个民族都在呼唤雷锋。面对社会上不尽如人意的现象，就是不情愿学习的人，也希望别人都学习雷锋了。更有人说，雷锋精神具有普世价值，是中华民族精神的集中代表，雷锋可做中国人的形象代言人。

在经过50年的学雷锋活动后，问起有关雷锋的事迹、雷锋精神的实质，仍有许多人不甚了了。这就促使雷锋的战友们、雷锋的传人们、长期坚持研究雷锋的学者们感叹不已。感叹之余，有了一个共识——组织起来，为全国的学雷锋活动做一点事情：一是还原雷锋，把一个真实可信的雷锋的光辉形象奉献给人们，使更多的人知道一个简单的道理：雷锋的一生是平凡的，谁都可以学习雷锋；雷锋精神是伟大的，谁都需要努力，才能把雷锋精神学到手。二是集50年研究成果，把理论层面上对雷锋新的认知告诉人们，使人们从中悟出道理，鼓励人们都来做社会进步的“正能量”。三是针对不同人群，编委会成员多次讨论，力求选准书名和写作内容，就这样，汇集50年的思索和探讨的成果，经过近一年的归纳和整理，就有了这样一套学雷锋的系列读物献给广大读者。这既是献给毛泽东等老一辈革命家为雷锋题词50周年的一份厚礼，更是为贯彻落实党的十八大精神，推动学雷锋活动常态化作出的一份贡献。

这套丛书有以下特点：一是具有权威性。雷锋身边的战友、培养雷锋的领导干部、看着雷锋成长的亲朋好友直接参与写雷锋，是用第一手材料叙述雷锋，其中还纠正了社会上对雷锋不恰当的传闻，还原了雷锋的真实性，维护了雷锋精神的纯洁性。二是具有完整性。有人说，这是一套既用多种形式全面地介绍雷锋事迹、系统地多专题研究雷锋精神的书籍，又是注重研究雷锋精神的时代价值，对当前学雷锋活动常态化提出了建设性意见的读物。三是具有针对性。该大型丛书分别对领导干部、企业家和职工、大学生、部队士兵等不同职业的人群如何结合本职工作学雷锋提出了参考意见，其中不乏独到之处。这些意见和看法在作者所作的多场报告中已与听众形成共识。这是一套值得收藏和系统研读的作品。对不同的读者来说，也是一套可各取所需的读物。

特别应该提到的是，2013年1月12日，中国社会福利基金会学雷锋基金管委会、辽宁省雷锋研究会、中国财政经济出版社在2013北京图书订货会上为本套丛书联合举行的推介会上，雷锋亲密战友乔安山，全国“五一”劳动奖章获得者、全国劳模李素丽，“京城活雷锋”孙茂芳，“雷锋班”现任（第二十五任）班长毕万昌等应邀亲临会场，发表了热情洋溢的讲话。“当代雷锋”郭明义虽未到会，但通过现场连线对出版本套丛书给予了很高的评价。学雷锋基金管委会名誉主任、雷锋生前战友、海军原副政委冷宽中将，学雷锋基金管委会名誉副主任、总参原兵种部政委田永清少将，分别就自己对“雷锋精神”的认识以及对本套丛书的期待作了精彩的发言。媒体及有关领导赞赏出版单位的社会责任感，高度评价图书出版活动传递的“正能量”。

学习雷锋，在于学实质——全心全意为人民服务；学习雷锋，在于行动——一言一行都为别人更幸福；学习雷锋，在于持久——一生一世讲奉献；学习雷锋，要有表率——领导干部应走在前列。

愿这套丛书助大家在追求成功的路上走得更远、更坚实。

衷心感谢在组织编写本套丛书及其开展的相关活动过程中给予我们大力支持和帮助的所有同志。

《中国榜样：永远的雷锋》编委会

2013 年 2 月

序

春天是美丽的季节，百花盛开，莺歌燕舞。

春天是希望的季节，万物复苏，生机盎然。

春天是播种的季节，种子落土，大地生辉。

1963 年的春天，分外明媚，格外使人激动和回味，因为在这一年的春天，一个 22 岁的普通士兵——雷锋，用他水晶般的心灵和烟花灿烂般的生命唤绿了神州的山山水水，鼓荡起波澜壮阔的万里春潮。

雷锋，一个平凡而伟大的士兵，以其短暂的一生谱写了无比壮丽的人生诗篇，树起了一座不朽的道德丰碑。

自此，学雷锋不息的绵绵春雨滋润了一个又一个的干涸的心田，学雷锋不懈的春风就吹开了一个又一个冰封的心灵，学雷锋的先进个人、先进典型、先进集体层出不穷，学雷锋事迹、学雷锋故事感人至深。

时光荏苒，岁月流逝，50 年弹指一挥间。雷锋精神，一座内涵丰富、意蕴深刻的精神宝库，以其与民族传统美德、社会进步潮流、党的先进本色相契合的魅力，哺育和激励了一代又一代人的成长，内化为中华民族的文化基因，成为中国人民共有的精神财富。

企业作为社会大家庭的一分子，由计划经济下的国营企业、集体企业而发展成为现今的国有企业、股份制企业、私营企业等等。在新形势下，企业纷纷将企业文化与雷锋精神进行了链接与整合。当前，要大力弘扬雷锋热爱党、热爱祖国、热爱社会主义的崇高理想和坚定信念，弘扬雷锋服务人民、助人为乐的奉献精神，弘扬雷锋干一行爱一行、专一行精一行的敬业精神，弘扬雷锋锐意进取、自强不自息的创新精神，弘扬雷锋艰苦奋斗、勤俭节约的创业精神。

本书以雷锋精神的起源、形成、发展作为启领，从雷锋印象谈起，由感动1963到雷锋精神是中华民族的精神瑰宝，雷锋精神向我们走来，细说20世纪60年代至今5个10年段学雷锋的主题，到千树万树梨花开，50年来学雷锋历久弥新。以雷锋精神与企业文化的关系进行剖析，从企业文化漫谈论及，到成败于那一抹灵魂引申企业文化实质，引用著名公司的企业文化，说明雷锋精神是企业文化的万向轴。以雷锋精神育人引路，以雷锋精神治企建业，论述企业学雷锋的方法和怎样学雷锋。最后整理10多个以雷锋精神为主要特色企业文化案例，挖掘不同领域、不同类型的学雷锋先进典型，大力宣传这些来自群众、来自基层、有血有肉、真实可信的事例，把雷锋精神融入本职工作，使雷锋精神更加贴近实际，更富时代气息，更有吸引力和凝聚力。企业文化与雷锋精神相契合后产生强大的生命力、社会影响力、号召力、引领力。

雷锋虽然生命短暂，却活得快乐精彩，虽然相隔半个世纪，我们仍然需要用他的光亮照亮前程。深入开展学雷锋活动，大力弘扬雷锋精神，是社会的呼唤，时代的强音，让我们共同高唱雷锋之歌，与时代同行，与文明同在。

目 录

第一章
雷锋精神印象

第一节　感动 1963

雷锋，一个普通的名字；雷锋，一个平凡的战士，他的生命是短暂的，热情而精彩，无私又阳光；他的精神是永恒的，后世时刻在传唱《学习雷锋好榜样》，《接过雷锋的枪》。1962 年 8 月 15 日，他逝去了，他留下了一个永不消逝的名字——雷锋，也留下了一种伟大而高贵的精神——雷锋精神。雷锋精神，是中国共产主义战士雷锋在实践中表现出来的全心全意为人民服务的共产主义精神。其实质是：忠于共产主义事业，毫不利己专门利人，在各种不同的工作岗位上干一行爱一行，把有限的生命投入到无限的为人民服务之中去，在平凡的工作中为社会主义、共产主义的事业而奉献自己的力量。

历史的苍穹群星闪烁，活在人民心中的英雄、融入历史不朽的精神，成为交相辉映的星辰。雷锋与众多英雄人物以不同方式留下相同的足迹。虽然在特定的时代、特定的环境下，虽然他们的业绩不尽相同，惊天动地与默默无闻，但他们都以自己的忠诚、大爱铸就了崇高的形象和时代精神，可歌可泣，成为时代的火种。他们的精髓作为一种结晶，沉淀在人类精髓文明的河床之中，精神不朽，不会被雨打风吹去。时光流逝，人们怀念雷锋、呼唤雷锋、学习雷锋，说明雷锋精神始终为亿万人们所崇仰，耸立在时代的伟岸，竖起一个永恒的路标。

一、毛泽东等老一辈革命家为学习雷锋题词

毛泽东最早为雷锋题词出现在1963年3月2日出版的《中国青年》杂志上，1963年2月初，首都几家大报先后刊登了雷锋日记摘抄。2月11日，《中国青年》杂志社召开编委扩大会议，专门讨论如何宣传雷锋的问题。经过热烈讨论，决定把《中国青年》杂志第5期和第6期合刊，从各编辑组抽调骨干力量，出“学雷锋专辑”。并给毛泽东、周恩来和其他中央领导同志写信，恳请为雷锋题词。给毛主席的信是在2月15日送到中南海的。由秘书林克转呈毛泽东。在信函中简要介绍了“全国广大青年正在掀起一个向雷锋学习的热潮。《中国青年》杂志准备出版‘学雷锋专辑’，向青年推荐这个典型，教育青年在社会主义建设时期更好的锻炼成长，恳请您老人家为雷锋题词”。过了几天，杂志社又打了一次电话说：“学雷锋专辑准备3月1日出版，付印时间是2月26日，请主席最好能在2月25日前题好。”毛主席先让秘书拟几个题词供他参考。林克回到办公室，经过思索拟好了十来个题词，题词的大致内容有：“学习雷锋同志全心全意为人民服务的思想”、“学习雷锋同志鲜明阶级立场”、“学习雷锋同志大公无私的共产主义风格”、“学习雷锋同志艰苦朴素的作风”、“学习雷锋同志毫不利己、专门利人的优良品德”、“学习雷锋同志勤奋好学的革命精神”等等。2月22日，毛主席将他写好的“向雷锋同志学习”七个潇洒飘逸的亲笔题词交给秘书林克说道：“学雷锋不是学他哪一两件先进事迹，也不是学他的某一方面的优点，而是要学他的好思想、好作风、好品德；学习他长期一贯地做好事，而不做坏事；学习他一切从人民的利益出发，全心全意为人民服务的精神。当然，学雷锋要实事求是，扎扎实实，讲求实效，不要搞形式主义。不但普通干部、群众学习雷锋，领导干部要带头学，才能形成好风气。”

应当指出，毛主席在题词之前，就阅读了报纸上有关雷锋的报道，了解了雷锋的事迹。他曾对当时的军委秘书长罗瑞卿说过：“雷锋值得学习”。毛泽东是应《中国青年》杂志的请求题的词，但这个“向雷锋

同志学习”的伟大号召，是向全国人民和青年发出的，由全国宣传媒介广为宣传的。

1963年3月2日，《中国青年》杂志刊登了毛主席“向雷锋同志学习”的题词，3月5日《人民日报》、《解放军报》、《光明日报》、《中国青年报》都刊登了主席的题词手迹，这一天成了全国学雷锋纪念日。3月6日《解放军报》首次刊登了刘少奇的“学习雷锋同志平凡而伟大的共产主义精神”的题词，周恩来总理的题词是“向雷锋同志学习憎爱分明的阶级立场、言行一致的革命精神、公而忘私的共产主义风格、奋不顾身的无产阶级斗志”，朱德的题词是“学习雷锋，做毛主席的好战士”，邓小平的题词是“谁愿当一个真正的共产主义者就应该向雷锋同志的品德和风格学习”。陈云、叶剑英等老同志也为雷锋题了词。

老一辈革命家董必武于1962年2月作诗《歌咏雷锋同志》歌颂雷锋：

有众读毛选　雷锋特认真
不惟明字句　而且得精神
阶级观清楚　劳动念朴纯
螺丝钉不锈　历史色常新
只做平凡事　皆成巨丽珍

由于老一代革命家的积极倡导，学习雷锋活动很快从军队向全国各行各业发展，迅速兴起了一个全国范围的学雷锋热潮。雷锋的模范事迹和高尚思想在军内外产生巨大影响。国防部命名他生前所在班为“雷锋班”。1963年3月5日毛泽东发出“向雷锋同志学习”的伟大号召。1990年3月5日，江泽民等党和国家领导人分别题词，号召全国人民进一步向雷锋学习，弘扬雷锋精神，为建设具有中国特色的社会主义而努力。在广泛持久开展学习雷锋活动中，全军各部队和全国各条战线上涌现出大批雷锋式的英雄模范人物。雷锋精神培育着一代又一代新人成长。

也许有人会疑问，22 岁的普通战士，最终能有多大成就？我们寻找雷锋的生活轨迹，从一点一滴感觉他的平凡，从细微之处感受他的伟大，涓涓细流终成河。

二、雷锋其人

1940 年 12 月 18 日，农历 11 月 20 日，雷锋出生在湖南省长沙（望城）县简家塘一个贫苦农民家里。雷锋出生的时候，正是抗日战争时期，在短短的四年多的时间里，他的爷爷、爸爸、妈妈、哥哥、弟弟五位亲人被逼迫相继死去，小雷锋不满七岁就成了孤儿。

1949 年 8 月，湖南解放时，小雷锋便找到路过的解放军连长要求当兵。连长没同意，但把一支钢笔送给他。1950 年，雷锋当了儿童团团长，积极参加土改。同年夏，乡政府的党支书供他免费读书，后来加入少先队。

1956 年夏天，他小学毕业后在乡政府当了通信员，不久调到望城县委当公务员，被评为机关模范工作者，并于 1957 年加入共青团。1958 年春，雷锋到团山湖农场，只用了一周的时间就学会了开拖拉机。同年 9 月，雷锋响应支援鞍钢的号召，到辽宁鞍山做了一名推土机手。翌年 8 月，他又来到条件艰苦的弓长岭焦化厂参加基础建设，曾带领伙伴们冒雨奋战保住了 7200 袋水泥免受损失，当时的《辽阳日报》报道了这一事迹。在鞍山和焦化厂工作期间，他曾 3 次被评为先进工作者，5 次被评为标兵，18 次被评为红旗手，并荣获“青年社会主义建设积极分子”的光荣称号。

1959 年 12 月征兵开始，雷锋迫切要求参军，焦化厂领导舍不得放他走。雷锋跑了几十里路来到辽阳市兵役局（现人民武装部）表明参军的决心。他身高只有 1. 54 米，体重不足 55 公斤，均不符合征兵条件，但因政治素质过硬和有经验和技术，最后被破例批准入伍。参加人民解放军后，编入工程兵某部运输连四班，任班长。他全心全意为人民服务，只要是对人民有利的事，他都心甘情愿地去做。他曾多次立功，被评为节约标兵和模范共青团员。1960 年 11 月入党，并被选为抚顺市

人民代表。1962 年 8 月因公殉职。牺牲后抚顺市近 10 万普通市民自发护送他的灵柩。

三、雷锋日记

人的生命是有限的，可是，为人民服务是无限的，我要把有限的生命，投入到无限的为人民服务之中去。

一个人的作用，对于革命事业来说，就如一架机器上的一颗螺丝钉。机器由于有许许多多的螺丝钉的连接和固定，才成了一个坚实的整体，才能够运转自如，发挥它巨大的工作能。螺丝钉虽小，其作用是不可估计的。我愿永远做一个螺丝钉。螺丝钉要经常保养和清洗，才不会生锈。人的思想也是这样，要经常检查，才不会出毛病。

……如果你是一滴水，你是否滋润了一寸土地？如果你是一线阳光，你是否照亮了一分黑暗？如果你是一颗粮食，你是否哺育了有用的生命？如果你是一颗最小的螺丝钉，你是否永远守在你生活的岗位上？如果你要告诉我们什么思想，你是否在日夜宣扬那最美丽的理想？你既然活着，你又是否为了未来的人类生活付出你的劳动，使世界一天天变得更美丽？我想问你，为未来带来了什么？在生活的仓库里，我们不应该只是个无穷尽的支付者。

对待同志要像春天般的温暖，对待工作要像夏天一样火热，对待个人主义要像秋风扫落叶一样，对待敌人要像严冬一样残酷无情。

雷锋被人们称为共产主义战士，是因为他有着高尚的理想、信念、道德和情操；他的价值，在于他把自己火热的青春全部献给了党，献给了人民。他常说："革命需要我去烧木炭，我就去做张思德；革命需要我去堵枪眼，我就去做黄继光。"

四、雷锋年谱

1940 年 12 月 18 日，出生在湖南省望城县安庆乡（现雷锋乡）简家塘一户贫苦农民家里。这一年系农历“庚辰”年，父母给他取乳名叫“庚伢子”，学名雷正兴。

1947年秋，父亲雷明亮，母亲张元满，哥哥雷正德相继悲惨死去，年仅7岁的雷正兴（雷锋）成了孤儿。

1949年8月，雷正兴（雷锋）家乡解放。安庆乡人民政府成立。雷正兴（雷锋）担任过儿童团大队长。

1950年初，土地改革开始，雷正兴（雷锋）分得3.6亩耕地，还有一些生活用品，如床，蚊帐，锅，箱子等。

1950年夏，入学，在刘家祠堂小学读书。

1954年夏，考入清水塘完小，加入少先队，被选入中队委员。

1955年，转入荷叶坝小学。这年春天，在农业合作化高潮中，雷正兴（雷锋）把土改中分得的3.6亩田全部入了社。

1956年7月15日，从荷叶坝小学毕业。

1956年7月至9月，雷正兴（雷锋）在生产队当了近3个月秋征助理员，搞征收公粮工作。

1956年9月，在安庆乡政府当通讯员。

1956年11月17日，在望城县委当公务员。

1957年2月8日，光荣加入中国新民主主义青年团，同时被评为县委机关工作模范。

1957年夏，担任望城县治伪工程指挥部通讯员。治伪工程结束，被评为治伪模范。

1958年春，响应望城县团委提出的捐献一台拖拉机的号召，雷正兴（雷锋）捐款20元，成为全县青少年中捐款最多的一个。县委决定派雷正兴（雷锋）学开拖拉机。

1958年3月16日，在《望城报》发表第一篇文章《我学会开拖拉机了》。

1958年秋，到韶山瞻仰毛主席故居。

1958年10月，由原名雷正兴改为雷锋。

1958年11月15日，到鞍山钢铁厂参加社会主义建设。被分配在

鞍钢化工总厂洗煤车间当推土机手。不久，出席鞍山市青年社会主义建设积极分子代表大会。

1959 年 8 月 20 日，报名到鞍钢弓长岭矿山参加新建焦化厂工作。

1958 年 10 月至 1960 年 1 月，在鞍钢一年零两个多月时间里，3 次被评为先进工作者，5 次被评为红旗手，18 次被评为标兵，荣获青年社会主义建设积极分子称号。

1959 年 12 月 9 日，弓长岭《矿报》发表雷锋《我决心应召》的申请书，表达了积极要求参军的坚定决心。

1960 年 1 月 2 日，新兵换装集中待发，雷锋因无政审表，难以批准入伍。辽阳市兵役局余新元政委送雷锋到新兵大队，当“便衣通信员”。

1960 年 1 月 7 日，当晚，接兵参谋戴明章通过长途电话向工兵团团长吴海山请示，雷锋虽无政审表，可是个优秀青年，能否先带到部队。经同意，在登车出发前 8 小时，雷锋终于穿上新军装。

1960 年 1 月 8 日，雷锋入伍第一天。当天下午，作为新兵代表在欢迎新战友大会上发言。

1960 年 3 月，新兵连训练结束，雷锋被分配到运输连当驾驶员。下连不久，又被抽调参加团里战士业余演出队。

1960 年 4 月，从团里战士业余演出队回到运输连。一个月后，雷锋成为新兵中一名合格的汽车驾驶员，第一个下到战斗班。

1960 年 8 月，参加上寺水库抢险救灾，带病连续奋战 7 天 7 夜，表现突出，团党委为雷锋记三等功一次。

1960 年 8 月，把平时节约下来的 200 元钱分别支援抚顺市望花区人民公社和辽阳水灾区，受到部队表彰。团党委决定树立雷锋为“节约标兵”。

1960 年 11 月 8 日，运输连支部党员大会通过雷锋入党申请。

1960 年 11 月 9 日，工兵团党委在党委书记、政委韩万金主持下，在沈阳军区招待所临时召开党委扩大会议，批准雷锋为中国共产党党员。

1960年11月23日，沈阳军区工程兵党委作出授予雷锋“模范共青团员”称号决定。

1960年11月27日，雷锋荣立二等功，作为立功代表在全团授奖大会上发言。团长吴海山、政委韩万金分别向雷锋颁发二等功奖状和“模范共青团员”奖状。此后，雷锋又荣立过三等功一次，受团、营嘉奖多次。

1960年12月1日，雷锋从1959年8月30日至1960年11月15日的15篇日记在沈阳军区《前进报》首次发表。

1960年12月，雷锋在《前进报》发表署名文章《解放后我有了家，我的母亲就是党》。

1961年2月3日，应邀到海城驻军作忆苦思甜报告，与全国战斗英雄郅顺义亲切交谈。

1961年5月，雷锋作为全团唯一候选人，被选为辽宁省抚顺市第四届人民代表大会代表。

1961年5月14日，雷锋被提升为副班长。

1961年7月27日，接到抚顺市人民委员会通知书。7月31日至8月3日出席抚顺市第四届人民代表大会第一次会议。

1961年8月，雷锋被提为运输连四班班长。

1962年1月27日，雷锋被批准晋为中士军衔。

1962年春节，雷锋在《前进报》发表《62年春节写给青年同志们的一封信》。在此前后，雷锋又在《前进报》发表了《在毛主席的哺育下成长》，《我是怎样从一个苦孩子成长为毛主席的好战士的》，《做毛主席的好战士》等署名文章。

1962年2月14日，雷锋被选为党代会代表，出席中国共产党工程兵十团代表大会。

1962年2月19日，雷锋以特邀代表身份，出席沈阳军区首届共产主义青年团代表会议，并被选为主席团成员，在大会上发言。

1962年5月，雷锋被共青团抚顺市委评为抚顺市优秀校外辅导员。

1962年8月15日上午10时，战友乔安山开车时撞到一根晾衣服的木杆，不幸打在雷锋右太阳穴上，负重伤。经抚顺市望花区西郊职工医院抢救无效，于12时5分不幸牺牲，年仅22岁。

五、雷锋精神起源

雷锋精神是对雷锋事迹所表现出来的先进思想、道德观念和崇高品质的理论概括和总结。已经成为雷锋和雷锋式的先进人物崇高思想和优秀品德的结晶，已经成为热爱祖国，热爱社会主义，热爱党，坚定共产主义信仰，树立全心全意为人民服务的思想，发展人与人之间团结友爱互助的社会主义新型关系的象征。

（一）以生产资料公有制为主体的社会主义经济的建立，形成全民学雷锋活动深厚的社会基础

社会存在决定社会意识，在人类发展的每一个历史时期，都会出现体现历史发展总趋势，反映时代精神特点的典型任务，20世纪60年代初期，百业待兴，人民从社会实践中体验到一个千疮百孔的旧中国怎样在中国共产党的领导下，经过艰苦卓绝的斗争和努力，使之成为人民民主专政的新中国，从生产资料的奴隶变成国家的主人，更深切地体会到社会主义制度的优越性，坚信一个真理，那就是“只有社会主义能够救中国”，从而激发出热爱党，热爱祖国和建设社会主义事业的极大热情和为共产主义事业献身的崇高理想。这就是孕育、生成雷锋精神的土壤，雷锋精神镌刻着这个时代思想观念的印记。

（二）马列主义、毛泽东思想为核心的意识形态的主导地位，为全民学雷锋活动创造了先决条件

20世60年代初期，社会主义制度在中国已经确立，并正在不断巩固和完善，中国共产党领导下的社会主义制度越来越显示它的优越性，以马列主义、毛泽东思想为特征的社会意识形态，在政治生活领域中占据了主导地位。学习马列主义、毛泽东思想不断深入，党的政治工作扎实有力，形成优势，良好的社会风气和新型的人际关系，为学雷锋活动提供了现实的群众基础。

（三）中华民族的传统美德和战争年代延续下来的优良作风使全民学雷锋活动源远流长

雷锋身上的公而忘私的共产主义风格，艰苦奋斗的革命精神和助人为乐的高尚情操等，正是充分体现了中华民族的传统美德和民族精神。雷锋精神不仅仅是民族传统美德的简单再现或重复，而是一种新的继承和发展，是一种质的升华和飞跃。因为雷锋精神注入了马列主义、毛泽东思想的科学内容，闪耀着共产主义思想的光辉，大大超越了中华民族历代前贤的思想境界，是中华民族精神和现实的时代精神的有机结合。这就是学雷锋活动在人民群众中具有不朽生命力的重要因素。

（四）新时期革命任务的重点转移，为全民学雷锋活动开创了广阔前景

新中国成立以后，革命任务的重点开始转移到经济建设方面上来，社会主义改造基本完成以后，国内的阶级关系和主要矛盾方面出现新情况，党的主要任务是集中全党、全国人民的力量发展社会生产力，为建设一个伟大的社会主义新中国而奋斗。我国的社会主义革命事业是在人口众多、资源少、底子薄的基础上进行的。新中国成立初期，由于长期战争的破坏，留下来的国民经济是一个千疮百孔的烂摊子，新中国面临着经济上的严重困难。在严峻的形势面前，中国人民没有被困难吓倒，没有畏惧和退缩，而是在党的领导下，上下一心，团结一致，在艰苦的日子里，在各自的岗位上，以忘我的、创造性的劳动态度，战胜困难，使战争年代那种艰苦奋斗、自强不息的革命精神重新得到了发扬光大。这个时期诞生的“大庆精神”、“铁人精神”、“好八连精神”、“焦裕禄精神”，这是战争年代的“井冈山精神”、“长征精神”“延安精神”、“小米加步枪精神”、“南泥湾精神”的光大和发扬，这些精神闪耀着中国共产党和中国革命的不朽光辉。

雷锋就是在这样的时代风尚下成长起来的，雷锋精神就是在这样的历史背景下产生的时代精神。雷锋自觉地把个人的命运和国家、人民、集体的命运紧紧联系起来，把艰苦奋斗与实现共产主义的远大理想结合起来，干一行爱一行，孜孜不倦地钻研业务，积极为社会主义贡献力

量，他意志坚强、迎难而上，在军事训练中，勤学苦练，突破难关，精益求精；在抢险救灾中，他奋不顾身，带病坚持；在义务劳动中，总是走在前面，成绩出色。他要自己在“工作上，要向积极性最高的同志看齐；在生活上，要向水平最低的同志看齐。”他处处为集体着想，时时为国分忧。“发扬艰苦朴素，勤俭节约的优良传统，不乱花一分钱，不乱买一寸布，不掉一粒粮，做到省吃俭用，点滴积累，支援国家建设。”他入伍后，大热天舍不得买一瓶汽水喝，他留下来的节约箱、储蓄箱和针线包，成为向全体国民进行传统教育的传家宝。他穿过的补丁摞补丁的袜子，至今陈列在中国人民革命军事博物馆里，向人民昭示一个真理：艰苦奋斗是中华民族的优良传统，是自立于世界民族之林的建设支柱，是战胜一切困难、取得革命和建设事业胜利的武器和法宝。

雷锋，这个光辉的名字，在我们的心中闪烁着不灭的光辉。他把自己旺盛的青春全部献给了党，献给了人民，他高尚的理想、信念、道德、情操，必将在我们青少年一代身上不断发扬光大，他那不可磨灭的美好形象，将永远活在我们的心中。

第二节　中华民族的精神瑰宝

一、雷锋精神内涵

雷锋精神是以雷锋的名字命名的、以雷锋的精神为基本内涵的、在实践中不断丰富和发展的革命精神，其实质和核心是全心全意为人民服务，为了人民的事业无私奉献。它已经成为我们这个时代精神文明的同义语、先进文化的代表。周恩来同志把雷锋精神全面而精辟地概括为“憎爱分明的阶级立场、言行一致的革命精神、公而忘私的共产主义风格、奋不顾身的无产阶级斗志”。

（一）憎爱分明的阶级立场

憎爱分明的阶级立场是雷锋精神的精髓。雷锋一心向着党，他把党比作母亲，把自己的生命看成是属于党和人民的，无论遇到怎样艰难复杂的情况，都“坚决听党的话，一辈子跟党走”，“为了党，愿洒尽鲜血，永不变心”，“对敌人要狠，要像严冬一样残酷无情；对党、对人民要忠诚老实，永远忠于党，忠于人民”，这是雷锋给我们留下的名言。

（二）言行一致的革命精神

雷锋是一个实干家，是一个勇于探索的创造者，他总是把实现崇高的理想落实到本职岗位上，说到做到，表里如一。他坚持理想与现实相一致，决心为共产主义奋斗终身，甘做一颗永不生锈的“螺丝钉”，干一行，爱一行，钻一行；他注重理论联系实际，对自己政治上要求严格，自觉经受思想锻炼，逐步成长为一名具有高度共产主义觉悟和道德修养的战士。

（三）公而忘私的共产主义风格

雷锋毫无自私自利之心，在他看来，“个人和集体的关系，正像细胞和人的整个身体关系一样。当人的身体受到损害的时候，身上的细胞不可避免也要受到损害。同样的，我们每个人的幸福也依赖于祖国的繁荣，如果损害了祖国的利益，我们每个人就得不到幸福！”正因为如此，雷锋时时处处都以党、人民和祖国的利益为重，把毫不利己、专门利人看做是最大的幸福和快乐，把有限的生命投入到无限的为人民服务之中去。

（四）奋不顾身的无产阶级斗志

雷锋人生观最光彩夺目的是，他正确地解决了“为谁活着，怎样做人”的问题。他把“生为人民生，死为人民死”作为自己的信条，“时刻准备着为党和阶级的最高利益，牺牲个人的一切，直至生命”。在这样的人生观指导下，雷锋始终保持着昂扬的精神状态和勇往直前的革命干劲，在平凡的岗位上做出了不平凡的成绩，用生命践行了为共产主义事业毕生奉献的誓言。

雷锋精神集中体现了中华民族的优良传统，反映了社会主义和共产主义的价值观念和行为准则，凝聚着全人类共同珍视的时代精神的精

华。学雷锋活动，已经成为加强思想政治建设的重要方面，教育培养青年的重要途径，传播精神文明的有效形式，弘扬先进文化的生动载体。

1. 雷锋精神是远大理想与具体实践的统一。理想是高级思想的结晶，是人们对未来的向往和追求，是人生经过奋斗有实现可能的目标。正确的理想是人们奋斗的目标和动力，是事业成功的基础。雷锋用短暂的22年，走完了他平凡而伟大的一生，实现了远大理想与具体实践的统一。

雷锋从小是一个无依无靠的孤儿，在党的关怀下上了小学。在小学毕业讲话中他说："我要响应党的号召，当新式的农民……驾驶拖拉机，耕耘祖国的大地，将来我要做个好工人，建设好祖国，我要做个好战士，用生命和鲜血保卫我们的祖国……"有了这样一个远大理想，雷锋在建设团山湖农场的艰苦劳动中，不怕苦、不怕累，当洪水泛滥时，他跳进急流，用自己的身体堵住缺口；有了这样一个远大理想，雷锋在弓长岭矿建设工地上，为了加快施工进度，脱下鞋，挽起裤腿，踏进冰冷的泥水中去和泥；有了这样一个远大理想，雷锋用个人的积蓄先后给辽阳灾区寄去100元钱，在望花区和平人民公社成立时又送去100元钱。他雨夜送大娘回家，带病推砖支援本溪路小学（现雷锋学校）建设，在抗洪抢险中他荣立二等功，他是孩子们的知心人，是人民的勤务员。

雷锋认为有理想、有出息的青年人必定是乐于吃苦的人，因此他在工作上用高标准要求自己，在生活上用低标准要求自己，待人像"春天般温暖"，对己则如"秋风扫落叶"，他履行着"多做日常的、细小的、平凡的工作"的誓言，并实践了自己的诺言。

2. 雷锋精神是坚定信念与完美人格的统一。雷锋精神既继承了中华民族传统美德，又融汇了共产主义的道德理想，寄托了人类认同的道德理想，成为不朽的精神典范。

雷锋精神内涵中坚定信念与完美人格的统一在于雷锋树立了坚定的信念。雷锋说："我深深地认识到，做每一件工作，完成每一项任务哪怕是进行每一次学习，都十分需要听党的话"，雷锋树立了"忠于党、永远听党的话”的信念，开始了自己平凡而伟大一生的起点，并把坚定的信念置于自己人生价值的核心地位。

雷锋精神内涵中坚定信念与完美人格的统一还在于雷锋公而忘私的奉献精神。人是社会的人，社会是人的社会，社会的发展和进步离不开人的创造与奉献。雷锋说：“吃饭是为了活着，可活着不是为了吃饭”。从这些文字中我们可以体会到雷锋高尚和火热的心灵，他在不断调整自己的人生坐标，他告诫自己：越是困难、越是艰苦的地方，革命者就越应当去，他说：“我情愿做这样的‘傻子’”。在这种思想的指导下，雷锋的思想产生了质的飞跃，从最初的、朴素的报恩思想和阶级感情，上升到理性认识，尽自己的全部精力诠释了“在生活的仓库里，我们不应当只是个无穷无尽的支付者”的人格魅力。

3. 雷锋精神是集体主义价值观与个人价值观的统一。从家乡来到鞍钢，雷锋从农业战线走上了工业战线。这是雷锋世界观形成的一个重要里程碑，是雷锋成长道路上的一个重要转折点。来到部队后，雷锋直接汲取了人民军队的营养和精华，雷锋入伍后的第一天就下定决心向英模学习，从众多的先进人物身上，雷锋感受到了一个人要想成为别人学习的榜样，首先就要具备高度的主人翁责任感，要对党、对社会主义建设事业有赤胆忠心；要具备“毫不利己，专门利人”的国际共产主义战士的思想境界；要热爱同志和集体，爱护国家的财产和人民的生命安全，兢兢业业为党工作，谦虚好学渴求进步、刻苦钻研技术，这样的思想再一次与雷锋的个人价值观相融合，形成了雷锋人生哲学的统一。他在日记中写到：今天我学习了毛著，主席有一段话对我教育最深刻，启发最大，紧紧地和中国人民站在一起，全心全意地为人民服务，这就是这个军队的唯一宗旨，我是人民的子弟兵，一定要永远牢记党和毛主席的教导。雷锋确立了“生为人民生，死为人民死”的全心全意为人民服务的价值观。他勉励自己：牢牢记住，并且要贯穿在自己的生活和实际行动中。“革命利益高于一切，处处为集体利益而不惜牺牲自己一切。永远愉快地多给别人，毫不计较个人得失”是雷锋对待集体主义的准则。因此，雷锋在处理个人利益与集体利益的关系时，始终自觉地把“党和人民的利益”放在第一位。

4. 雷锋精神是理论与实践的统一。雷锋从一个普通的士兵成长为一名平凡而伟大的共产主义战士，成长为一名世人瞩目的楷模，与雷锋把理论与实际相统一的辩证唯物主义世界观分不开的。对《毛泽东选集》的阅读使雷锋在思想觉悟和政治理论上有了一个质的跨越。一方面，他用马列主义、毛泽东思想的立场、观点和方法观察认识事物，把马列主义、毛泽东思想比作“粮食”、“武器”和“方向盘”，他认为不学习，就会辨不清前进的方向，就容易思想迷惘；另一方面，他用马列主义、毛泽东思想来武装自己的头脑，作为自己行动的指南，并把马列主义、毛泽东思想与现实结合起来，把共产主义的远大理想与现实统一起来，才有了雷锋对人的生命意义的理解，才有了他人生的方向，才有了他对人生存在的价值和目的的独特解读。我们翻开《为人民服务》一文，雷锋就在最后一页的空白处写道：“我觉得一个革命者活着，就应该把毕生的精力和整个生命为人类解放事业——共产主义事业全部献出。我活着只有一个目的，就是做一个对人民有用的人。”他下决心“勤学、苦学、发奋学、学习一生”，在思想上，他产生了像钉子一样“善于挤和善于钻”的学习劲头，很好地完成了各种学习任务，并坚持刻苦学习，做到理论联系实际，始终坚持用学到的理论、观点对照联系自己的思想和周围的一切事情。“人的生命是有限的，可是，为人民服务是无限的，我要把有限的生命，投入到无限的为人民服务之中去……”雷锋把理论与实践相统一运用到自己人生旅途中，为自己的人生寻找到一条普通的、但伟大的道路。

雷锋这个响亮的名字和以他的名字命名的雷锋精神，深深镌刻在一代又一代中国人的心中，影响和激励着一代又一代中国人为建设中国特色社会主义而奋勇前进。半个世纪过去了，在雷锋精神的感召下，我国涌现出无数雷锋式的先进人物，他们继承和弘扬雷锋精神，为其注入了新的内涵。雷锋精神的时代内涵，集中体现为服务人民、助人为乐的奉献精神，干一行爱一行、专一行精一行的敬业精神，锐意进取、自强不息的创新精神，艰苦奋斗、勤俭节约的创业精神。从中央到地方，从国内到国际，雷锋精神就像清新的阳光，照亮每一个角落，带给世界光明和温暖。

二、深入开展学雷锋活动是时代呼唤和事业发展要求

党的十七届六中全会关于《中共中央关于深化文化体制改革推动社会主义文化大发展大繁荣若干重大问题的决定》提出，“深入开展学雷锋活动，采取措施推动学习活动常态化。”50年来，党的几代领导人对学习雷锋作出重要指示，由亿万人民参与的群众性学雷锋活动在中华大地上蓬勃兴起、延续不断。现在，我们正站在新的历史起点上向着新的目标迈进，继续推进全面建设小康社会的历史任务，实现中华民族伟大复兴的宏伟目标，迫切需要用伟大的雷锋精神教育广大党员干部、激励全国各族人民。深入开展学雷锋活动，就是要适应新形势、新要求，在新的历史条件下继续发扬光大雷锋精神，动员和鼓舞广大干部群众以崭新的精神风貌，积极投身改革开放和社会主义现代化建设的伟大实践。

（一）深入开展学雷锋活动，在全体人民中树立了鲜明的道德标尺

一个社会要健康有序发展，一个国家要实现文明兴盛，都离不开正确的价值导向、共同的道德规范。深入开展学雷锋活动，就是要昭示人们，无论环境如何变化，无论社会怎么变迁，雷锋身上所体现的坚定理想信念和坚强意志品质，所体现的助人为乐、爱岗敬业、积极进取、勤俭节约的宝贵精神，所体现的全心全意为人民服务的火热情怀，都是我们社会所需要的、应当大力倡导的；就是要激励人们向雷锋同志学习，像他那样自觉做中华民族传统美德的传承者、社会主义道德规范的实践者、新型人际关系的倡导者，大力弘扬文明新风，大力倡导助人为乐的幸福观，用实际行动促进良好社会风气的形成和发展。

（二）深入开展学雷锋活动，有助于凝聚全社会力量共同推进道德建设

道德是社会和谐的基石，是事业发展的保证，是人民幸福的源泉。道德建设，人人有责；道德成果，人人共享。这些年，无论是评选

“双百人物”、道德模范，还是推荐身边好人、感动中国人物，都有亿万群众踊跃参与；无论是开展精神文明创建活动，还是深化城乡志愿服务，都得到广大群众热情支持；无论是新时期雷锋传人郭明义的感人事迹，还是一辈子为百姓造福的老书记杨善洲的高尚情操，都引起广泛的社会共鸣。这些都充分表明，人民群众热切呼唤良好道德风尚，人民群众中也蕴藏着道德建设的巨大热情。

李长春同志在全国深入开展学雷锋活动座谈会上的讲话中指出，要充分认识新形势下开展学雷锋活动的重要意义，在新的历史条件下大力弘扬雷锋精神，不断赋予雷锋精神鲜明的时代内涵。雷锋是一名普通战士，是在人民军队大熔炉中成长起来的英模人物。几十年来，全军和武警部队坚持把传承雷锋精神作为思想政治建设的重要内容，有力推动了社会主义核心价值体系建设。随着时代进步和社会发展，雷锋精神不但没有过时、没有褪色，而且不断与民族传统美德相承接、与社会进步潮流相契合、与党的先进本色相融汇，越来越焕发出引领时代风气之先的独特魅力，成为全党、全社会共有的宝贵精神财富。

深入开展学雷锋活动，是建设社会主义核心价值体系，巩固全党、全国各族人民团结奋斗的迫切要求；是弘扬中华传统美德和社会主义道德、焕发人们道德建设热情的迫切要求；是推进社会主义精神文明建设、提升社会文明程度的迫切要求；是保持党的先进性和纯洁性，践行全心全意为人民服务宗旨的迫切要求。

雷锋虽然离开我们50年了，但雷锋精神犹如一座巍然矗立的灯塔，始终放射出夺目的光芒，照亮着一代又一代人的心灵。雷锋身上体现出的爱党爱国、助人为乐、敬业奉献、锐意创新、艰苦奋斗的崇高精神和高尚品格，是党和人民极为宝贵的精神财富，是以爱国主义为核心的民族精神和以改革创新为核心的时代精神的重要组成部分，是建设社会主义核心价值体系的丰厚精神资源。在新的历史条件下弘扬雷锋精神，就要不断赋予雷锋精神以新的时代内涵，使之成为激励全党、全国各族人民奋力开拓中国特色社会主义事业新局面、实现中华民族伟大复兴的强大精神力量。

1. 在新的历史条件下弘扬雷锋精神，就要学习他爱党、爱国的坚定信念，激励人们成为中国特色社会主义共同理想的坚定信仰者。雷锋是党的忠诚战士，他时刻牢记党的宗旨，热爱党的事业，学习党的理论，坚持用先进理论武装头脑。他始终保持共产党员的政治本色，自觉把个人的命运与党和人民的事业紧密联系在一起，处处以国家、民族和集体利益为重，把个人的奋斗融入国家富强、民族振兴的历史洪流中，毫无保留地为祖国和人民奉献了一切。爱党、爱国的坚定信念是激励我们为中国特色社会主义事业不懈奋斗的力量源泉。当前，改革开放和社会主义现代化建设全面推进，党和国家事业发展站在了新的历史起点上，我们要大力弘扬雷锋精神，引导人们深入学习雷锋热爱党、热爱祖国、热爱社会主义的崇高理想和坚定信念，升华爱国主义情怀，追求高尚的人生价值，自觉为民族振兴、国家富强、人民幸福贡献智慧和力量。

2. 在新的历史条件下弘扬雷锋精神，就要学习他助人为乐的宝贵品格，激励人们成为社会主义道德规范的模范践行者。雷锋是实践社会主义思想道德的楷模，他以服务人民为最大幸福，以帮助他人为最大快乐，对待同志像春天般温暖，总是把方便让给别人，把辛苦留给自己。他把有限的生命投入到无限的为人民服务之中去，每当人民群众遇到困难，他总是伸出援手、倾力相助；他走到哪里，好事就做到哪里，用真情和行动履行着一个公民的神圣责任，实践着一名共产党员的庄严承诺。助人为乐的宝贵品格体现着社会主义道德的要求，是推动全社会形成良好道德风尚的重要力量。当前，面对建设社会主义核心价值体系的繁重任务，我们要大力弘扬雷锋精神，大力加强社会公德、职业道德、家庭美德、个人品德建设，引导人们深入学习雷锋全心全意为人民服务的思想，自觉践行社会主义道德规范，牢固树立社会主义荣辱观，在生活中热心助人、尊老爱幼、诚实守信、见义勇为，用实际行动促进良好的人际关系的形成和良好的社会风气的发展。

3. 在新的历史条件下弘扬雷锋精神，就要学习他敬业奉献的高尚情操，激励人们成为社会主义现代化事业的优秀建设者。雷锋把敬业奉献作为自己的人生信条，自觉服从社会主义建设事业的需要，立足本职、忠于职守，在平凡的岗位上创造了不平凡的业绩。无论是当一名农业社的记工员，还是作为县乡政府的通信员；无论是做一名工厂的推土机手，还是成为一名解放军战士，不管在什么岗位，不管从事什么工作，他都以一颗对事业高度负责、对岗位无限热爱的赤子之心，爱岗敬业、勤奋工作，心无旁骛、埋头苦干，出色地完成每一项工作任务。敬业奉献的高尚情操是激励我们服务人民、奉献社会的精神支柱。当前，我国正进入全面建设小康社会的关键时期和深化改革开放、加快转变经济发展方式的攻坚时期，改革发展稳定，任务艰巨繁重，我们要大力弘扬雷锋精神，引导人们深入学习雷锋干一行爱一行、专一行精一行的敬业精神，学习雷锋淡泊名利、无私忘我的奉献精神，立足岗位、尽职尽责，把智慧和力量凝聚到全面建设小康社会的伟大事业上，在奋力推进社会主义现代化的进程中建功立业。

4. 在新的历史条件下弘扬雷锋精神，就要学习他锐意创新的进取精神，激励人们成为建设创新型国家的自觉推动者。雷锋把学习作为基本需求，把创新作为重要动力，发扬善于“挤”、善于“钻”的“钉子精神”，勤奋学习科学理论，刻苦钻研业务知识，努力用现代科学文化知识武装自己、提高自己、完善自己。他始终保持乐观向上、斗志昂扬的状态，始终保持与时俱进、勇往直前的品格，敢于直面挑战，勇于克服困难，善于开拓创新，在创造性的劳动中升华人生价值。锐意创新的进取精神是激励我们坚持不懈走自主创新之路的不竭动力。当前，世界范围内以信息技术为先导的科技革命加速推进，创新越来越成为经济社会发展的重要引擎，越来越成为综合国力竞争的关键。我们要大力弘扬雷锋精神，引导人们深入学习雷锋锐意进取、自强不息的创新精神，敢于探索、勇于突破，在知识创新、技术创新、制度创新、管理创新和其他各方面创新中发挥聪明才智，成为知识型社会主义建设者，为提高自主创新能力、建设创新型国家做出应有贡献。

5. 在新的历史条件下弘扬雷锋精神，就要学习他艰苦奋斗的优良作风，激励人们成为全面建设小康社会的积极创业者。雷锋的一生是艰苦奋斗的一生，他在苦难环境中磨炼意志，在艰苦条件下砥砺品行，始终保持昂扬向上、乐观进取的良好精神状态。他勤俭节约、生活朴素，坚决反对贪图享受、铺张浪费，把点点滴滴节省下来的钱用于支援国家建设，用于帮助解决他人困难。艰苦奋斗的优良作风是激励我们战胜前进道路上一切艰难险阻的精神力量。当前，我国改革发展形势总的很好，全面建设小康社会取得重大进展，但社会主义初级阶段的基本国情没有变，经济发展中不平衡、不协调、不可持续的问题仍很突出，前进道路上还会遇到种种可以预料和难以预料的困难和风险，我们要大力弘扬雷锋精神，引导人们深入学习雷锋艰苦奋斗、勤俭节约的创业精神，立足社会主义初级阶段这个最大的实际，不为任何风险所惧，不被任何干扰所惑，攻坚克难、埋头苦干，奋力开拓中国特色社会主义更为广阔的发展前景。

第三节　雷锋精神向我们走来

50 年来，以“为人民服务”为核心价值观，雷锋精神在不同的时代被作出了不同的诠释，但均与当时的历史和政治背景有着密切的联系。

一、雷锋精神发展历史阶段

雷锋同志入伍的当年 1960 年就为灾区和人民公社捐款，他的艰苦奋斗、刻苦学习、助人为乐等先进事迹，由沈阳军区《前进报》以长篇通讯《毛主席的好战士》报道后，在社会上引起强烈反响。同年 11 月 23 日，沈阳军区工程兵党委作出授予雷锋同志“模范共青团员”称号的决定，沈阳军区工程兵政治部发出《关于在部队中开展学雷锋、赶雷锋运动的指示》。1961 年 1 月 14 日，中央军委工程兵政治部发出《关于学习雷锋同志的通报》。

为了纪念雷锋同志，1963 年 1 月 7 日，中华人民共和国国防部批准命名雷锋生前所在班为“雷锋班”；2 月 9 日，中国人民解放军总政治部发出通知，号召全军迅速开展宣传和学习雷锋模范事迹的活动；2 月 15 日，共青团中央发出《关于在全国青少年中广泛开展“学习雷锋”的教育活动的通知》；2 月 9 日、2 月 21 日、2 月 26 日，《解放军报》连续发表 3 篇社论，号召全军向雷锋同志学习，做“毛主席的好战士”，中华全国总工会等部门也相继发出向雷锋同志学习的号召。

以毛泽东同志等老一辈无产阶级革命家为雷锋题词为起点，全国各条战线、各个行业广泛掀起学习雷锋的热潮。到 1966 年，在 3 年多时间里，各级党政军机关和群众团体非常重视学雷锋活动，纷纷制定具体规划和行动措施，组织各种纪念会、报告会、动员会、经验交流会，发表相关文章，举办展览、演出，开展专题党、团日活动。学习雷锋热潮极大地激发了广大群众建设社会主义的积极性，推动了全社会良好道德风尚的形成。

“文化大革命”期间，学雷锋活动虽一直未曾间断，却明显带有那个时代的烙印。“文化大革命”结束后，1977 年 3 月 5 日，即毛泽东“向雷锋同志学习”题词发表 14 周年，《人民日报》重新发表毛泽东、周恩来、朱德同志的题词，同时还发表了中共中央主席华国锋和中共中央副主席叶剑英的题词。华国锋同志的题词是：“向雷锋同志学习，把毛主席开创的无产阶级革命事业进行到底”，叶剑英同志的题词是：“向雷锋同志学习，全心全意为人民服务”。

党的十一届三中全会以后，以邓小平同志为核心的第二代中央领导集体坚持党的“一个中心，两个基本点”的基本路线，坚持“两个文明”一起抓的方针，改革开放和社会主义现代化建设事业蓬勃发展，为群众性的学雷锋活动注入新的活力。

1978 年 10 月底，共青团中央提出在全国开展“学雷锋、树新风”活动后，迅速掀起学习雷锋的热潮，上百万青少年走上街头，维护公共秩序，打扫环境卫生，为群众做好事，在社会上营造一种倡导文明、助人为乐的新风尚。随着活动的深入发展，逐步形成以“五讲四美三热爱”为核心的全民文明礼貌活动。

1983年3月5日，是毛泽东同志“向雷锋同志学习”题词发表20周年，中共中央决定重新发表毛泽东同志等老一辈革命家为雷锋同志的题词。北京、上海、天津、沈阳等地开展了隆重纪念毛泽东同志“向雷锋同志学习”题词发表20周年的活动，《人民日报》、《解放军报》、《中国青年报》等发表了重要文章和社论。同日，在首都各界纪念向雷锋同志学习20周年大会上，中共中央政治局委员胡乔木代表中共中央和国务院，作了题为《做八十年代的新雷锋》的讲话。为了认真总结学雷锋活动的经验，进一步弘扬雷锋精神，推动社会主义精神文明建设，3月4日在北京召开了全国青少年学雷锋先进代表会议。这一时期，学雷锋活动与转变党风、社会风气相结合，与加强职业道德教育相结合，与城乡文明建设活动相结合，始终保持持续发展的态势，收到了良好效果。

在改革开放和社会主义现代化建设事业进一步发展的形势下，以江泽民同志为核心的党的第三代中央领导集体和以胡锦涛同志为总书记的党中央十分注重全党、全国人民的思想道德建设，学雷锋活动成为新形势下培养社会主义新人的重要途径和社会主义精神文明建设的重要组成部分，雷锋精神得到进一步提倡和弘扬。

1990年3月5日和6日，《人民日报》、《光明日报》、《解放军报》、《工人日报》、《中国青年报》等发表中共中央总书记江泽民以及杨尚昆、李鹏、乔石、姚依林、宋平、李瑞环等党和国家领导同志关于向雷锋同志学习的题词。江泽民同志的题词是：“学习雷锋同志，弘扬雷锋精神。”3月5日，在全国学习雷锋先进代表座谈会上，中共中央政治局常委李瑞环发表重要讲话。10月29日，江泽民同志在接见“雷锋团”干部、战士时发表重要讲话，对雷锋精神的内涵作了精辟概括，指出：“雷锋精神的实质，是全心全意为人民服务，为了人民的事业无私奉献。”

1993年3月4日，在中宣部、国务院办公厅、国家教委、解放军总政治部、共青团中央、北京市委、市政府联合举办的纪念毛泽东同志等老一辈革命家为雷锋同志题词30周年大会上，中共中央政治局常委胡锦涛发表重要讲话，进一步将雷锋精神的内涵概括为：全心全意为人民服务的思想，爱国主义、集体主义和坚定的社会主义信念，艰苦奋斗、勤俭创业的优良作风，努力学习、刻苦钻研的“钉子”精神，立足本职、忠于职守、勤勉敬业、精益求精的“螺丝钉”精神。

2003 年 2 月 7 日，中宣部、中央文明办、解放军总政治部、共青团中央联合召开纪念学雷锋活动 40 周年大会，中共中央政治局常委李长春发表重要讲话，强调学习雷锋的重大意义，指出，深入开展学雷锋活动，是新时期加强社会主义精神文明建设的重要任务。学习雷锋，就要牢固树立远大理想，发奋学习科学文化，始终坚持艰苦奋斗，大力弘扬文明新风。

2011 年 10 月 18 日，党的十七届六中全会通过《中共中央关于深化文化体制改革推动社会主义文化大发展大繁荣若干重大问题的决定》。《决定》在“推进社会主义核心价值体系建设，巩固全党全国各族人民团结奋斗的共同思想道德基础”部分特别指出：“深入开展学雷锋活动，采取措施推动学习活动常态化。”在全国上下贯彻落实党的十七届六中全会精神，建设社会主义核心价值体系的形势下，学雷锋活动已经成为全党、全国、全军新的共识。

二、20 世纪 60 年代学雷锋的真善美

20 世纪 60 年代，“雷锋”两个字成了一切美好事物的化身，雷锋精神成了“真善美”的象征。青年战士王杰用生命谱写的“一不怕苦，二不怕死”精神是雷锋精神的延续。那个时候的小学生活，每天上课前要喊口号，上课时老师会专门讲雷锋叔叔为人民服务的故事，学校的墙上标语写的、黑板报上刊登的、宣传栏里贴的、“大喇叭”里广播的，全是关于学习雷锋的宣传内容。“下学后，学校还要组织学生一起学习，让学生们发言，或者写出学习体会，那种气氛感染着每一个人。所有人都早早到学校，抢着干活。有时候去帮村里的孤寡老人打扫院子，把他家里的水缸挑满水，然后再为他读上一段报纸，大家争着当不留姓名的无名英雄。”仍记得听老师讲“铁人”王进喜的故事，记得学

校宣传掏粪工时传祥“宁可脏一人，换来万家净”的来迹……虽然听不懂什么叫“人拉肩扛”、“运水开钻”，但听到老师讲王进喜跳进泥浆里面用身体搅拌，听到时传祥几十年如一日辛勤的掏粪，看着老师拿着报纸，泛着泪花的形象，我们这些半懂不懂的孩子也都感动得泪流满面。

1961—1962 年间，雷锋的照片和事迹已在军内的《前进报》和辽宁的几家地方报上多次发表了，部队战友对雷锋的熟悉和喜爱自不必说，地方上成千上万的百姓也都夸奖这位解放军小战士，许多单位邀请他去做忆苦思甜报告，不知多少人为他流下悲痛、同情和庆幸的热泪。还有一些小学校聘任他为校外辅导员，雷锋叔叔的名字和形象深深扎根在少先队员们的记忆里。1962 年 8 月 15 日，雷锋牺牲后，全国各地、军内军外对雷锋的宣传掀起了新的更加浩大的声势。1963 年 1 月 7 日，中华人民共和国国防部批准雷锋生前所在部队运输连四班为“雷锋班”，这个名誉很高，极少有人能够得到。

1962 年，时年 29 岁的黄中清老师回忆，当时全国正在大规模开展向雷锋同志学习的活动，团委和各大报纸都在宣扬雷锋精神，学校也要求组织各班集体学习雷锋。黄老师说，她当时组织学生到饭店里帮忙掏粪，全班没有一个人偷懒，每个人都很积极，抢着最脏、最累的事情做。“觉得那才是光荣。”黄老师记忆中，班级学习雷锋最好的成果是组织全班讨论雷锋思想，讨论后写自己的感想，“当时班上的墙报全是学生们写的文章，写得太好了。”令黄老师很惋惜的是，这些东西没能留下来。黄老师带领的 60 级初三（一）班全班 40 多个学生每隔一个月都要下乡干活，在花溪远郊乡村，学生们住在农户家，干活认真，肯吃苦，“农户家吃什么他们吃什么，抢着干活，而且特别好管理，几十个学生每次下乡干活，没有出过任何差错或者事故。”“组织学生学雷锋最主要是让他们的精神面貌得到改变，比如说一些不能吃苦的高干子弟也受到了教育。”黄老师说，现在的学生在各种压力之下只顾学习，在升学率影响下每个人都只知道为自己奋斗，对于主动帮助别人为社会奉献这些观点都很陌生。“我觉得应该再次印发雷锋日记，让现在的孩子们也学习学习。”

梅桐生是当年黄中清老师所带班级的团支部书记，他回忆到，当时学雷锋并不单是天天在外做好事，最主要是班集体组织根据“雷锋日记”引发的讨论——“什么是幸福”。

“雷锋说为人民服务是最大的幸福，那究竟什么才是幸福，所以我们就组织班上的同学开班会讨论这一话题。”梅桐生告诉记者，班会一开就长达两个月，每周一次，同学们讨论很热烈。“大家翻资料，学毛选和马克思著作里的关于幸福的观点，摘抄名人名言，提出自己的幸福观，班会上辩论得非常激烈。”

梅桐生说，召开这样的讨论是想在班集体达成统一的认识，“首先在认识上得到提高，在思想领域里得到加深。”虽然讨论到最后，对于什么是幸福，同学们没有形成最后的共识。但是这次讨论是非常有意义的。梅桐生说，通过讨论和讨论外的学习，至少在形成道德观念和人生价值观上是有很大帮助的。以前听到个段子，20 世纪学习雷锋精神热情最高涨的时候，突然传来雷锋去世的消息，一位绝对是雷锋“铁杆粉丝”的老太太哭晕了过去，苏醒过来第一句话：“那么好的人怎么会死呢?”

当然不去评价老太太的话有无偏颇，这个段子说明的是那个时代，雷锋是偶像、是榜样，那一代人对他的感情并非现在的年轻人能够体会。

三、20 世纪 70 年代雷锋精神 = 爱憎分明

“爱憎分明不忘本”是 20 世纪 70 年代雷锋精神的精髓和符号，成长于那个年代的人都受过这样的教诲：“对同志像春天般的温暖，对敌人像严冬一样残酷无情。”

出生于 1960 年的喻显明，20 世纪 70 年代中期的时候正在上学，那时在学校里，上课前经常要喊口号，上课时老师会专门讲雷锋叔叔为人民服务的故事，学校的墙上标语写的、黑板报上刊登的、宣传栏里贴的都关于学习雷锋的内容。在她的记忆里，“不忘本”这 3 个字也是中

学时代老师和家长常挂在嘴边的话。“那时候，老师和长辈经常教育我们要乐于助人，要知恩图报，我们能吃得饱穿得暖都是因为共产党。”喻显明认为，在那个年代，宣传雷锋精神很大程度上强调的是他爱憎分明的阶级立场。

出生于1949年的张锋也对那个年代的往事记忆犹新。“现在别人都说我的名字像个男的。其实说来我的名字还真和雷锋有关系，”张锋原来的名字叫张桂香，把名字改成“张锋”就是为了激励自己更好地学习雷锋，“虽然有点形式主义，但这却代表那个年代的特点。”

20世纪70年代中期，20多岁的张锋进入桂林冶金机械厂上班，“当时厂里经常号召我们学雷锋，在我的眼里，当时的雷锋精神有很鲜明的阶级立场。”张锋在厂里不论是业务还是思想都很先进，没多久她就加入了中国共产党。“那段时间，学习雷锋的氛围很浓厚，我为了激励自己，干脆把名字都改了，开始我想改成‘张学锋’，但别人说不好听，最后改成了‘张锋’”。她对自己名字的由来津津乐道，张锋说，那个年代的人思想相对比较单纯，学雷锋做好事没有任何顾虑，但现在时代不一样了，很多年轻人在帮助别人的时候都瞻前顾后，总会想自己的利益会不会受损。

“雷锋在党的教导下，能立场坚定，爱憎分明，对同志像春天般的温暖，对敌人像严冬一样残酷无情，那时候我们都要学习雷锋叔叔鲜明的阶级立场和爱憎分明的革命精神。”20世纪70年代中期，十几岁的韩振华当时正在上中学，在那个特定的年代，宣传雷锋精神强调的是他爱憎分明的阶级立场。

雷锋在日记里写到，在黑暗的旧社会，雷锋去砍柴，万恶的地主竟用柴刀砍他，这阶级仇恨他牢记在心中，这则雷锋日记中的片段也印在了韩振华这一代成长起来的青少年心中。

在韩振华的记忆里，毛主席号召学习雷锋精神之后，有多位国家领导人曾为雷锋题词，印象比较深刻的就是周恩来总理的题词：向雷锋同志学习，憎爱分明的阶级立场，言行一致的革命精神，公而忘私的共产主义风格，奋不顾身的无产阶级斗志。

“学习雷锋好榜样，忠于革命忠于党，爱憎分明不忘本，立场坚定斗志强……”这首《学习雷锋好榜样》，从20世纪60年代到80年代成长起来的一代人几乎人人会唱，“爱憎分明”后紧接着“不忘本”，在韩振华的记忆里，“不忘本”这三个字也是中学时代老师和家长常挂在嘴边的话。

“那时候，老师和家里的长辈教育我们长大了不能忘本，要知恩图报，如果取得了好的成绩不能忘了有谁帮过我，解决了困难之后不能忘了是谁雪中送炭，也要我们记住我们能吃得饱、穿得暖都是因为共产党。”

直至多年后，韩振华也常用“不忘本”三个字去教育自己的女儿。他常说现在这社会，太多人忘本了，失去了原来的“真善美”的本性。

20世纪70年代雷锋精神：艰苦奋斗、舍己为人。

铜山源水库坝下，一条长155米的引水渡槽横跨东西。1975年，一支由300多个青年组成的突击队，奋战两年，建起了这条渡槽，并命名为“雷锋渡槽”。通水35年，流经“雷锋渡槽”的清水灌溉着柯城、衢江北部8万多亩良田，惠及6个乡镇。67岁的王乌古是“雷锋渡槽”建设的参与者和见证者。

20世纪六七十年代，毛泽东主席提出“水利是农业的命脉”，渡槽作为一种水利设施，当时就在全国遍地开花。衢县也在这个热潮中兴建了多条渡槽，“雷锋渡槽”就是其中之一。1975年3月5日，渡槽建设开工，那天正是毛泽东题词号召“向雷锋同志学习”第12个周年。王乌古清晰地记得这个日子，来自衢县高家公社的300多名青年，集结到铜山源水库边，他们背着单薄的被褥，挤在简陋的工棚内，参加动员大会。担任渡槽建设指挥部副指挥的王乌古上台表了决心，“以雷锋同志为榜样，不怕艰苦把渡槽建设好。”

那是个战天斗地的年代，建设工地是一个大战场，在没有大型机械设备，只靠肩挑手抬的年代，修建一条百米多长的渡槽远非想象的那么简单。第一次围堰挖桥墩就失败了，几百人连着挖了六七天，一晚上围堰就被大水冲了个精光。生活条件差也是突击队员们面临的困难之一，

“最难挨的是冬天，住在四面透风的工棚里，经常半夜被冻醒，只好爬起来跳着取暖，”即便如此，队员们大干苦干的决心是巨大的。“那时候的人特别单纯，一切都为工作考虑，一个人顶几个人用。”王乌古总是出现在最苦最累的工地上，一次，他在工地连续工作 3 天 3 夜，最后竟然站着就睡着了。300 多名青年，两年奋战，1977 年年初，一条总长 155 米，宽 7.5 米的 12 拱渡槽竣工了。

“雷锋渡槽”有雷锋精神，“我们那时对雷锋精神的理解其实很简单，就是艰苦奋斗、大干苦干。”王乌古说。他坚信，建设“雷锋渡槽”的精神，就是那个年代的雷锋精神，“有了这样的精神，什么困难都能战胜。”

四、20 世纪 80 年代学雷锋永不生锈螺丝钉精神

1938 年出生的童菊香，1954 年参加工作，1992 年于龙游农业银行退休。多次被评为全国、省、市先进工作者，1983 年被评为衢州市金融系统学雷锋先进个人。

20 世纪 80 年代雷锋精神：学雷锋就是要多为他人着想。

工作了一辈子，童菊香拿过的奖状、奖章能摆满一桌子，从金融系统先进工作者到省劳动模范，再到全国金融红旗手，大大小小的荣誉有 30 多个。在农村信用社工作时，童菊香每天提早到单位搞卫生。在农村信用社呆了 20 多年后，1980 年，童菊香调到了农业银行龙游营业所任副主任。在童菊香的印象中，到了 20 世纪 80 年代，银行的宣传标语已经不再是“向雷锋同志学习”几个大字，而是将雷锋精神细化到每个人工作的岗位上，“提倡大家将雷锋精神用到自己的实际工作中去。”日常工作平凡而琐碎，每天早上，童菊香会提早 20 多分钟到单位打扫卫生，把房前屋后收拾干净。

童菊香这么做，除了要给同事们一个好的工作环境外，还有个想法是，借以提升银行的对外形象，“当时，银行之间开始出现竞争，卫生环境好，服务态度好，人家就乐意把钱存进来。”

那时讲的是为集体争光，按照童菊香的理解，20 世纪 80 年代，学

习雷锋是“一切行动听指挥”、“做一颗永不生锈的螺丝钉”和刻苦学习的“钉子精神”……这些概念成为那个时代学习雷锋精神的主旋律。回忆起那时学习雷锋精神的经历，童菊香印象深刻的就是北京市百货大楼售货员张秉贵，“你要半斤糖，他一抓就是5两”，听了张秉贵的事迹，童菊香心生佩服。童菊香提出营业所开展业务练兵，“人人学雷锋、个个争先进”。“那时没有‘团队精神’这个名词，我们习惯称集体主义精神，每个人都会把个人的荣誉和集体的荣誉联系在一起，为集体争光。”她说。童菊香带头苦练业务，在全市金融系统大比武中，她连续5次获得第一名。

学雷锋就是多为他人着想，提起曾获得过的大大小小的荣誉，童菊香认为只是做了自己该做的事情，“只是为他人多考虑一些。”像年轻时一样，她把一切看得特别美好，“个人应该服从集体，把自己放有后头，多关心别人，雷锋一生就体现了这种思想境界。”她觉得，一个人的价值就在于，热情、单纯，喜欢并坚持做好事，这就够了。退休以后，童菊香又到银行活动室发挥余热，“每天义务整理图书，扫地”，一干就是10多年，这位74的老人说，“学雷锋还真没有退休这一说。”

五、20世纪90年代学雷锋是集体的共同价值取向

1971年出生的汪少勇，19岁参军入伍，目前任衢州市消防支队政治处主任。前后6次荣立个人三等功，当选“浙江省首届十大消防卫士”，还获得了“文明使者”、业务能手、优秀共产党员等荣誉称号。

他眼中20世纪90年代的雷锋精神：学雷锋是集体的共同价值取向，人人争当“学雷锋标兵”。

1990年，19岁的汪少勇被分配到衢州消防支队直属一中队，当了一名消防兵。在20世纪80年代，这个中队曾诞生了“雷锋式”的好民警、公安部一级英模邵裕桥，有着学雷锋优良传统，年轻的汪少勇也在这里成长起来。

“下到中队第一件事就是在老兵带领下，去看望中队常年照顾的孤寡老人。”汪少勇回忆，七八位老人住在市区罗汉井、忠烈庙前、化龙

巷一带，每周汪少勇和战友们要给老人挑水、劈柴、收拾屋子、买米油盐等，还要洗衣服，有些老人瘫痪在床，把大小便拉在身上，衣服又脏又臭，但大家都没有怨言。周末只有2小时的外出时间，“通常把该干的活干完了，再匆匆办点自己的事，就得赶回去。”汪少勇说，不是每个人都能请到假外出，有些战士周三、周四就去向指导员请假。“那时候，大家争着‘学雷锋’，抢着做好事，唯恐落后。”汪少勇还是新兵时，遇到这样的怪事：早上6点起来，经常找不到扫帚。后来，汪少勇才发现，部队里只有几把扫帚，老兵通常四五点就起床，去扫地了。扫好后，老兵就把扫帚藏起来了，汪少勇也学着老兵，偷偷藏过一把扫帚。

“那时候学雷锋，是集体行为。”汪少勇说，整个消防部队，大家都是这么做的。学雷锋的传统就是老兵带新兵，一代代往下传。汪少勇记得，20世纪90年代中后期，英模邵裕桥已经担任衢州消防支队的政委，还是每年与他们一起去做好事。刚入伍时，汪少勇一个月的津贴才12元，后来当了班长也才15元，但每个月大家都会挤出点津贴凑一起，共同捐助部队长期结对的孩子，圆他们的上学梦。

翻开20世纪90年代的《衢州日报》，衢州消防支队直属一中队消防战士“学雷锋”的报道时常见诸报端，他们也成了衢州城里的“活雷锋”，影响了整个衢州城。那时一到“3月5日学雷锋日”，衢城上、下街沿路都是人，除了部队、单位出来学雷锋的，还有补胎、理发、修锅等摊子，从斗潭一路摆到南湖桥。有些个体户也不做生意了，免费为大家服务，为此，当时的上、下街还专门成立了“创建全国文明示范街理事会”，引领市民学雷锋。

六、21世纪初学雷锋就是讲奉献

1955年出生的高浙，1998年从供销社下岗。2002年，常山县天马镇金川社区成立，他当了一名社区的兼职委员，荣获浙江省优秀共产党员、衢州市十佳道德模范、常山县十佳文明市民等荣誉称号。2007年当选常山县“十大百姓楷模”，他的形象和事迹，曾被制成城市形象

牌，在常山天马路上沿街伫立。在有着7000多人口的常山金川社区里，有个口号叫“有困难，找高浙”，10年来，高浙为居民累计服务不下2000次。

他眼中21世纪初雷锋精神：“学雷锋”就是讲奉献。

2002年，在下岗3年后，高浙在金川社区当了兼职委员，一上班，他将管辖的近50个楼道走了个遍，发现有17位残疾人，还有20多户低保户，“有什么需要帮助的，给我打电话，”高浙给他们留了电话号码。第一个打电话的是17幢的崔进军：“家里的水龙头坏了，水止不住。”崔进军手有残疾，高浙马上赶过去，崔进军家的厨房里都是水，高浙用东西先压着，打算出去买个水龙头。此时已是晚上，商店多已关门，一条街走到头也没找到水龙头。高浙回家把自家水阀门关掉，卸下一个水龙头，替崔进军装上。起先，高浙只会换水龙头、电灯泡，后来有人找他修锁，他也去揣摩着修，居然修好了。“很多事，都是边做边学。”现在换灯泡、修锁、通马桶、修风扇等，高浙随叫随到，而且免费。“有困难，找高浙”他将这句话印在名片上，广而告之。

七、当今学雷锋是享受这个过程

1968年出生的毛晓英，现任江山市安泰社区党总支书记、衢州心理健康志愿者协会常务理事、咨询部副部长。荣获浙江省十大杰出志愿者、浙江省教育转化能手等称号。

她眼中当今的雷锋精神：“学雷锋”是付出，并享受为他人服务的过程。

2005年，毛晓英调任安泰社区任党总支书记。这个社区拥有1万6千多人口，是江山目前最大的社区。社区有个小伙子由于抑郁自杀的消息，令毛晓英很吃惊，她在平时的调解中发现，一些人有心理方面缺失。2007年，毛晓英报考了心理咨询师，再碰到纠纷，毛晓英把学到的心理学知识用上了。小区有对夫妻闹离婚，男的有了外遇，女方常打电话向毛晓英哭诉，以往碰到这事，通常是苦口婆心地劝，有些甚至做“第三者”工作，“症结还出在夫妻俩自己身上。”毛晓英用心理学所授

“爱的语言”，教会夫妻俩如何沟通。“沟通不是一味地指责对方不是，重点讲述自己的感受，比如你的这个行为让我很没安全感……”起初丈夫有抵触情绪，毛晓英上门，一遍又一遍地陪他们做练习，培训了10多遍，一年多后，夫妻俩放下心结、重归于好。经过多次心理干预成功的案例，毛晓英都登记在台账上，有50多例，这还不算有些一两次就解决好问题的。

免费提供心理咨询，2008年10月，毛晓英开设了江山市首家社区心理咨询室，现在外面一名咨询师做心理咨询，通常每小时收费两三百元，但毛晓英的心理咨询室对居民免费开放。有路过的市民，看到临街窗上心理咨询的字样，也找过来了，有时她还能接到外地打过来的咨询电话。毛晓英还担任了江山解放路小学的心理老师，也为一些企业的职员做心里干预和治疗。

“学雷锋”利人利己。在毛晓英看来，新时代的“学雷锋”，其实是利人利己，只有很享受这个服务的过程，你才能坚持下去。如果单靠一种伟大的精神在支撑“学雷锋”，那太被动了。“我办咨询室的初衷，还真没想要‘学雷锋’那么伟大，”毛晓英说，她用所学帮助了他人，她觉得快乐，也很享受这个过程。通过帮助别人，自己也跟着成长起来，心态变得豁达、更热爱这份工作。

学雷锋活动孕育和发展了永不褪色的雷锋精神，丰富了社会主义核心价值体系；学雷锋活动适应时代进步和社会发展的需要，培养和造就了一代又一代具有主人翁精神的社会主义新人；学雷锋活动推进了社会主义精神文明建设，促进了公民道德水平的提升和良好社会风尚的形成；学雷锋活动为推进中国特色社会主义建设的伟大事业和党的建设新的伟大工程提供了强大动力。

把握雷锋精神的内涵和实质，是深入开展学雷锋活动的基本前提；坚持社会主义核心价值体系的引领，是深入开展学雷锋活动的时代要求；不断创新内容和形式，是提高学雷锋活动群众性、针对性、有效性的重要途径；加强领导，创新体制机制，是推动学雷锋活动制度化、常态化、深入持久开展的重要保证。

八、雷锋精神是中国的，也是世界的

国外也有学习雷锋精神的声音。“雷锋精神需要回来”——美国中文网引用中国香港《南华早报》的报道称，时值雷锋去世50周年，中国正在兴起一场“学雷锋热”。

美国全国委员会中美关系主席史蒂芬·欧伦斯先生对记者说，在这个相对浮躁的时代，人们尤其需要偶像的力量来理解无私的价值和团队的力量。

美国亚利桑那州立大学国际战略研究院副教务长丹尼斯·西蒙教授在接受记者采访时表示，雷锋精神在中国的回潮是一种积极信号。雷锋是无私奉献的典型代表，而当今中国正处在经济和社会发展的新阶段，特别需要重新思考雷锋精神，为转型期的中国注入可持续发展的道德力量。

在中国生活工作了55年的泰国老专家素察，当记者问他是否知道雷锋时，他说：“当然知道了，雷锋的名气很大！就连毛主席也让大家向雷锋学习，我还会唱学雷锋的歌呢。”

墨西哥学院亚非研究中心教授莉莉娅娜·阿索芙斯卡认为雷锋精神已经跨越了地域界限，它与其他国家提倡的“利他主义”或“博爱主义”在许多方面存在共通之处，应该属于全人类共同拥有的宝贵精神财富。如何更好地学习做人，应该是全人类共同思考的长期课题。

令外国人吃惊和不理解的是，通过学雷锋活动，中国各地出现了那么多的雷锋，在他们的心里，无所不能的上帝耶稣也没有感召出那么多人格完美的典范来。雷锋的影响，现在已遍及世界各地。在巴西信仰基督教的人群中，常能听到“雷锋与上帝同在”的说法。闻名世界的日本松下公司在教育员工的企业精神中，也明确地提出了“雷锋精神与上帝共存”的口号。用心、用意不同，但他们都看中了雷锋完美无缺的做人的高尚品格。从人类学的意义讲，雷锋所展示的全心全意为他人谋利益的精神，确实没有国界、没有民族之分。绝大多数人内心向善的倾向是一致的，但真正去做，做的那么尽善尽美，又是极难做到的。雷锋无可挑剔，而在西方人的心目中，只有神才能有这么高尚纯洁的美德，实现了人类追求与理想的雷锋，不能不属于全世界。在辽宁抚顺，在湖南望城，在许多纪念雷锋的地方，都留有外国友人对雷锋的崇敬和爱戴。

“洋雷锋”英国人威廉·林赛（William Lindesay）在京郊建起长城环保组织，定期到长城捡拾垃圾。一开始，他的行动是孤独的，他与家人利用业余时间为北京周边长城“洗脸”，一袋一袋地捡垃圾，但凭一己之力，收效甚微。1998 年，他与妻子先后 6 次组织志愿者和游客在长城捡拾垃圾。2000 年开始，他在北京怀柔雇用 6 位农民维护一段 8 公里长的野长城，坚持了 10 年。2000 年，威廉·林赛干脆辞去工作，2001 年，他组建非营利组织“国际长城之友”义务为长城工作。威廉·林赛说：“如今，‘捡垃圾的洋雷锋’出名了，几乎每次进城，都会有素不相识的人问‘你是不是那个长城上捡垃圾的老外？’”

2004 年 7 月 28 日，美国西点军校专程派一名教官率领 6 名学生参观抚顺雷锋纪念馆，教官介绍说，西点军校汉语教程中有一课是讲雷锋的，他们学员都知道雷锋这个人，雷锋是个好人，我们都要向他学习，做个好人。足以证明当时西点军校确实在倡导学习中国的雷锋，使传扬了十几年的美国西点军校学雷锋的情况得到了证实。

不同的国度，不同的社会制度，不同的民族，不同的信仰，不同工作岗位的人们，都能从雷锋身上吸取精华。属于世界的雷锋精神，将与人类共存。

第四节　千树万树梨花开

50 年前的 3 月 5 日，毛泽东等老一辈革命家发表向雷锋同志学习题词，揭开了中国学雷锋活动的序幕，开启了一场影响新中国历史走向，塑造全新国民性格的伟大实践。半个世纪时间过去了，学雷锋活动始终保持蓬勃兴盛的发展态势。毛泽东等老一辈革命家为雷锋题词所包

含的内容，经受住历史和实践的检验，证明是科学性的认识，至今依然闪耀着真理的光芒。

一、雷锋精神仍存在于我们这个时代

“人的生命是有限的，可是，为人民服务是无限的。”50 年前，雷锋因为在工作中勤奋努力，在生活中热心助人，成为道德模范和“助人为乐”、“无私奉献”的代名词。半个世纪以来，雷锋精神感染和教育了几代中国人。雷锋精神是一面永不褪色、永放光芒的旗帜，弘扬雷锋精神体现了中华民族的传统美德，顺应了社会进步的时代潮流，彰显了中国共产党的先进本色。

3 月 5 日不是法定节假日，但是每年的这一天，人们总是自发地学习雷锋，缅怀雷锋，而且听雷锋的故事，读雷锋的日记，唱雷锋的歌曲。雷锋精神是一个时代的印记，也是一个时代的标杆，雷锋精神应该代代相传，更应该弘扬光大，那么今天我们到底用什么来弘扬雷锋精神？

当然弘扬雷锋精神，绝不仅仅是停留在口上，更不是一阵风，也不是“雷锋叔叔没户口，三月里来四月走”的尴尬情形，而雷锋应该就在我们身边，雷锋也在激励着我们每个人，更是鼓舞着我们每个人。雷锋从军后迅速以“把有限的生命投入到无限的为人民服务之中去”的激情与举动，成为亿万人民心中的道德标杆和精神偶像。以他名字命名的雷锋精神，为中华民族的精神宝库增添了璀璨光芒。

在雷锋牺牲后的 50 年，雷锋精神不但没有丢，而在不同的时代更有不同的表达方式，更有不同的形式，让雷锋精神在我们的道德万花园里生根开花，结出丰硕成果。50 年来，雷锋从来不曾远去，也没有消失，而他的名字与精神没有随着岁月的流逝而褪色，也没有因社会的变化，或者随着市场经济的发展弱化了雷锋，而是随着市场经济的形成，雷锋精神又有了新的诠释，更有了新的时代标记，就是岗位学雷锋，奉献到社会。雷锋精神不仅仅是一种精神，而且是一种道德，更是一种向上的风气，还会影响了塑造一代人。

虽然如今人们都在喊道德和诚信的缺失，但我们这个时代依然不缺少的是雷锋精神，这个时代依然记住了雷锋，而且把雷锋精神实践在行动上。

“最美妈妈”吴菊萍挺身接住坠楼女童；“最美女孩”在风雨中为乞丐撑起雨伞；“最美女孩”刁娜用自己的一条腿换回一条命；“爱心妈妈”陈贤妹救起了小悦悦，他们都是雷锋，他们是把雷锋精神实践在自己的一举一动中，也把道德品质传播到社会的各个角落。

这个时代依然需要雷锋，更需要雷锋精神继续发扬光大，也把雷锋精神提升到新的高度，更用雷锋精神去拯救我们丢失的道德和诚信，也要在我们这个社会继续大力宣传雷锋热爱党、热爱祖国、热爱社会主义的崇高理想和坚定信念，宣传雷锋服务人民、助人为乐的奉献精神，干一行爱一行、专一行精一行的敬业精神，锐意进取、自强不息的创新精神，艰苦奋斗、勤俭节约的创业精神，也要把在我们身边涌现出的先进集体和模范人物宣传好，让其继续实践雷锋精神，做好雷锋式的人物，诸如杨善洲、阿里木等，并用他们的实例更好地弘扬雷锋精神，让社会主义核心价值观深入人心，传到社会的各个角落。

二、50 年风雨兼程学雷锋

20 世纪 60 年代初，一个光辉的名字——雷锋，传遍了神州大地。随之，一个群众性的学习雷锋活动在全国范围内蓬勃兴起。50 年来，尽管我国的社会主义事业日新月异的，但是群众性的学雷锋活动一直没有停止过，雷锋的高大形象始终活在人民的心中，并成为引导和激励人们前进、特别是青少年健康成长的精神力量。

2013 年是学习雷锋活动发起 50 周年，在这 50 年里，“雷锋”两个字已经远远超出一个人名的意义，而是成为中国一个具有独具特色的精神符号。我们把乐于助人、全心全意为人民服务的人称为“活雷锋”。在当今多元化的社会，雷锋精神也与时俱进，它不仅仅停留在过去的历史层面。

“有的人活着，他已经死了；有的人死了，他还活着”。雷锋同志离开我们已经半个世纪了，但雷锋精神超越时空，具有巨大的精神力量，在今天依然熠熠生辉。为什么雷锋精神有着长久不衰的生命力？学雷锋为什么仍是这个时代的主题？

当今社会经济大发展，社会大变革，利益大调整，思想多元化，在市场经济和西方价值观影响下，赚钱和享受成了许多人的人生动力和目的。纵欲享受的人生观，金钱第一、利益至上的价值观在许多人当中特别是在年轻人当中还颇有市场。当今社会信仰缺失、道德失范现象的产生，究其原因，很大程度上是因为人的价值观取向上出了问题。价值观的核心是义利观，义是指精神价值，指情义、恩义、道义、正义；利是指物质价值，指个人的名利、金钱、财富、地位。现在很多人讲金钱，把利益和享受放在首位，人变得自私自利了。孟子曰：“重利必轻义”，“上下交征利而国危矣”，一个自私自利、道德缺失的人，不可能经营出幸福美好的人生；一个功利化的社会，金钱至上的民族，不可能拥有美好的未来。

当今社会经济发展了，人们的物质生活条件越来越好，但不少人感觉幸福指数并没有相应提高，以至发出感叹：我们 GDP 增长了，离婚率也增长了；我们有房有车了，烦恼却多了；我们吃的越来越好了，可是疾病却越来越多，越来越怪了；我们花在孩子身上的钱财和精力越来越多了，可孩子却越来越难管、越来越难教了……在物质丰富的同时，我们的心灵出现了迷茫现象。我们为幸福苦苦奋斗，但不知为什么离幸福不是越来越近，而是越来越远。

黎巴嫩著名诗人纪伯伦说过一句话，“我们已经走得太远，以至于忘记了为什么而出发”。有一句谚语是“不要走得太快，要停下脚步等等你的灵魂”。现代人是该好好想想我们匆匆忙碌的目的，我们在行色匆匆地赶路时，在不知不觉中是不是让信仰和灵魂掉队了？

人生的意义和价值何在？我们究竟应该确立怎样的价值观？雷锋同志替我们给出了一个答案。

“人的生命是有限的，可是，为人民服务是无限的，我要把有限的生命，投入到无限的为人民服务之中去。”

“如果你是一缕阳光，你是否照亮了一片黑暗？如果你是一滴水，你是否滋润了一寸土地？如果你是一粒粮食，你是否哺育了有用的生命？如果你是一颗最小的螺丝钉，你是否永远的坚守岗位？”

“一滴水只有放进大海里才永远不会干涸，一个人只有当他把自己和集体事业融合在一起的时候才能最有力量。”

读着这些朴素的文字，细细地品味，我们仍能时时感受雷锋同志思想的光辉。雷锋精神的实质是全心全意为人民服务，这是它永葆生命力的缘由所在。通读《雷锋日记》，我们不难找到这些热词：爱、忠诚、坚强、乐观、敬业、奉献……雷锋同志爱党爱国、锐意进取、艰苦奋斗、勤俭节约、助人为乐，这些品质中蕴含的感恩意识和勤俭意识，敬业精神和奉献精神，无疑是今天每一个渴望成功的年轻人最可珍贵的精神财富。

雷锋在连队是“业余修理员”，在医院住院是“劳动休养员”，在出差途中是“义务勤务员”，在部队驻地是附近小学的“校外辅导员”……在服务与付出中，给他人带去了快乐，也快乐了自己。在帮助和成就他人的幸福中，也成就了自己光辉的人生。

新时期学雷锋，就是要像雷锋那样做人做事。

（一）要有坚定的信仰

苏格拉底说过：世界上最快乐的事莫过于为理想而奋斗，人没有信仰，没有崇高的精神追求，心灵就没有皈依处，就会成为欲望的奴隶。古人说“信为道元功德母，长养一切诸善根”。一个有信仰的人，内心充实，拥有强大的精神力量，能够支撑我们应对不幸和灾难，坚持的勇气和顽强的毅力往往来源于个人崇高的精神追求和坚定的信仰。现在许多人不是没有信仰，而是信仰偏失，崇尚拜金主义，信仰金钱和享受，要像雷锋那样做人，就要有甘当“傻子”的信念。“我要做一个有利于人民、有利于国家的人。如果说这是‘傻子’，那我甘心愿意做这样的‘傻子’，革命需要这样的‘傻子’，建设也需要这样的‘傻子’”。这是雷锋对祖国之爱、对人民之爱的深情表达。一个人只有像雷锋一样，走出自私自利的小天地，融入为他人、为社会、为人类的美好未来而奋斗的广阔天空中时，才能拓展自己的心量与胸怀，让自己变得崇高。

（二）要有感恩之心

古人讲：“滴水之恩，当涌泉相报”。做人要讲良心，人生最折福的事是忘恩负义。有句话讲得好：“感恩你拥有的一切，你会拥有更多；对你拥有的一切，你认为都是理所当然的，一切都将离你而去”。爱因斯坦就曾说过：“我每天上百次地提醒自己：我的精神生活和物质生活都依靠别人（包括生者和死者）的劳动，我必须尽力以同样的分量来报偿我所领受了的和至今还在领受着的东西。我强烈地向往着俭朴的生活，并且时常为发觉自己占用了同胞的过多劳动而难以忍受。”

雷锋有着苦难的童年，特别珍惜来之不易的生活，对党、对人民、对社会有着无尽的感恩之情。以感恩、报恩的情怀去做人、做事，人生就有无穷的动力，面对逆境恶缘，也不会怨天尤人。像雷锋那样做人，对自己拥有的一切我们就要发自内心地感恩。感恩天地滋养万物，感恩国家培养护佑，感恩父母养育之恩，感恩老师辛勤教诲，感恩领导同事关心帮助，感恩一切曾为我们付出的人。有了感恩之情，我们才会懂得报答，才会去反哺社会。生活在知恩、感恩、报恩情怀中的人是幸福的。

（三）要爱岗敬业

爱岗敬业，现在更多地被诠释为“有职业精神”，说它平凡，因为这是一个职场中人的基本素养，但它又确实很伟大，如果每个人都树立这样的价值观，那所有人都会处在一个和谐的环境中，享受优良的服务、优质的产品，过着高质量的生活。

像雷锋那样做人，就要有甘做永不生锈的“螺丝钉”的品格。“一个人的作用，对于革命事业来说，就如一架机器上的一颗螺丝钉。机器由于有许许多多的螺丝钉的连接和固定，才成了一个坚实的整体，才能够运转自如，发挥它巨大的工作能力。螺丝钉虽小，其作用是不可估量的”。这是雷锋对事业之爱、对岗位之爱的深刻表达。当前，一些人只想活得轰轰烈烈、干得惊天动地，而不愿在平凡岗位建功立业。其实，一个人能干出什么名堂、创造什么业绩，关键在于其是否具有立足本职、忠于职守、勤勉敬业、精益求精的“螺丝钉”精神。

（四）要有服务和奉献精神

孔子曰：“天无私覆，地无私载，日月无私照。”“大道之行，天下为公”。一个人若生发出公心，长养出“为天地立心，为生民立命，为往圣继绝学，为万世开太平”的大愿心，就拓展开了自己的心量和胸怀。郭明义说过：“把自己的生命同党的事业和人民的利益紧密地联系在一起，就找到了通向快乐和幸福的道路。”

雷锋在22年的短暂人生中，认真实践全心全意为人民服务的根本宗旨，以实际行动深刻回答了“怎样做人、为谁活着”这个根本问题，从而成为一个高尚的人、一个走在时代前列的人、一个永远活在人民心中的人，并铸就了伟大的雷锋精神。

有人说：一个人的心量、气量有多大，他的事业和成就就有多大。雷锋、郭明义、杨善洲等人都是普通人，但他们都是有大心量的人，他们在服务与奉献中，在成就他人的快乐和幸福中成就了自己的快乐和幸福。古人说“量大福大”，就是因为“爱出者爱返，福往者福来”。

人的精神是永存的。让我们树立正确的人生观、价值观，大力弘扬雷锋精神，做一个有道德的人，一个有益于社会、有益于人民的人。

三、时代大潮在神州大地涌起

（一）群众性学雷锋活动蓬勃兴起

1. 群众性学雷锋活动兴起。从1963年3月毛泽东等老一辈无产阶级革命家为雷锋题词起，至1966年6月“文化大革命”爆发止，是全民性学雷锋活动蓬勃兴起的黄金年代，神州大地涌起了第一次波澜壮阔的学雷锋活动的浪潮。

这个时期，中国正经历着全面建设社会主义的曲折发展的重要阶段。由于贯彻了“调整、巩固、充实、提高”的国民经济调整方针，国内经济形势有了明显的好转，在全党、全国人民的共同努力下，战胜了三年自然灾害以后，人民生活在恢复到旧中国最高水平的基础上，又向前迈出了较大的一步，其他各项事业也有了很大的发展。人民从切身

的经历中，看到了社会主义制度的优越性，相信只有在中国共产党的领导下，才能建设一个属于劳动人民的新中国，从而焕发出更大的社会主义建设的积极性，人们的思想觉悟、道德水平空前提高，社会主义在各方面都呈现欣欣向荣、蓬勃发展的生机，为群众性学雷锋活动很大提供了良好的社会环境。

在经济形势方面，继 1961 年 1 月中共八届九中全会提出的“调整、巩固、充实、提高”的调整国民经济的“八字方针”之后，1962 年 5 月召开的中央常委工作会议上又做出了大幅度调整的政策。由于全党和全国人民的共同努力，到了 1963 年上半年经济形势已经有了明显好转，同年 7 月，党中央提出以农业为基础、以工业为主导的发展国民经济的总方针，使我国的经济发展开始走向了正常的轨道。工农业生产超过或接近历史最高水平，国民经济已经由困难时期进入到了一个全面恢复和振兴的新阶段。

在科学技术方面，我国也开始走向现代化的轨道。周恩来总理提出科技现代化是“四化”关键，讲话指出：我国过去科学基础很差，我们要实现农业现代化、工业现代化、国防现代化和科学技术现代化，把我国建设成为一个社会主义强国，关键在于实现科学技术的现代化。实现科学技术现代化的要求的是：实事求是、循序渐进、相互促进、迎头赶上。争取比较快的赶上世界先进水平。1964 年 10 月 1 日，我国自行制造的第一颗原子弹爆炸成功，这标志着我国国防和科学技术现代化进入一个新阶段。

1963 年，中共中央在北京举行的工作会议上又提出“自力更生、奋发图强、艰苦奋斗、勤俭建国”的方针。这是依据当时的国际形势和中国的国情提出来的，在此前后，工业战线、农业战线、军队和其他各条战线都涌现出一批坚持自力更生，艰苦奋斗和勤俭办一切事物的先进典型。

1964 年，全国开始了“工业学大庆”运动。大庆油田的发现，是我国著名地质学家李四光石油地质理论的成果，也是以铁人王进喜为代表的大庆石油工人和工程技术人员奋战的结果。自 1959 年发现大庆油田后，我国原油产量逐年上升，石油工业建设规模也大大提高，这一成就的取得，在石油主要供应国前苏联与我国关系破裂的情况下，更显得意义重大。

这个时期，中国在国际交往和外交事务上也取得了突破性的进展。1964 年，中法两国建交是一件令世界为之震惊的大事，它表明了中华人民共和国在世界上日益强盛，也说明了某些西方国家对中国的封锁和孤立政策的失败。

这就是 20 世纪 60 年代上半叶雷锋精神诞生和全民学雷锋活动蓬勃兴起的大的历史背景，他说明雷锋精神不是无源之水、无本之木，而是中国共产党和人民群众在长期革命实践中共同创造和哺育的“井冈山精神”、“长征精神”、“延安精神”的延续；是与“孟泰精神”、“铁人精神”共同熔炼铸成的时代精神的主旋律。雷锋精神高度集中了新的历史时期各条战线英雄模范人物高尚的精神境界，是以雷锋为代表的众多英雄模范人物在中国共产党的领导下，为社会主义、共产主义而奋斗的伟大实践的产物，没有这个伟大的实践就没有雷锋精神的产生。雷锋精神是在进行共产主义思想教育中诞生和发展的，体现了共产主义精神的特征。正是由于它的先进性、时代性、民族性，全民学雷锋活动才得以蓬勃发展。

自 1960 年年底，雷锋的先进事迹和《雷锋日记摘抄》先后在全国一些主要报刊发表，经过了许多的酝酿和实践，中国的群众性学雷锋活动在各级党、团和群众组织的大力倡导下，通过报刊、广播等新闻媒介和文艺作品等各种宣传渠道的广泛传播，已经初具规模。雷锋的名字和事迹宛如一组强烈的音符，跳荡在亿万人民心弦上，演奏出一曲曲闪烁着共产主义思想火花的美妙乐章，使学雷锋活动形成了较为广泛的群众基础和社会基础。

在辽宁省抚顺市档案馆馆藏 4 号档案中，有一份十分珍贵的文件，即 1962 年 10 月 23 日，共青团抚顺市委印发的抚青委字（62）第 56 号《关于组织全市广大青少年参观雷锋烈士展览室，开展好阶级教育的重要通知》，这是全国第一份地方组织号召学习雷锋的正式文件，它拉开

了抚顺市学雷锋活动的序幕，也为全国学雷锋活动提供了宝贵的经验。

这份文件简要地介绍了雷锋同志的简历、家庭出身、成长经历、先进事迹和参观活动的目的、形式、内容等，文件同时号召全市广大青少年向雷锋同志学习。据记载，当年文件印发后，得到了全市各级共青团组织的大力响应，在短短的两个月内，全市有 21.4 万余名青少年参加了各种形式的学雷锋活动。同年 12 月 22 日，在总结抚顺市学习雷锋活动的基础上，由共青团辽宁省委批转了《共青团抚顺市委关于从组织青少年学习雷锋入手开展阶级教育的初步总结报告》，向全省推广了抚顺的经验和作法，同时号召在全省范围内开展学习雷锋活动。1963 年 2 月 15 日，团中央根据辽宁省及抚顺市学习雷锋活动的经验和作法，发出了《关于在全国青少年中广泛开展学习雷锋的教育活动通知》，并决定向全国各地宣传推广辽宁省特别是抚顺市学雷锋的典型经验。

1963 年 3 月 5 日，毛泽东等老一辈党和国家领导人先后为雷锋同志题词，从此，学习雷锋活动在全国各地轰轰烈烈地开展起来。

2. 学雷锋活动迎来前所未有的高潮。1963 年 3 月 5 日，毛泽东为雷锋题词的手迹“向雷锋同志学习”在首都各大报纸占据了头条位置，随后，《解放军报》又刊登了中共中央副主席刘少奇、周恩来、朱德和总书记邓小平等题词手迹。此后，3 月 5 日就成了党中央和毛泽东等老一辈无产阶级革命家号召向雷锋学习的纪念日。在老一辈革命家的倡导下，学雷锋活动迅速在全国各地、各行各业开展起来，形成前所未有的高潮。

各级领导机关雷厉风行，群团组织的紧密配合，为学雷锋活动的蓬勃兴起创造了先决条件。从中央到地方的各级党政机关和群众团体对学雷锋活动都非常重视，做了精心的领导和安排，广泛组织了各种学习和宣传活动。包括组织纪念会、报告会、动员会、广播大会、学习经验交流会；组织报刊发表文章、制定具体规划和行动措施，举办展览、演出，为烈士扫墓和以学雷锋为专题的党、团活动日等各种形式，使雷锋精神深入人心，学雷锋活动得到了健康发展。

为了宣传雷锋事迹，弘扬雷锋精神，推动学雷锋活动的深入开展，从20世纪60年代初期开始，在雷锋生活和工作过的地方，利用特有的优势，着手建立了雷锋纪念馆，提供了永久性学雷锋活动的基地，在推动学雷锋活动的深入开展中发挥了极为重要的作用。

我国现有四个著名的雷锋纪念馆：

（1）抚顺市雷锋纪念馆。抚顺市雷锋生前工作和生活过的地方，是雷锋精神的发祥地，是雷锋的“第二个故乡”。抚顺市人民为了永远纪念和学习这位伟大而平凡的战士，为学习和发扬雷锋的革命精神，于1964年8月15日在雷锋生前所在部队驻地附近，修建了雷锋纪念馆。1969年、1992年、2002年先后进行了三次改扩建。50年来，抚顺市雷锋纪念馆共接待国内外观众4680多万人次，并先后在全国58个城市举办了《雷锋精神永恒》大型展览，产生了重要影响。1986年经国务院批准，定为第一批全国重点烈士纪念建筑保护单位之一。1990年10月29日，江泽民总书记亲临抚顺市雷锋纪念馆视察，并亲笔题写馆名。抚顺市雷锋纪念馆被中宣部和中央文明委命为“全国百个爱国主义教育示范基地”、“全国精神文明建设工作先进单位”。

（2）湖南雷锋纪念馆。坐落在雷锋故居的湖南雷锋纪念馆1967年建立，1968年建成开放，是中央、省、市三级爱国主义教育基地和全国颇具影响的精神文明建设阵地。湖南雷锋纪念馆是全国爱国主义教育示范基地、全国青少年教育基地、党性教育基地、国防教育基地和重要的精神文明建设窗口，也是一个全国性的雷锋精神宣传实践基地，国家AAAA级旅游景点。自1968年建馆迄今，雷锋馆人以“播雷锋精神，做雷锋传人，促社会和谐”为己任，始终坚持社会效益第一的原则，大力弘扬雷锋精神，共接待国内外观众2800余万人次，外出作报告、举办流动展览5000多场次，听众达300多万人次，发放各类有关雷锋的宣传资料400多万册，发展学雷锋共建单位300多家，获得各级各类集体荣誉180多项，受到各类媒体表彰报道500多次。1991年3月16日，江泽民同志专程来馆视察并亲笔题写馆名。

（3）沈阳军区雷锋纪念馆。坐落在雷锋生前所在团（雷锋团）营区内，这里不仅展出了反映雷锋精神的大量实物，还展示了一大批部队

学雷锋先进人物的事迹。他们用这种方式来纪念雷锋，也用这种方式来激励自己。雷锋是他们的骄傲，雷锋精神是他们的生命。

（4）鞍钢雷锋纪念馆。该纪念馆坐落在辽宁省鞍山市鞍钢化工总厂内，总面积近600平方米，雷锋生前的工作服、饮水杯和雷锋成长经历的照片，都静静地收藏在这里。纪念馆收藏图片280余幅，实物80余件，重新改造后的雷锋纪念馆集影像、音响、展柜、灯光等先进技术于一身，更加生动形象地展示了雷锋短暂而光辉的一生，同时也表现了鞍钢人向雷锋学习的崭新精神风貌。这里的照片中记载着雷锋班集体、学雷锋先进个人李晏家、雷锋传人郭明义等众多学习雷锋的典型，他们在平凡的岗位上做出非凡的贡献。厂内每年都有评选雷锋先进个人的传统，还成立了学习雷锋小分队，经常去养老院、福利院等义务劳动。现如今的雷锋纪念馆已成为鞍钢集团新来的大学毕业生必到之处，同时也是鞍钢市民接受精神洗礼的场所，雷锋精神感染着每一位参观者，正如纪念馆内电子屏幕上闪动的那行字：“向雷锋那样学习、工作、奉献。”

雷锋纪念馆是开展群众性学雷锋活动的重要阵地。雷锋纪念馆最大限度地发挥教育功能，通过举行雷锋纪念馆基本陈列流动展览，举办经常性的主题教育、座谈研讨等多种活动，加强与社区、企业、学校、军营的联系，充分发挥雷锋纪念馆在学雷锋活动中的阵地作用，使人们在参观游览中得到精神的洗礼和思想的升华。

（二）曲折徘徊中的新崛起

历时十年的“文化大革命”，使我国经济、政治、文化遭到了巨大的破坏，国民经济几乎处于崩溃的边缘，社会道德也受到严重的破坏。在树立先进典型时，把先进经验绝对化、公式化、模式化以致弄虚作假，从而导致人们的道德是非观念混淆，道德判断失准，心理失衡，道德和信仰危机加剧，对我国道德建设产生重大消极影响。“文化大革命”期间，学雷锋活动虽一直未曾间断，却明显带有那个时代的烙印。

1977年3月5日，即毛泽东“向雷锋同志学习”题词发表14周年，《人民日报》重新发表毛泽东、周恩来、朱德同志的题词，同时还发表了中共中央主席华国锋和中共中央副主席叶剑英的题词。华国锋同志的题词是："向雷锋同志学习，把毛主席开创的无产阶级革命事业进行到底。"叶剑英同志的题词是："向雷锋同志学习，全心全意为人民服务。"

党的十一届三中全会后，以邓小平同志为核心的第二代中央领导集体，坚持党的"一个中心，两个基本点"的基本路线，坚持"两个文明"一起抓的方针，改革开放和社会主义现代化建设事业蓬勃发展，为群众性的学雷锋活动注入新的活力。

1978 年 10 月底，共青团中央提出在全国开展"学雷锋、树新风"活动后，迅速掀起学习雷锋的热潮。上百万青少年走上街头，维护公共秩序，打扫环境卫生，为群众做好事，在社会上营造一种倡导文明、助人为乐的新风尚。随着活动的深入发展，逐步形成以"五讲四美三热爱"为核心的全民文明礼貌活动。

1983 年 3 月 5 日，是毛泽东同志"向雷锋同志学习"题词发表 20 周年，中共中央决定重新发表毛泽东同志等老一辈革命家为雷锋同志的题词。北京、上海、天津、沈阳等地开展了隆重纪念毛泽东同志"向雷锋同志学习"题词发表 20 周年的活动，《人民日报》、《解放军报》、《中国青年报》等发表了重要文章和社论。同日，在首都各界纪念向雷锋同志学习 20 周年大会上，中共中央政治局委员胡乔木代表中共中央和国务院，作了题为《做八十年代的新雷锋》的讲话。为了认真总结学雷锋活动的经验，进一步弘扬雷锋精神，推动社会主义精神文明建设，3 月 4 日在北京召开了全国青少年学雷锋先进代表会议。这一时期，学雷锋活动与转变党风、社会风气相结合，与加强职业道德教育相结合，与城乡文明建设活动相结合，始终保持持续发展的态势，收到了良好效果。

（三）学雷锋活动向纵深发展

在改革开放和社会主义现代化建设事业进一步发展的形势下，以江泽民同志为核心的党的第三代中央领导集体和以胡锦涛同志为总书记的党中央十分注重全党、全国人民的思想道德建设，学雷锋活动成为新形势下培养社会主义新人的重要途径和社会主义精神文明建设的重要组成

部分，雷锋精神得到进一步提倡和弘扬，掀起了20世纪60年代之后的第二次学雷锋活动高潮。

1990年3月5日和6日，《人民日报》、《光明日报》、《解放军报》、《工人日报》、《中国青年报》等发表中共中央总书记江泽民，以及杨尚昆、李鹏、乔石、姚依林、宋平、李瑞环等党和国家领导同志关于向雷锋同志学习的题词，江泽民同志的题词是："学习雷锋同志，弘扬雷锋精神。"3月5日，在全国学习雷锋先进代表座谈会上，中共中央政治局常委李瑞环发表重要讲话。10月29日，江泽民同志在接见"雷锋团"干部战士时发表重要讲话，对雷锋精神的内涵作了精辟概括，指出："雷锋精神的实质，是全心全意为人民服务，为了人民的事业无私奉献。"1993年3月4日，在中宣部、国务院办公厅、国家教委、解放军总政治部、共青团中央、北京市委市政府联合举办的纪念毛泽东同志等老一辈革命家为雷锋同志题词30周年大会上，中共中央政治局常委胡锦涛发表重要讲话，进一步将雷锋精神的内涵概括为：全心全意为人民服务的思想，爱国主义、集体主义和坚定的社会主义信念，艰苦奋斗、勤俭创业的优良作风，努力学习、刻苦钻研的"钉子"精神，立足本职、忠于职守、勤勉敬业、精益求精的"螺丝钉"精神。

军民共同学雷锋，开创"共建"新局面。这个时期的"共学"、"共建"活动，从内容和效果看，都有新的发展。江苏省苏州市的军民"共学"，主要采取"三同"的形式：同学理论、同学雷锋、同树新风。军队与共建单位的100多个军民共建点，普遍建立了学理论领导小组。驻军聘请地方党政干部、专家教授，担任政治理论学习顾问。地方共建点聘请政治理论素质好的官兵担任理论学习辅导员，在理论学习上，取长补短，互相学习，互相帮助，共同进步。在军民共同学雷锋活动中，军民共建"同学雷锋小组"，在军民共树新风活动中，广泛开展军民共建、厂街共建、干群共建等多种形式的活动，有力地促进了军民之间、党群之间、干群之间的新型关系，团结、有爱、互助蔚然成风。

立足岗位学雷锋、行行业业树新风。这个时期，全国许多地区普遍注重立足岗位学雷锋，使之成为群众性学雷锋活动的重要形式和根本途径。“优质服务、优秀岗位、优良秩序、优美环境、优化风气”，调动全社会各方面力量，使人人在岗位上尽职尽责，形成“我为人人，人人为我”的社会风尚，福州市公交公司要求职工树立“爱公交、爱集体、爱岗位、爱乘客”的职业道德，像雷锋那样全心全意为人民服务。

走上社会学雷锋，社会出现新风尚。走上社会学雷锋是对传统学雷锋形式的继承和发展，组织人员上街，开展宣传、咨询和便民服务活动，或进行义务劳动和其他公益活动等几十种活动项目，这种活动方式人数多，声势大，影响面广。采取这种方式学雷锋，能够深入到人们的日常生活中去，对动员全社会开展学雷锋活动具有一定的促进作用，有力地促进了社会新风的传播。

（四）新时代的新发展

2003 年 2 月 7 日，中宣部、中央文明办、解放军总政治部、共青团中央联合召开纪念学雷锋活动 40 周年大会，中共中央政治局常委李长春发表重要讲话，强调学习雷锋的重大意义，指出：“深入开展学雷锋活动，是新时期加强社会主义精神文明建设的重要任务。学习雷锋，就要牢固树立远大理想、发奋学习科学文化、始终坚持艰苦奋斗、大力弘扬文明新风。”

2010 年 8 月，胡锦涛总书记就学习宣传郭明义同志作出重要批示，他指出：“郭明义同志是助人为乐的道德模范，是新时期学习实践雷锋精神的优秀代表。要大力宣传和弘扬郭明义同志的先进事迹和崇高品德，为构建社会主义和谐社会提供强大精神力量。”胡锦涛总书记的重要批示，充分体现了党中央对学习实践雷锋精神的高度重视，对以郭明义同志为代表的道德模范和先进人物的关心和关怀，为在新时期深入开展学雷锋活动指明了方向。郭明义同志的先进事迹感人至深，在全社会引起强烈反响，这充分表明，随着时代进步和社会发展，雷锋精神不但没有过时、没有褪色，而且不断与民族传统美德相承接、与社会进步潮流相契合、与党的先进本色相融汇，越来越焕发出引领时代风气之先的独特魅力，成为全党、全社会共有的宝贵精神财富。在新的历史条件下广泛深入开展学雷锋活动，既是在各种思想文化相互激荡的时代条件下坚持社会主义先进文化前进方向的迫切需要，又顺应了人民群众对加强社会主义思想道德建设的强烈呼唤，是时代的要求、人民的愿望，对于动员和鼓舞广大干部群众以昂扬向上的精神风貌，积极投身中国特色社会主义伟大事业，具有十分重要的意义。

2011年10月18日，党的十七届六中全会通过《中共中央关于深化文化体制改革推动社会主义文化大发展大繁荣若干重大问题的决定》(以下简称《决定》)。《决定》在“推进社会主义核心价值体系建设，巩固全党全国各族人民团结奋斗的共同思想道德基础”部分特别指出：“深入开展学雷锋活动，采取措施推动学习活动常态化”，在全国上下贯彻落实党的十七届六中全会精神，建设社会主义核心价值体系的形势下，学雷锋活动已经成为全党、全国、全军新的共识。

2012年3月2日，中央精神文明建设指导委员会在北京召开深入开展学雷锋活动座谈会，李长春出席座谈会并讲话。他强调，深入开展学雷锋活动，采取措施推动学习活动常态化，是党的十七届六中全会提出的一项重要任务，是推进社会主义核心价值体系建设、打牢全党、全国各族人民团结奋斗共同思想道德基础的一项重大举措。要充分认识新形势下深入开展学雷锋活动、弘扬雷锋精神的重大意义，在全社会迅速兴起学雷锋活动的热潮，最大限度地动员和凝聚各方面力量积极参与，使雷锋精神成为激励全党全国各族人民奋力开拓中国特色社会主义事业新局面、实现中华民族伟大复兴的强大精神力量。党的十七届六中全会明确提出：“深入开展学雷锋活动，采取措施推动学习活动常态化。”这是党中央科学分析社会思想道德建设新形势、适应时代发展新要求，顺应人民群众新期待提出的一项重要任务。雷锋同志是全国人民学习的光辉榜样，他以对党的无尚忠诚、对祖国的无比热爱、对人民的无限深情，谱写了光彩夺目的人生诗篇，树立了历久弥新的思想道德标杆。

四、当代雷锋

身边的雷锋无时不在、无处不在。

“我要为人民做一辈子好事”，这是北京军区总医院原副政委、退休干部孙茂芳，40年前刚迈进军营大门时发自内心的诺言。

那年的3月5日，毛泽东主席发出了“向雷锋同志学习”的号召，40年来，孙茂芳不论在什么工作岗位，都信守着自己的诺言，学习雷锋精神、宣传雷锋精神、实践雷锋精神，被人们誉为“京城活雷锋”。孙茂芳先后被评为“全军学雷锋先进典型”、“全国学雷锋标兵”、“全国优秀社区服务志愿者”，荣获了全国首届“奉献杯”，两次获得“首都精神文明建设奖章”，荣立一等功一次。老孙做的好事，就像天上的星星，看得见，数不清。

北京弓匠胡同中年妇女丁翠萍双目失明，丈夫下岗，家庭陷入了困境，连儿子的学费都交不起。1997年春天，孙茂芳听说后，主动找上门送去了100元钱，以后每月发了工资，孙茂芳都补贴他们100元钱。

孙茂芳先后资助了14名孤寡老人、残疾人和32名特困学生，资助的金额累计达4万多元。他精心照顾5位老人10余年，为她们送了终。其中90岁的王炎大娘是受他照料时间最长的一位，前后共17年，王大娘十分感激孙茂芳，临终前立下遗嘱，要把祖传的一座四合院10间住房赠送给孙茂芳，被他坚决谢绝。孙茂芳说：“我是共产党员，做点好事哪能图回报呢！帮助别人获得幸福，一个幸福可以变成两个；为别人分担痛苦，一个痛苦至多只剩下一半。”得到孙茂芳帮助的，除驻地附近的孤寡老人和困难户外，更多的是他所在医院的患者。

2001年6月，孙茂芳认识了在总医院住院、生命垂危的13岁女孩卫丽娜。卫丽娜患糖尿病，家庭困难，为了治病，家里人把能卖的东西全卖了，陪床的父亲晚上在水泥地上打地铺过夜。孙茂芳看了十分心疼，当即拿出300元钱为孩子买药，并从家里煮了鸡蛋送到病房，还为孩子的父亲安排住处，这位老农民拉着孙茂芳的手，泪水直往下流。

几天后，孙茂芳应邀到中国政法大学作报告，当讲到卫丽娜的情况时，全校师生无不为之焦急，自愿发起捐助活动，很快就将6280元捐款送到了医院。大学生们动情地对孙茂芳说：“我们之所以这么积极捐款，是你的精神深深地感动了我们。”

从1997年开始，孙茂芳带领全家建立了“家庭助困基金”，每月全家拿出250元，资助残疾人和特困生。现在孙茂芳和爱人都退休了，家庭收入明显减少，但家庭助困基金仍然延续着，有时受助的人多，助困基金不够，他们只好从日常开销中支出。多年来，孙茂芳一家拿出的助困基金和参加社会捐献的现金超过了5万元。

熟悉孙茂芳的人都知道，老孙学雷锋、做雷锋，也十分热心传播雷锋精神。孙茂芳常说：“一个人学雷锋，仅能发挥一滴水的效能；动员全社会学雷锋，才能促进社会风气的转变。”

2000年3月4日，孙茂芳和雷锋的战友乔安山、雷锋辅导过的学生孙桂芹等，应邀为张家口市各界群众作学雷锋报告，在当地引起强烈反响。这是孙茂芳退休后，为继续宣传雷锋精神而策划的“雷锋精神万里行”活动，他计划走遍全国，联络当地学雷锋模范，以报告会、座谈会等形式研究、宣传雷锋精神，把学雷锋活动推向新的高度。

孙茂芳的活动计划，得到了解放军总政治部、共青团中央、卫生部和所在部队的大力支持，于是，他的足迹伴随着“雷锋精神”出现在全国各地。

在北京中国人民大学，孙茂芳与100多名博士生、硕士生就学雷锋展开了对话。会场上，有提问，有答辩，有交流，3个多小时的对话，多次被掌声所打断，莘莘学子为孙茂芳的人格魅力所折服，纷纷要求加入孙茂芳组织的学雷锋志愿者行列。

在内蒙古，孙茂芳联络了“模范团长”李国安、当年的“草原英雄小姐妹”玉荣等，在呼和浩特市举行了“雷锋精神”报告会。其间，内蒙古发生雪灾，孙茂芳组织医疗队送医、送药到牧民家。当他得知当地有25名失学儿童时，当即拿出5000元，代表全家捐给了孩子们。

在湖南韶山毛主席铜像前和望城雷锋纪念馆，孙茂芳为18省市“英雄中队”的青少年做了“高举革命火炬，永走雷锋之路”的宣讲，使孩子们受到深刻教育。

“雷锋精神万里行”产生了良好的社会效益，有的听众当场为“希望工程”捐款，有的大学生听完报告后向党组织递交了入党申请书，上万名学生加入了学雷锋的行列，成为雷锋精神的宣传员和实践者。年逾花甲的孙茂芳克服重重困难，行程 2 万多公里，联络英模 100 多人，作报告 200 多场，使“雷锋精神”传遍了千家万户

孙茂芳积极探索弘扬雷锋精神的新途径，他以家庭辅导站、北京东城图书馆等为讲坛，为社会青年讲英模的故事；开展青少年“四有”教育百家访活动；开展百家商店军民共建双文明活动；与驻地中小学联系，在青少年学生中培养 1000 名学雷锋骨干；建立“学雷锋扶贫帮困连带网”，对 5 名残疾儿童、特困儿童进行帮扶；建立“学雷锋爱民服务网”，为 200 多名群众排忧解难。

孙茂芳创造的“学雷锋系列活动”，受到了社会的广泛赞誉，也把更多的人吸引到了学习伟大共产主义战士雷锋的这面旗帜下。

1986 年起，74 岁老人白芳礼蹬三轮车资助数百名贫困生，20 年间捐款 35 万元。白芳礼从头到脚穿的总是不配套的衣衫鞋帽，那都是他从路边或垃圾堆里捡来的。他每天的午饭总是两个馒头一碗白开水，有时往开水里倒一点酱油，那已是“美味”了。将物质生活标准压到最低点的老人，却把能量释放到最高度，一年 365 天，他没歇过一天，年纪太大蹬不动三轮车，他就在自行车棚看车一角一角地挣钱。一年冬天，一个飘着雪花的冬日，他来到天津一所中学，递上饭盒里的 500 元钱，“我干不动了，以后可能不能再捐了，这是我最后的一笔钱……”谁能说这份感动和震撼，不能感动全中国，这份奉献和助人，不能当做当代雷锋。

40 岁的阿里木，10 年前来到贵州省毕节市，以烤羊肉串为生，毕节有不少穷困学生上不了学，阿里木便决定用烤羊肉串挣来的钱资助贫困学生。8 年来，几万元钱，全部捐献出来资助了上百名贫困学生，很多网友被他的故事所感动，亲切地称他为“烤羊肉串的慈善家”。快乐的巴郎，在烟火缭绕的街市上，大声放歌，苦难没有冷了他的热心，声誉不能改变他的信念。一个人最朴素的恻隐，在人群中激荡起向善的涟漪，阿里木的行动给这里带来了照亮人内心世界的热烈的阳光。

当今社会对公共利益的关心愈来愈成为人们追寻的价值，社会上一

些旋律过分强调“一己之欲”、“一己私利”，这会让整个社会堕落。而孙茂芳、白芳礼、阿里木的作为让我们看到了雷锋“公而忘私”、“助人为乐”精神的再现，唱响了社会道德建设的主旋律，不仅这几个典型，我们身边也有着许许多多无私帮助着他人的人，越来越多人倡导并践行的“利他”、“利人”精神无疑是这个社会发展的润滑剂。

“7·23”温州动车事故发生后，邵曳戎在桥上清理变形的车厢，考虑到车厢内可能还有幸存者，吊动车厢会造成再次伤害，坚持原地救援，最后救出年仅两岁零八个月的小女孩项炜伊。后来，邵曳戎说：“我不觉得自己是什么英雄，也不是‘雷锋’。去年公安部在武汉开表彰会，我去领奖，看到失去一只手的排爆大队长，那才是英雄。很多人说我在温州动车事故中抵制住了压力，其实，我倒没有这种看法。说我是小伊伊的救命恩人，我不敢当，我没那么伟大，就是很普通的人。她的救命恩人很多，救援人员、医生护士、社会各界好心人都是。要说学雷锋，大家都是在学雷锋。”一番话朴实无华，却说进人们的心窝里。学习雷锋，可能没有轰轰烈烈，却能朴实地坚守自己的道德原则，分明是非，特别是在尊重生命的这一道德底线面前时，邵曳戎守住了自己的原则，诠释了新时代的雷锋精神。

“60年前，他搭建了第一张手术台，到今天也没有离开。手中一把刀，游刃肝胆，依然精准；心中一团火，守着誓言，从未熄灭。”吴孟超是世界上90岁高龄仍然工作在手术台前的唯一一位医生。他不仅是一位优秀的肝脏科临床医生，更是一位杰出的医学研究者，我国肝脏外科医学奠基人。50年间，吴孟超推动中国的肝脏医学从无到有，从有到精，他的成就令全球同行瞩目、敬佩。他总是设身处地为病人着想，要求医生用最简单、最便宜、最有效的方法为病人治疗。作为医生，作为军人，他都是一座丰碑。敬业爱岗，事业无尊卑，处其位谋其政，用现在的说法，叫做职业素养吧。“敬业爱岗”是他生活的态度，也是他生命的态度，更是雷锋精神的态度。

2011年7月2日，杭州滨江区一小区，一名2岁女童从10楼坠落，楼下的吴菊萍冲过去用双手接住孩子，女孩获救，吴菊萍的手臂却被撞成粉碎性骨折，该事迹感动网民，吴菊萍被称为“最美妈妈”。无独有偶，2012年5月8日，黑龙江省佳木斯市第十九中学语文教师张丽莉在失控的汽车冲向学生时，一把推开了两个学生，自己却被车轮碾轧，造成全身多处骨折，双腿高位截肢（现已逐渐康复），被称为最美女教师。学习雷锋精神，只要是人民所需要的，不管分内分外都要干，以“助人”为乐，付出自己的全部力量去工作、去助人，把自己有限的生命无私地奉献给了党，奉献给了祖国和人民。虽然“奋不顾身”、“奉献生命”在任何时代都会被讴歌，但行善有时未必会轰轰烈烈。每个平凡人心中的良善，都会是避免社会陷入黑暗的亮光，从打一个救援电话，到接住一个坠楼小孩或者在失控的汽车前推开自己的学生，善行无价。每个人的行为只需止于自己的“至善”标准，社会就不会变成一片荒漠。

说到当代活雷锋就不能不提到郭明义，郭明义曾先后获部队学雷锋标兵、鞍钢劳动模范、鞍山市特等劳动模范、全国无偿献血奉献奖金奖、中央企业优秀共产党员、全国“五一劳动奖章”等荣誉称号，是鞍山市无偿献血形象代言人、中共十八届中央候补委员、中共十八大代表。胡锦涛总书记曾指示，郭明义同志是新时期学习实践雷锋精神的优秀代表，这说明了郭明义的精神实质就是雷锋精神在新时期的写照。

雷锋身上有爱心，也有奉献的精神，因而，社会学家艾君认为，“爱心”就是郭明义思想情操的写照；“奉献”就是郭明义行为上折射出的一种精神。社会学家艾君在文章里分析道，郭明义身上似乎有双无形的翅膀，那就是“爱心”的翅膀，只要心中有梦就会飞翔；郭明义行为中有种“奉献精神”，他以自己的行动为我们这个发展的社会多做点事情，为我们这个追求文明的社会奉献着道德。正因为有了这种“爱心”和“奉献精神”，郭明义才显得如此的高大，显得如此的受人尊重，引人瞩目。艾君的文章里，首次将“爱心”和“奉献精神”界定为我们这个社会和谐发展的基础，提出了“爱心”和“奉献精神”也就是我们最基本的民族精神。艾君的文章里表述，我们已经进入了

21 世纪，人类的文明之所以获得不断进步，社会财富之所以获得不断发展，就是在无数人显出“爱心”，默默无闻地“奉献”智慧和力量中收获而来。艾君强调，“春蚕到死丝方尽，蜡烛成灰泪始干，”“爱心”和“奉献精神”永远是一种文明社会发展中高尚的精神境界，是鼓舞和激励人们奋发向上的巨大力量。有了这种精神，才能够坚定民族前进的信念，才能够振奋其民族不懈追求的精神，才能够凝聚民族的力量，不断构筑起我们和谐社会的大业。心中有爱，天地才宽。让我们向郭明义学习，以“爱心”和“奉献精神”，呼唤着人类朴实情愫的回归，呼唤着民族道德观念的进步，呼唤着人类新文明的发展，呼唤着我们民族的振兴和祖国的腾飞。

五、50 年来学雷锋历久弥新

50 年来，在毛泽东、邓小平、江泽民、胡锦涛等中央领导同志的亲切关怀和大力倡导下，学雷锋活动绵延不断地蓬勃开展，对于推进社会主义精神文明建设，丰富社会主义核心价值体系，培养具有高尚情操的社会主义建设人才，推进党的建设新的伟大工程和中国特色社会主义伟大事业产生了重要作用和深远影响。

50 年来，学雷锋活动作为全社会参与的一项重要活动，延续不断，经久不衰，激励、培养、造就了一代又一代社会主义新人。在改革开放和社会主义现代化建设新时期，人民依然崇尚、学习雷锋精神，道德进步、社会和谐已经离不开雷锋精神，它已经渗透到人们的思想意识中，体现在人们的实际行动中。张华、徐虎、李素丽、杨善洲、吴菊萍、郭明义以及改革开放以来其他数百位全国道德模范和各条战线涌现的成千上万的先进模范人物，在重大灾害发生时奔赴抗灾一线的数十万志愿者，在北京奥运会、上海世博会、广州亚运会义务服务的大学生和各界人士，还有更多拾金不昧、尊老爱幼、扶贫济困、助人为乐的默默无闻的普通人，他们在不同时代、不同地点、不同岗位坚定不移、持之以恒地践行雷锋精神，体现出顾全大局、忠于职守、克己奉公，处处以国家、人民和集体利益为重的主人翁态度。他们让雷锋精神融入社会的血液和细胞，为我们事业的发展提供了不竭动力，使中华民族焕发出昂扬向上的力量。

50年来，学雷锋活动作为社会主义精神文明建设的重要组成部分，不断弘扬雷锋平凡中见伟大的高尚品格，大力宣传来自基层、真实可信的道德楷模和典型人物，对广大群众产生了强大吸引力，营造了积极向上的社会氛围和社会风尚。学雷锋活动的开展，让每一个普通公民都真切感受到，做一个对社会有益的人，并不是想象中的那样难，从而使越来越多的普通人以日积月累的平凡小事传承和弘扬雷锋精神，自觉做中华民族传统美德的传承者、社会主义道德规范的实践者、新型人际关系的倡导者，以自己的实际行动促进相互尊重、团结友爱、助人为乐、诚实守信、见义勇为、和谐融洽等良好社会风尚的形成，促进了整个公民道德水平的提升。在发展社会主义市场经济的今天，学习雷锋活动必将对建设中华民族共有的精神家园、构建社会主义和谐社会，产生更加积极的作用。

50年来，我们党坚持把学雷锋活动同党和国家中心工作紧密结合起来，同改革开放和社会主义现代化建设实践结合起来，同群众性精神文明创建活动结合起来，不断充实活动内容，拓展活动领域，创新活动形式，营造浓厚的学习雷锋的社会氛围，充分调动广大人民群众的积极性、主动性、创造性，最大限度凝聚各方面的智慧和力量，形成开拓创新、攻坚克难的强大合力，为改革发展提供了强大动力。我们党坚持把学雷锋活动与加强党的自身建设结合起来，强调广大党员干部要从自身做起，把学雷锋活动同党风廉政建设、加强党的先进性建设、创先争优等活动结合起来，有力地激励了各级党组织和广大党员学先进、赶先进、争先进，以实际行动保持和发展党的先进性，以良好形象赢得人民群众的信任和拥护，为保证我们党始终走在时代前列，始终成为中国特色社会主义事业的坚强领导核心提供了强大动力。

50年来，人们对雷锋不断感悟，不断体会，在市场经济的环境下，在全球化的环境下，在各种思潮互相激荡的环境下，人们对雷锋精神的理解时有起伏。但当我们敞开心胸，真正面对西方的思想文化，互相比较，我们会发现，中华民族的传统文化和共产主义文化，仍然是立国之本。而雷锋精神，正是这两种文化的结合点，所以我们能越来越深刻认识雷锋精神的价值。我们要进一步弘扬雷锋精神，把雷锋精神当成我们的文化家园，进一步把学雷锋活动常态化，把学雷锋作为一种道德准则，作为一种日常习惯。

第二章 雷锋精神与企业文化建设

第一节　企业文化漫谈

一、企业文化的定义

随着社会和经济的不断发展，企业在经济体制内所起的作用越来越大。企业越来越重视自身的各种环境，争取有利的发展空间，承担更多的社会责任，重视自身的企业文化建设。企业文化是社会文化体系中的一个有机的重要组成部分，它是民族文化和现代意识在企业内部的综合反映和表现，是民族文化和现代意识影响下形成的具有企业特点和群体意识以及这种意识产生的行为规范。企业文化是企业内群体对外界普通的认知和态度。企业文化问题，不仅是一个理论问题，而且是一个实践问题。从理论上讲，企业文化理论是西方企业管理理论发展的新阶段；从实践上讲，它是企业文化管理实践发展的必然结果。自 18 世纪 60 年代以来，随着资本主义工业的发展，企业管理中面临着许多需要变革的问题，人们围绕重视人还是重视物、强调理想还是非理性等基本问题，一直在探索，并相应提出一系列管理理论。1911 年，美国工程师泰罗发表了具有崭新管理理论的著作《科学管理原理》，他的理论被人们称为“泰罗制”。这种理论的基础是把人当做“经济人”，强调在组织技术上下功夫，主张对人严格管理、严密控制；同时，主张用科学的方法和手段，如工作定额、工作标准化、科学的管理过程和理想组织等，加大工人的劳动强度，提高企业的生产效率。持类似观点的除泰罗外，还有法约尔、韦伯等。

以梅奥、马斯洛、赫茨伯格、麦格雷戈等为代表的行为科学理论的兴起，开辟了管理理论研究的新视野。他们从“社会人”和“自我实现人”的基点出发，开始重视对人的需求、动机和行为规律的研究，承认人的社会性、能动性，主张用激励的方式来调动人的积极性，以使把个人目标和企业目标相结合。

在以后的管理理论研究中，有一批杰出的代表，如巴纳德、西蒙等，其研究的领域与范围大大拓宽。其特点是充分吸收现代自然科学和技术科学的最新成果，从系统的观点出发，注重先进的数学和电子计算机方法在管理中的应用，强调系统分析和定量分析，力求使管理活动更加程序化、系统化。

每一种管理理论的形成，都在不同程度上解释和说明了一些管理现象，并在一定程度上提高了企业的管理效果，促进了企业的发展。同时，每一种理论本身又不可能十全十美。综合以上的管理理论，我们不难看出其局限所在：一是这些理论缺乏对人的正确认识，把人始终看做管理的客体，人在生产中始终处于被动的地位；二是缺乏对职工群体的研究，只注重研究单个个体；三是没有找到硬管理和软管理、理想控制和非理性控制的最佳结合点。因此，管理理论发展的迫切任务就是要寻找一种可以弥补上述缺陷的新理论。这种理论的基本框架是以人为中心，把人放在企业管理的主要地位，反对单纯的强制管理，强调文化认同和群体意识作用等。可见，企业文化理论的出现绝不是偶然的。

文化是一种历史现象，每一社会都有与其相适应的文化，并随着社会物质生产的发展而发展。《辞海》中对“文化”是这样解释的：从广义上讲，文化是指人类社会历史实践中所创造的物质财富和精神财富的总和。从狭义上讲，是指社会意识形态以及与其相适应的制度和组织结构。由于不同的社会有不同的文化，因此，人们对于文化的理解也因不同的社会历史背景而异。由于人们对文化理解的差异性，使得对企业文化概念的理解也不尽相同。我国学者对于企业文化含义的解释也不相同，如一种倾向性的观点是把企业文化看做是一种观念形态的价值观，认为企业文化是一个企业长期以来形成的一种稳定的文化观念与历史传统，以及特有的经营精神和风格，包括企业的经营哲学、价值观、道德规范、人际伦理关系等，同时企业文化的核心内容是价值观；也有把企业文化看做一个概念，认为它是由企业的外显文化和内隐文化构成，外显是指文化教育、技术培训和联谊活动，内隐是指企业内部为达到一定的目标而一贯提倡的，并为全体成员所自觉遵守的价值观和行为规范等。美国学者约翰·科特和詹姆斯·赫斯克特认为，企业文化是指一个企业中各个部门，至少是企业高层管理者们所共同拥有的那些企业价值观念和经营实践，是指企业中一个分部的各个职能部门或地处不同地理环境的部门所拥有的那种共同的文化现象；特雷斯·迪尔和阿伦·肯尼迪认为，企业文化是价值观、英雄人物、习俗仪式、文化网络、企业环境；威廉·大内认为，企业文化是进取、守势、灵活性——即确定活动、意见和行为模式的价值观。企业文化是一种新的现代企业管理理论，企业要真正步入市场，走出一条发展较快、效益较好、整体素质不断提高、使经济协调发展的路子，就必须普及和深化企业文化。

企业文化是现代化大生产与市场经济发展基础上逐步产生的一种以现代科学管理为基础的新型管理理论和管理思想，是企业全体员工在创业和发展过程中培育形成并共同遵守的最高目标、价值标准、基本信念和行为规范的总和。企业文化或称组织文化，是一个组织由其价值观、信念、仪式、符号、处事方式等组成的其特有的文化形象。企业文化意味着一个公司的价值观，诸如进取、守势或者是灵活，这些价值观构成公司职工活动、意见和行为的规范。企业文化作为特定的管理概念应以企业的精神为对象，主要反映一个特定企业的群体意识，是特指企业的意识形态，而并不是社会文化在企业中的种种反映，它并不是包罗万象的。具体来说，企业文化是一种观念形态的价值观，是企业长期形成的稳定的文化观念和历史传统以及特有的经营精神和风格，包括一个企业独特的指导思想、发展战略、经营哲学、价值观念、道德模范、风俗习惯等。企业文化的提出源于日本经济发展奇迹而引起的美日比较管理学研究热潮。同时，关于企业文化的概念，有许多不同的认识和表达。

企业文化有广义和狭义两种理解：广义的企业文化是指企业所创造的具有自身特点的物质文化和精神文化；狭义的企业文化是企业所形成的具有自身个性的经营宗旨、价值观念和道德行为准则的综合。

二、企业文化的特征

企业文化作为文化而存在的一种特殊形式，有文化的共性，也有其与其他文化相比的特殊性，具有继承性、相融性、人本性、整体性、创新性。

（一）独特性

企业文化具有鲜明的个性和特色，具有相对独立性，每个企业都有其独特的文化淀积，这是由企业的生产经营管理特色、企业传统、企业目标、企业员工素质以及内外环境不同所决定的。不同企业的企业文化各不相同，如惠普企业文化为“尊重个人”、IBM 公司为“成就客户，创新为要，诚信负责”等等。

（二）继承性

企业在一定的时空条件下产生、生存和发展，企业文化是历史的产物。企业文化的继承性体现在三个方面：一是继承优秀的民族文化精华；二是继承企业的文化传统；三是继承外来的企业文化实践和研究成果。

（三）相融性

企业文化的相融性体现在它与企业环境的协调和适应性方面。企业文化反映了时代精神，它必然要与企业的经济环境、政治环境、文化环境以及社区环境相融合。

（四）人本性

企业文化是一种以人为本的文化，最本质的内容就是强调人的理想、道德、价值观、行为规范在企业管理中的核心作用，强调在企业管理中要理解人、尊重人、关心人。注重全面发展，用愿景鼓舞人、用精神凝聚人、用机制激励人、用环境培育人。

（五）整体性

企业文化是一个有机的统一整体，人的发展和企业的发展密不可分，引导企业职工把个人奋斗目标融于企业整体目标之中，追求企业的整体优势和整体意志的实现。

（六）创新性

创新既是时代的呼唤，又是企业文化自身的内在要求。优秀的企业文化往往在继承中创新，随着企业环境和国内外市场的变化而改革发展，引导大家追求卓越，追求成效，追求创新。

三、企业文化的内容

根据企业文化的含义以及各大企业的具体实践，企业文化的内容涉及也十分广泛。

（一）价值观念

所谓价值观念，是人们基于某种功利性或道义性的追求而对人们（个人、组织）本身的存在、行为和行为结果进行评价的基本观点。可以说，人生就是为了价值的追求，价值观念决定着人生追求行为。价值观不是人们在一时一事上的体现，而是在长期实践活动中形成的关于价值的观念体系，而价值观不仅仅针对个人，对于群体也一样存在。同样，对于企业这样的一个社会群体，也有价值观，是指企业职工对企业存在的意义、经营目的、经营宗旨的价值评价和为之追求的整体化、个异化的群体意识，是企业全体职工共同的价值准则。只有在共同的价值准则基础上才能产生企业正确的价值目标，有了正确的价值目标才会有奋力追求价值目标的行为，企业才有希望。因此，企业价值观决定着职工行为的取向，关系企业的生死存亡，是企业文化的核心。例如，我国著名家电企业——海尔集团，因充满生机的核心竞争力“日事日毕，日清日高”的企业核心价值观，使得它成为效率每年以80%的高速度递增，抗争海外对手，并占据欧美及东南亚市场的知名企业。

（二）经营哲学

经营哲学也称企业哲学，源于社会人文经济心理学的创新运用，是一个企业特有的从事生产经营和管理活动的方法论原则，是指导企业行为的基础。一个企业在激烈的市场竞争环境中，面临着各种矛盾和多种选择，要求企业有一个科学的方法论来指导，有一套逻辑思维的程序来决定自己的行为，这就是经营哲学。例如，日本松下公司“讲求经济效益，重视生存的意志，事事谋求生存和发展”，这就是它的战略决策哲学。北京蓝岛商业大厦创办于1994年，它以“诚信为本，情义至上”的经营哲学为指导，“以情显义，以义取利，义利结合”，使之在创办三年的时间内营业额就翻了一番，跃居首都商界第4位。

（三）企业精神

企业精神是指企业基于自身特定的性质、任务、宗旨、时代要求和发展方向，并经过精心培养而形成的企业成员群体的精神风貌。企业精神要通过企业全体职工有意识的实践活动体现出来。因此，它又是企业职工观念意识和进取心理的外化。企业精神以价值观念为基础，以价值目标为动力，对企业经营哲学、管理制度、道德风尚、团体意识和企业形象起着决定性的作用。企业精神通常用一些既富于哲理，又简洁明快的语言予以表达，便于职工铭记在心，时刻用于激励自己；也便于对外宣传，容易在人们脑海里形成印象，从而在社会上形成个性鲜明的企业形象。如北京市王府井百货大楼的“一团火”精神，就是用大楼人的光和热去照亮、温暖每一颗心，其实质就是奉献服务；北京市西单商场的“求实、奋进”精神，体现了以求实为核心的价值观念和真诚守信、开拓奋进的经营作风。

（四）企业道德

企业道德是指调整该企业与其他企业之间、企业与顾客之间、企业内部职工之间关系的行为规范的总和。它是从伦理关系的角度，以善与恶、公与私、荣与辱、诚实与虚伪等道德范畴为标准来评价和规范企业。

企业道德与法律规范和制度规范不同，不具有那样的强制性和约束力，但具有积极的示范效应和强烈的感染力，当被人们认可和接受后具有自我约束的力量，企业道德是约束企业和职工行为的重要手段。中国老字号同仁堂药店之所以300多年长盛不衰，在于它把中华民族优秀的传统美德融于企业的生产经营过程之中，形成了具有行业特色的职业道德，即“济世养身、精益求精、童叟无欺、一视同仁。”

（五）团体意识

团体即组织，团体意识是指组织成员的集体观念，团体意识是企业内部凝聚力形成的重要心理因素。企业团体意识的形成使企业的每个职工把自己的工作和行为都看成是实现企业目标的一个组成部分，使他们对自己作为企业的成员而感到自豪，对企业的成就产生荣誉感，从而把企业看成是自己利益的共同体和归属。因此，他们就会为实现企业的目标而努力奋斗，自觉地克服与实现企业目标不一致的行为。

（六）企业形象

企业形象是企业通过外部特征和经营实力表现出来的，被消费者和公众所认同的企业总体印象。由外部特征表现出来的企业形象称表层形象，如招牌、门面、徽标、广告、商标、服饰、营业环境等，这些都给人以直观的感觉，容易形成印象；通过经营实力表现出来的形象称深层形象，它是企业内部要素的集中体现，如人员素质、生产经营能力、管理水平、资本实力、产品质量等。表层形象是以深层形象为基础，没有深层形象这个基础，表层形象就是虚假的，也不能长久地保持。流通企业由于主要是经营商品和提供服务，与顾客接触较多，所以表层形象显得格外重要，但这决不是说深层形象可以放在次要的位置。如北京西单商场以“诚实待人、诚心感人、诚信送人、诚恳让人”来树立全心全意为顾客服务的企业形象，而这种服务是建立在优美的购物环境、可靠的商品质量、实实在在的商品价格基础上的，即以强大的物质基础和经营实力作为优质服务的保证，达到表层形象和深层形象的结合，赢得了广大顾客的信任。

（七）企业制度

企业制度是在生产经营实践活动中所形成的，对人的行为带有强制性，并能保障一定权利的各种规定。从企业文化的层次结构看，企业制度属中间层次，它是精神文化的表现形式，是物质文化实现的保证。企业制度作为职工行为规范的模式，使个人的活动得以合理进行，内外人际关系得以协调，员工的共同利益受到保护，从而使企业有序地组织起来为实现企业目标而努力。

（八）文化结构

企业文化结构是指企业文化系统内各要素之间的时空顺序，主次地位与结合方式，企业文化结构就是企业文化的构成、形式、层次、内容、类型等的比例关系和位置关系。它表明各个要素如何链接，形成企业文化的整体模式，即企业物质文化、企业行为文化、企业制度文化、企业精神文化形态。

（九）企业使命

所谓企业使命是指企业在社会经济发展中所应担当的角色和责任，是指企业的根本性质和存在的理由，说明企业的经营领域、经营思想，为企业目标的确立与战略的制定提供依据。企业使命要说明企业在全社会经济领域中所经营的活动范围和层次，具体的表述企业在社会经济活动中的身份或角色，它包括的内容为企业的经营哲学，企业的宗旨和企业的形象。

四、企业文化的类型

虽然每个企业的企业文化不尽相同，追求的宗旨和社会形象千差万别，在不同种类也有类似的相同点，按照不同的类别，也有不同的类型，可分为以下几种：

（一）按照企业任务和经营方式划分

迪尔和肯尼迪把企业文化分为四种类型：即硬汉型文化；享受型文化；赌注型文化；过程型文化。

1. 硬汉型文化。这种文化鼓励内部竞争和创新，鼓励冒险。具有竞争性较强、产品更新快的企业文化特点。

2. 享受型文化。这种文化把工作与娱乐并重，鼓励职工完成风险较小的工作。具有竞争性不强、产品比较稳定的企业文化特点。

3. 赌注型文化。这种文化是在周密分析基础上孤注一掷。具有投资大、见效慢的企业文化特点。

4. 过程型文化。这种文化着眼于如何做，基本没有工作的反馈，职工难以衡量他们所做的工作。具有机关性较强、按部就班就可以完成任务的企业文化特点。

（二）按照企业的状态和作风划分

1. 活力型。特点是：重组织、追求革新，有明确的目标，面向外部，上下左右沟通良好，责任心强。

2. 停滞型。特点是：急功近利，无远大目标，带有利己倾向，自我保全，面向内部，行动迟缓，不负责任。

3. 官僚型。特点是：例行公事，官样文章。

（三）按照企业的性质和规模划分

1. 温室型。这是传统国有企业所特有的。对外部环境不感兴趣，缺乏冒险精神，缺乏激励和约束。

2. 拾穗者型。中小型企业特有。战略随环境变动而转移，其组织结构缺乏秩序，职能比较分散。价值体系的基础是尊重领导人。

3. 菜园型。力图维护在传统市场的统治地位，家长式经营，工作人员的激励处于较低水平。

4. 大型种植物型。大企业特有。其特点是，不断适应环境变化，工作人员的主动性、积极性受到激励。

五、企业文化的功能

企业的发展之所以离不开企业文化，是因为企业文化具有导向功能、约束功能、凝聚功能、激励功能、调适功能及辐射功能，有助于企业的健康发展。

（一）导向功能

所谓导向功能就是通过它对企业的领导者和职工起引导作用。企业文化的导向功能主要体现在以下两个方面：

1. 经营哲学和价值观念的指导。经营哲学决定了企业经营的思维方式和处理问题的法则，这些方式和法则指导经营者进行正确的决策，指导员工采用科学的方法从事生产经营活动。企业共同的价值观念规定了企业的价值取向，使员工对事物的评判形成共识，有着共同的价值目标，企业的领导和员工为着他们所认定的价值目标去行动。

2. 企业目标的指引。企业目标代表着企业发展的方向，没有正确的目标就等于迷失了方向。完美的企业文化会从实际出发，以科学的态度去制订企业的发展目标，这种目标一定具有可行性和科学性。企业员工就是在这一目标的指导下从事生产经营活动，而且企业目标并不是一成不变的，随着企业文化的发展，具体任务发展阶段的不同，企业目标也不尽相同，所以指引的方向也有可能不同。

（二）约束功能

企业文化的约束功能主要是通过完善管理制度和道德规范来实现。

1. 有效规章制度的约束。企业制度是企业文化的内容之一，企业制度是企业内部的法规，企业的领导者和企业职工必须遵守和执行，从而形成约束力。

2. 道德规范的约束。道德规范是从伦理关系的角度来约束企业领导者和职工的行为，如果人们违背了道德规范的要求，就会受到舆论的谴责，心理上会感到内疚。同仁堂药店“济世养生、精益求精、童叟无欺、一视同仁”的道德规范，约束着全体员工必须严格按工艺规程操作，严格质量管理，严格执行纪律。

（三）凝聚功能

企业文化以人为本，尊重人的感情，从而在企业中造成了一种团结友爱、相互信任的和睦气氛，强化了团体意识，使企业职工之间形成强大的凝聚力和向心力。共同的价值观念形成了共同的目标和理想，职工把企业看成是一个命运共同体，把本职工作看成是实现共同目标的重要组成部分，整个企业步调一致，形成统一的整体。这时，“企业兴我荣，企业衰我耻”成为职工发自内心的真挚感情，“爱企业如家”就会变成他们的实际行动。

（四）激励功能

共同的价值观念使每个职工都感到自己的存在和行为的价值，自我价值的实现是人的最高精神需求的一种满足，这种满足必将形成强大的激励。在以人为本的企业文化氛围中，领导与职工、职工与职工之间互相关心，互相支持，特别是领导对职工的关心，职工会感到受人尊重，自然会振奋精神，努力工作。另外，企业精神和企业形象对企业职工有着极大的鼓舞作用，特别是企业文化建设取得成功，在社会上产生影响时，企业职工会产生强烈的荣誉感和自豪感，他们会加倍努力，用自己的实际行动去维护企业的荣誉和形象。

（五）调适功能

调适功能就是调整和适应的功能。企业各部门之间、职工之间，由于各种原因难免会产生一些矛盾，解决这些矛盾需要各自进行自我调节；企业与环境、与顾客、与企业、与国家、与社会之间都会存在不协调、不适应之处，这也需要进行调整和适应。企业哲学和企业道德规范使经营者和普通员工能科学地处理这些矛盾，自觉地约束自己，完美的企业形象就是进行这些调节的结果。调适功能实际也是企业能动作用的一种表现。

（六）辐射功能

企业文化关系到企业的公众形象、公众态度、公众舆论和品牌美誉度。企业文化不仅在企业内部发挥作用，对企业员工产生影响，它也能通过传播媒体，公共关系活动等各种渠道对社会产生影响，向社会辐射。企业文化的传播对树立企业在公众中的形象有很大帮助，优秀的企业文化对社会文化的发展有很大的影响。

六、各国企业文化的特点

文化是与民族分不开的，一定的文化总是一定民族的文化。企业文化是一个国家的微观组织文化，它是这个国家民族文化的组成部分，所以一个国家企业文化的特点实际就代表这个国家民族文化的特点。

（一）美国

美国是一个多民族的移民国家，这决定了美国民族文化的个人主义特点。

美国的企业文化以个人主义为核心，但这种个人主义不是一般概念上的自私，而是强调个人的独立性、能动性、个性和个人成就。在这种个人主义思想的支配下，美国的企业管理以个人的能动主义为基础，鼓励职工个人奋斗，实行个人负责、个人决策。因此，在美国企业中个人英雄主义比较突出，许多企业常常把企业的创业者或对企业做出巨大贡献的个人推崇为英雄。企业对职工的评价也是基于能力主义原则，加薪和提职也只看能力和工作业绩，不考虑年龄、资历和学历等因素。以个人主义为特点的企业文化缺乏共同的价值观念，企业的价值目标和个人的价值目标是不一致的。企业以严密的组织结构、严格的规章制度来管理员工，以追求企业目标的实现，职工仅把企业看成是实现个人目标和自我价值的场所和手段。

美国的企业注重创新和发展，他们的观念是：新的、以前没有的东西就是有价值的。但美国的企业不是没有缺点，有时他们会忽视一些不重要的细节，导致很大的损失。美国人办事时自信心很强，同时也高傲自大。在美国的企业工作，员工的自信心会得到培养。

（二）欧洲国家

欧洲文化是受基督教影响的，基督教给欧洲提供了理想价值的道德楷模。基督教信仰上帝，受这一观念的影响，欧洲文化崇尚个人的价值观，更强调个人高层次的需求。欧洲人还注重理性和科学，强调逻辑推理和理性的分析。虽然欧洲企业文化的精神基础是相同的，但由于各个国家民族文化的不同，欧洲各个国家的企业文化也存在着差别。

英国人由于文化背景的原因，世袭观念强，一直把地主贵族视为社会的上层，企业经营者处于较低的社会等级。因此，英国企业家的价值观念比较讲究社会地位和等级差异，不是用优异的管理业绩来证明自己的社会价值，而是千方百计地使自己加入上层社会，因此在企业经营中墨守成规，冒险精神差。

法国最突出的特点是民族主义，傲慢、势利和优越感。因此，法国人的企业管理表现出封闭守旧的观念。

意大利崇尚自由，以自我为中心，所以在企业管理上显得组织纪律差，企业组织的结构化程度低。但由于意大利和绝大多数的企业属于中小企业，组织松散对企业生机影响并不突出。因崇尚自由，因而意大利的小企业充满生机和活力。

德国人的官僚意识比较浓，组织纪律性强，而且勤奋刻苦。因此，德国的企业管理中，决策机构庞大，决策集体化，保证工人参加管理，往往要花较多的时间论证，但决策质量高。企业执行层划分严格，各部门负责只有一个主管，不设副职。职工参与企业管理广泛而正规，许多法律都保障了职工参与企业管理的权力，职工参与企业管理主要是通过参加企业监事会和董事会来实现。

（三）中国

我国企业文化源于社会思潮，要探究我国企业文化的特点，首先就得弄清楚中国社会思潮的变迁。近现代中国的社会思潮历经三次变迁：一是新民主主义革命胜利前的儒家思想；二是新民主主义革命胜利后的马克思主义思想；三是改革开放后流入的西方思想。改革开放前的国民思想实质上是以儒家思想为主流，随着改革开放后西方思想的涌入，国民一度出现推崇西方思想文化的狂潮，以吃西方饮食为时尚，以穿戴西方品牌衣帽为骄傲，但由于儒家思想根深蒂固，国民在西方思想的冲撞下出现双重标准的行事方式。比如，有的在人之下积极倡导自由平等的思想，在人之上又遵循上尊下卑的儒家思想；自己人脉缺乏时要求别人公平竞争，自己人脉丰富时又信奉关系哲学；有的员工要求企业管理者治理企业要“法治”，等到自己管理企业时又极力推行儒家的“人治”等等，这些都是儒家思想和西方思想并存所造成的思想混乱。受此影响，中国的企业文化时至今日依然处于一种混沌朦胧的状态而没有沉淀成自身特色，有的甚至连什么是企业文化都没有搞清楚就移花接木地迅速嫁接没有中国人性基因的西方企业文化。

近年来，针对西方管理学、企业文化等思想理论缺乏中国人性基因而在实践中出现的失败结局，中国的管理学界开始反思，逐渐在璀璨的中华文化中积极寻觅符合中国实际的企业文化建设思想，并出现了以论权者谋为代表的一大批管理学理论和企业文化建设理论，逐渐迎来了中国企业管理和企业文化建设的正常回归，中国部分企业开始培育出了能彰显仁爱包容、贵和尚中、求真务实等具有中华文明特色的企业文化。

我国目前正处于积极发展的快速阶段，并进一步向社会主义市场经济迈进的阶段，与市场经济相适应的一系列观念（如竞争、价值、经商等）正在被越来越多的人所接受。目前，我国已有部分企业在企业文化建设上正以一种崭新的面孔出现在社会主义市场经济的舞台上，但从整体上讲，我国的绝大多数企业仍然处在深深的传统文化的影响中，也正因为如此，为适应现代化的要求，我国企业的企业文化需要重建，企业形象需要重塑。

我国的企业文化也有自己的特点，从一定意义上说，我国企业文化的建设若能克服传统企业文化的弊病，对企业的生产经营将有积极的促进作用。

我国企业文化的特点大致可概括为：

1. 企业文化的个性不足。中国的企业相对独立的社会地位和经济利益长时期没有得到认可和尊重，这就造成了企业缺少个性，因而企业文化也缺少个性，表现在企业精神以及价值观上的雷同化。“开拓、创新、团结、拼搏、求实、奉献”等字眼，几乎成为标准用语，出现在企业所确立的价值观和企业精神中。尽管它们能反映出处于改革开放大潮中的中国企业，需要一种勇于改革、开拓进取、团结奋战、实干拼搏的时代精神，但从中却难以使人们体会出企业的个性及特殊追求。企业文化个性不足的另一个方面表现在企业的民族文化特色不够强烈，我国的企业文化在继承民族传统文化和吸收外来文化方面做得不太好，以为引进外来文化，就可以解决和代替我国企业文化中的弊端，没能很好地做到既保持了本民族的文化特色，又充分吸收外来文化。

2. 企业文化的政治色彩较浓，经营管理特色不足，多以政治文化来代替企业文化。多年来，我国一直把企业文化和企业思想政治教育混

为一谈，因而企业文化要突出“政治”这个核心，形成了所谓政治型的企业文化。政治型的企业文化长于政治而短于经营，是传统体制下形成的产物。在市场经济体制下，政治型的企业文化则显得活力不足，缺乏生机。

3. 企业文化的涵盖面广，企业文化中企业意识的分量不足，多以社会文化来代替企业文化。国外把企业文化当做企业管理的手段，认为企业文化管理是管理史上的一个重要发展阶段，所以把企业文化归为一种微观文化，主要是反映一个特定企业的群体意识，并不是指社会文化在企业中的种种反映。我国的企业文化研究，其内涵波及太广，不利于和世界企业文化接轨。

七、企业文化层次

企业文化建设的内容主要包括物质层文化、行为层文化、制度层文化和精神层文化等四个层次的文化。学习型组织的塑造是企业文化建设的宗旨和追求的目标，从而构成企业文化建设的重要内容。

（一）物质层文化

物质层文化是产品和各种物质设施等构成的器物文化，是一种以物质形态加以表现的表层文化。

企业生产的产品和提供的服务是企业生产经营的成果，是物质文化的首要内容。其次是企业的生产环境、企业容貌、企业建筑、企业广告、产品包装与设计等也构成企业物质层文化的重要内容。

（二）行为层文化

行为层文化是指员工在生产经营及学习娱乐活动中产生的活动文化。指企业经营、教育宣传、人际关系活动、文娱体育活动中产生的文化现象。包括企业行为的规范、企业人际关系的规范和公共关系的规范。企业行为包括企业与企业之间、企业与顾客之间、企业与政府之间、企业与社会之间的行为。

1. 企业行为的规范是指围绕企业自身目标、企业的社会责任、保护消费者的利益等方面所形成的基本行为规范。企业行为的规范从人员结构上划分为企业家的行为、企业模范人物行为和员工行为等。

2. 企业人际关系分为对内关系与对外关系两部分。对外关系主要指企业经营面对不同的社会阶层、市场环境、国家机关、文化传播机构、主管部门、消费者、经销者、股东、金融机构、同行竞争者等方面所形成的关系。

3. 企业公关策划及其规范。

4. 服务行为规范是指企业在为顾客提供服务过程中形成的行为规范，是企业服务工作质量的重要保证。

（三）制度层文化

企业的制度层文化是行为层文化得以贯彻的保证，主要包括企业领导体制、企业组织机构和企业管理制度三个方面。企业制度文化是企业为实现自身目标对员工的行为给予一定限制的文化，它具有共性和强有力的行为规范的要求，它规范着企业的每一个人。企业工艺操作流程、厂纪厂规、经济责任制、考核奖惩等都是企业制度层文化的内容。

1. 企业领导体制是企业领导方式、领导结构、领导制度的总称。

2. 企业组织结构是企业为有效实现企业目标而筹划建立的企业内部各组成部分及其关系，企业组织结构的选择与企业文化的导向相匹配。

3. 管理制度是企业为求得最大利益，在生产管理实践活动中制订的各种带有强制性义务并能保障一定权利的各项规定或条例，包括企业的人事制度、生产管理制度、民主管理制度等一切规章制度。

（四）精神层文化

精神层文化是指企业生产经营过程中，受一定的社会文化背景、意识形态影响而长期形成的一种精神成果和文化观念，是企业文化的核心。包括企业精神、企业经营哲学、企业道德、企业价值观念、企业风貌等内容，是企业意识形态的总和。

1. “参与、奉献、协作”的企业精神，是现代意识与企业个性相结合的一种群体意识，是企业经营宗旨、价值准则、企业信条的集中体现，它构成企业文化的基石，通常通过厂歌、厂徽、厂训、厂规等形象表现出来。

2. "以市场为导向"的企业经营哲学是指企业经营过程中提升的世界观和方法论。是企业在处理人与人、人与物关系上形成的意识形态与文化现象，与民族文化、特定时期的社会生产、特定的经济形态、国家经济体制及企业文化背景有关。

3. "以人为本"的企业价值观是企业在追求经营成功过程中所推崇的基本信念和奉行的目标，体现在处理股东、员工、顾客、公众等利益群体的关系中，包括利润价值观、经营管理价值观和社会互利价值观。

八、企业文化建设

（一）确定理念识别

1. 确定全体职工的价值观。企业价值观是企业文化的核心，决定企业的命脉，关系企业的兴衰。现代企业不仅要实现物质价值，还要实现文化价值，要充分认识企业竞争不仅是经济竞争，更是人的竞争、文化的竞争、伦理智慧的竞争。企业的最终目标是服务社会，实现社会价值最大化。

2. 确立企业精神。培育有个性的企业精神是加强企业文化建设的核心，培育具有鲜明个性和丰富内涵的企业精神，最大限度激发职工内在潜力，是企业文化的首要任务和主要内容。企业精神是指企业广大职工在长期的生产经营活动中逐步形成的，由企业的传统、经历、文化和企业领导人的管理哲学共同孕育的，并经过有意识的概括、总结、提炼而得到确立的思想成果和精神力量，必须是集中体现一个企业独特的、具有鲜明的经营思想和个性风格，反映企业的信念和追求，并由企业倡导的一种精神。培养企业精神，要遵循时代性、先进性、激励性、效益性等原则，不仅要反映企业本质特征，而且要反映出行业的特点和本单位特色，体现出企业的经营理念。

3. 确立企业宗旨。企业宗旨是企业生存发展的主要目的和根本追求，它是以企业发展的目标、目的和发展方向来反映企业价值观。企业道德是在企业生产经营实践的基础上，基于对社会和对人生的理解作出的评判事物的伦理准则。企业作风是企业全体干部职工在思想上、工作上和生活上所表现出来的态度、行为，体现企业整体素质和对外形象。

（二）确立视觉识别

统一标识、服装、产品品牌、包装等，实施配套管理。在企业发展中还要以务实的态度不断完善企业视觉识别各要素，做到改进——否定——再改进——再确定。包含企业标识、旗帜、广告语、服装、信笺、徽章、印刷品统一模式等等。以规范员工行为礼仪和精神风貌，在社会上建立起企业的高度信任感和良好信誉。

（三）确立行为识别

主要体现在两个方面：一方面是企业内部对职工的宣传、教育、培训；另一方面是对外经营、社会责任等内容。要通过组织开展一系列活动，将企业确立的经营理念融入企业的实践中，指导企业和职工行为。

（四）以人为本，树立精干高效的队伍形象，打造精神文化

企业文化实质是“人的文化”，人是生产力中最活跃的因素，人是企业的立足之本，企业职工是企业的主体。建设企业文化就必须以提高人的素质为根本，把着眼点放在人上，分别达到凝聚人心，树立共同理想，规范行为，形成良好行为习惯，塑造形象，扩大社会知名度的目的。

（五）内外并举，塑造品质超群的产品形象，打造物质文化

企业文化建设应与塑造企业形象相统一，实现技术创新，做到群众性合理化建议活动持之以恒，使之具备独特的技术特色和产品特色。创品牌，教育职工要像爱护自己的眼睛一样爱护企业的品牌声誉，使企业的产品、质量在社会上叫得响、打得硬、占先机，展企业精华。要做到在经营过程中的经营理念和经营战略的统一；做到在实际经营过程中所有职工行为及企业活动的规范化、协调化；做到视觉信息传递的各种形式相统一，为促进企业可持续发展奠定坚实基础。

（六）目标激励，塑造严明和谐的管理形象，打造制度文化

企业管理和文化之间的联系是企业发展的生命线，战略、结构、制

度是硬性管理；技能、人员、作风、目标是软性管理。强化管理，要坚持把人放在企业中心地位，在管理中尊重人、理解人、关心人、爱护人，确立职工主人翁地位，使之积极参与企业管理，尽其责任和义务。强化管理要搞好与现代企业制度、管理创新、市场开拓、实现优质服务等的有机结合，还要修订并完善职业道德准则，强化纪律约束机制，使企业各项规章制度成为干部职工的自觉行为。提倡团队精神，成员之间保持良好的人际关系，增强团队凝聚力，有效发挥团队作用。

（七）寓教于文，塑造优美整洁的环境形象，打造行为文化

人改造环境，环境也改造人，因此，要认真分析企业文化发育的环境因素，使有形的和无形的各种有利因素成为企业文化建设的动力源泉。采取强化措施，做到绿化、净化、美化并举，划分区域，责任明确，做到治理整顿并长期保持卫生环境。要开展各种游艺文体活动，做到大型活动制度化，即体育活动（趣味运动）会、企业文化艺术节等；小型活动经常化，利用文体活动等形式丰富职工文化生活，赋予各种活动以生命力，强化视觉效应。

九、企业文化与思想政治工作的区别

分析了企业文化的内容及功能及建设，看似企业文化与现代的思想政治工作相同，但因为载体形式的不同，目标不同，所以企业文化与思想政治工作是不同的，有区别的。处理好企业文化与思想政治工作的关系，思想政治工作和企业文化建设是有机结合的，既有联系，又有区别；既可以相互促进，相得益彰，又不能相互取代。正确认识企业文化和思想政治工作的关系，对于加强企业精神文明建设，推动企业的改革与发展产生重要的作用。企业文化建设为开创思想政治工作新局面，更好地为生产经营服务提供了条件，同时随着企业思想政治工作的改革与加强，也必将对企业文化建设起到巨大的推动作用。要以党的十六大倡导的“促进人的全面发展”为主题，从解放人的思想、转变人的观念入手，在开展思想政治工作中处理好虚与实、讲与做、精神与利益的关系，发挥思想政治工作的针对性、科学性和实效性，为经济工作和企业

发展提供良好的思想基础和稳定局面。

加强对经营管理者的培育，以此带动企业文化建设。企业文化建设是有关企业生存发展的全局性、整体性、长远性、综合性的工作，企业经营管理者特别是主要领导人起着非常重要的作用。作为企业中的重要经营管理者，不仅应当是企业文化的设计者、倡导者、组织者，还应当是模范的实践者，更应当是企业文化的直接体现者。领导者应该率先垂范，以自己的良好行为为优秀的企业文化提供可见的形象，同时特别需要企业领导以自己的新思想、新观念、新思维、新的价值取向来倡导和配置企业文化。

创建企业文化的方法和途径。企业文化不是无源之水、无本之木，它必须通过一定的物质实体和手段，在生产经营实践中表现出来，也就是企业文化的载体。企业文化载体是企业文化的表层现象，虽不等于企业文化，但有重要作用。企业文化载体在企业文化建设中具有举足轻重的作用，是企业文化的重要组成部分。

第二节　成败于那一抹灵魂

一、企业文化的核心——价值观

从企业文化的内在含义中，我们知道企业文化是企业的灵魂，是推动企业发展的不竭动力。它包含着非常丰富的内容，其核心是企业的价值观。建立正确的价值观，对于企业的生存和发展都有重要意义，而要确立科学的价值观，首先必须把握企业价值观的内涵。

价值，从最一般和普遍的意义上讲是一种关系范畴，是指主体对客体的兴趣、需要以及客体对主体需要满足的肯定或否定的关系。在人与客观世界的相互作用过程中，凡是能满足人们的某种需要，对人们的生存和发展有积极意义的东西，都具有积极的肯定的价值，反之，则具有消极的否定的负价值。

企业价值，即企业的意义，是指企业及其产品或服务同社会客户发生联系时所产生的对社会和企业自身的作用和意义。企业是作为价值主体与价值客体的统一而存在的。作为价值主体，它是价值的享用者、占有者、获取者；作为价值客体，它又是价值的创造者、提供者、贡献者。企业的自我价值正是通过生产经营活动，在人与自然交换、人与人交往的过程中实现的。所谓价值观，简单地讲，就是关于价值的观念，价值是客观的，价值观则是主观的。由于人们的社会生活条件、生活经验、目的、需要、兴趣、爱好、情感、意志等不同，因而人们的价值观念也各不相同。这种主体的差异性正是价值观念的一个重要特点。

价值观的主体可以是一个人，也可以是一个群体。企业价值观就是一种以企业为主体的价值观念，是企业人格化的产物。具体地讲，企业价值观就是一个企业在追求经营成功的过程中，对生产经营和目标追求以及自身行为的根本看法和评价。简单地说，它解释了企业秉承什么、支持什么、反对什么。企业文化的核心是价值观，简单来说就是某一社会群体判断社会事务时依据的是非标准，遵循的行为准则。核心价值观通常是指企业必须拥有的终极信念，是企业哲学中起主导性作用的重要组成部分，它是解决企业在发展中如何处理内外矛盾的一系列准则，如企业对市场、对客户、对员工等的看法或态度，它影响与表明企业如何生存的立场；核心价值观是企业相对性的自身绝对性，所以它又是不可改变性与不可发展性的。

对于企业价值观的理解，我们可以从多种角度考虑。

1. 从形式上看属于思想范畴的概念价值观是人对事物的根本看法和观点，是人对客观事物的理解，它属于人的思想范畴，是人的价值理念，这种价值理念和社会道德属于同一范畴。我们在治理社会的时候，首先提出来要依法治国，但是当完善的法律失效的时候，靠什么约束？靠社会道德。所以既要依法治国，同时也要以德治国。管理企业也一样，首先要依靠企业制度，但是企业制度失效了靠什么约束？靠价值观念约束。价值观念是人们在思想理念上的自我约束，是对外在约束的一种补充，因而从形式上看，价值观是属于思想范畴的概念。核心价值观通常是指企业必须拥有的终极信念，是企业哲学中起主导性作用的重要组成部分，它是解决企业在发展中如何处理内外矛盾的一系列准则，如企业对市场、对客户、对员工等的看法或态度，它影响与表明企业如何生存的立场；核心价值观是企业相对性的自身绝对性，所以它又是不可改变性与不可发展性的。

2. 从内容上看是反映企业行为的价值理念作为企业文化的核心，价值观在内容上，是对企业的现行运行过程的反映。具体来讲，它是企业的制度安排以及企业的战略选择在人的价值理念上的反映。可以说，企业的所有相关活动，都会反映到人的价值理念上。所以说，价值观从内容上看是反映企业行为的价值理念。例如，一个企业如果在体制安排上要拉开人们的收入差距，那么这个企业就应该有等级差别的价值观念；如果一个企业准备采用扩大经营的经营战略，那么这个企业就要具有诚信的理念，等等。总之，价值观从内容上看是反映企业行为的价值理念。

3. 从性质上看是属于付诸于实践的价值理念，价值理念如果从其实践性的角度上看，实际上可以分为两大类：一类是信奉和倡导的价值理念；另一类是必须付诸于实践的价值理念。价值观既是属于信奉和倡导的价值理念，又属于必须要付诸于实践的价值理念。也就是说，价值观必须为全体员工所认同，并且在员工的日常工作中得到体现，而不仅仅是得到倡导或者信奉。

4. 从属性上看是属于企业性质的价值理念对于价值理念来说，如果从其拥有的主体上来划分类别的话，可以分为自然人的价值理念、民族的价值理念、国家的价值理念、法人的价值理念和企业的价值理念等。企业文化是企业的灵魂，企业价值观是企业文化的核心，企业价值观是属于企业的价值理念。企业价值观是作为企业自身的价值理念而存在，它可能会受到民族的价值理念、社会的价值理念以及其他有关方面的价值理念的影响，但是就它的属性来看，它是属于企业的价值理念。

5. 从作用上看是属于规范企业行为的价值理念，企业价值观作为企业的价值理念，是对企业真正发挥作用的价值理念，核心价值观对企

业的行为以及员工的行为起到非常好的规范作用。例如，企业文化中关于责权利对称性管理理念，规范着员工的责权利关系；企业中的共享、共担理念，规范着企业与员工在风险承担及利润分享上的相互关系。

价值观具有企业特殊性的原因：一是企业的制度安排和战略选择的不同；二是企业家的价值观不同。企业的不同发展阶段会使企业价值观不同，企业的存在基础也会使价值观出现很大的差异。

总之，企业文化的核心是企业的价值观，从作用上看，它是属于规范企业行为的价值理念。

价值观是企业文化的核心，是企业组织的基本思想和理念。企业价值观集中体现在一个企业所制订的至高无上的经营宗旨之中，它是企业经营者基本的经营理念和经营哲学的陈述。经营者所提出的战略目标、行动方针、管理理念等都会由于他所处的地位和所具有的影响力而较易为全体员工做接受。某一种价值观只有被企业员工共同认可，才能成为企业价值观。企业内部应具有一个合理通畅的信息交流和沟通渠道，使企业管理者的决策和态度能够为企业每一个人迅速了解和知晓，使企业内部员工的意见和想法能够及时地传递到企业管理者那里，并在这种双向的信息交流过程中，使企业管理者与员工达到目标上的共识、感情上的交融及行动上的协调一致。有效的双向沟通是形成强大内聚力与亲和力、提高企业获利必不可少的手段。

二、企业价值观的地位和作用

一个组织的建立是靠决策者对价值观念的执著，也就是决策者在决定企业的性质、前进目标、经营方式和角色时所做的选择。通常这些价值观并没有形成文字，也可能不是有意形成的，不论如何，组织中的领导者，必须善于推动、保护这些价值，若是只注意守成，则必然导致失败。总之，组织的生存，其实就是价值观的维系以及大家对价值观的认同。我们在很多咨询项目中，都会帮助客户来发掘提炼公司的核心价值观。同时我们也会提醒客户，这只是建立共同核心价值观的第一步。能否真正成为公司的共同价值观有两条标准：

1. 它必须是企业核心团队或者是企业家本人发自内心的肺腑之言，是企业家在企业经营过程中身体力行并坚守的理念。如有些企业的核心价值观中有“诚信”的字眼，但在实际经营过程中并没有体现出诚信的行为，那么它就不是这家企业的核心价值观。从这个角度说，核心价值观不能够去追求时尚，世界500强企业有的核心价值观不一定就是你的核心价值观，如创新、以人为本或追求卓越等，它可以是你价值体系的一部分，但并不一定是你的“核心”价值观。

2. 核心价值观必须是真正影响企业运作的精神准则，是经得起时间考验的，因此它一旦确定下来就不会轻易改变。

所谓核心，就是指最重要的关键理念，数量不会太多，通常是五到六条。它是否为公司绝大多数成员认同；是否在公司的制度中得到体现，在行动中得到执行。

> “回顾一生的辛劳，我最自豪的，很可能是协助创设一家以价值观、做事方法和成就，对世界各地企业管理方式产生深远影响的公司；我特别自豪的是，留下一个可以永续经营、可以在我百年之后恒久继续作为典范的组织”。
>
> ——**惠普公司共同创始人威廉·休利特**

1937年，威廉·休利特和戴维·帕卡德在美国加州帕洛阿尔托成立了惠普公司，他们梦想惠普成为这样一家模范公司：以进步的人事运作、创新和具有企业精神的文化以及连续不断、做出技术贡献的产品闻名。帕卡德写道：我们的主要任务是设计、开发和制造最完美的电子设备，促进科学进步和人类福祉，我们决心为这个任务献身。惠普公司的董事弗雷德特曼用社会机构的典范这一崇高的名词来形容惠普的期望。后来，休利特把惠普的指导原则简化为他所说的四个必须：公司必须获得盈利性增长；必须通过技术贡献获利；必须承认员工的个人价值，容许他们分享公司的成就；公司必须作为对整个社会负责的公民从事经营。

秉承着这样的态度与理念，惠普公司走上了健康发展的道路，更能在威廉·休利特和戴维·帕卡德退隐后继续保持健康和活力，与此同时，一度在华尔街趾高气扬的德州仪器公司，在帕特哈格蒂下台后却由于公司一贯的重视利润忽视价值观建设的作风而几乎自我毁灭。

当今世界经济发展的历史经验证明，企业的价值观是现代企业经营的金科玉律，是引导企业经营走上成功之路的航标。企业的价值观或价值系统会形成一种相当稳定的思维框架和行为规范体系。企业的员工究竟采取怎样的行为，其选择的定位标尺也正是这种内在化的价值观或价值体系。人是有血、有肉、有感情的，企业的员工不仅能够在其自身的需要的基础上与服务的对象之间构筑起这种价值关系，而且还清楚地懂得如何根据这种价值关系去选择、规范和引导自己的行为及其指向。

在以变化为支点的企业文化里，产品周期愈来愈短，物流周转愈来愈快，管理手段日新月异，但唯独只有企业的核心价值观是颗不变之心。作为企业文化的核心，价值观的主要作用在于，它能够引导企业内部的所有成员达到这样一种共识，即只要我的企业始终遵循着这些基本信念，去从事经营活动，去规范企业内部员工的行为，企业就一定会获得经营上的成功，取得理想的经营绩效。

（一）价值观是企业行为规范的内在约束

企业运营过程中，所有员工的行为都应该遵守规范。而规范的最主要准则，就是要求员工能够很好地遵守和贯彻企业的制度安排以及企业的经营战略，有自我约束的内在要求。只有员工在价值思想上认为自己应该做什么不应该做什么的时候，他才能形成内在约束。

东海粮油为 1 元钱的复印费也要斤斤计较；索尼公司对于纸张严格控制，避免浪费，等等。还有许多公司都有着类似的行为规范，这些公司的共同价值观则是这些行为规范的内在约束。企业的核心价值观就是在管理中对各种因素、关系进行厘清梳理，确定值不值得做，在许多值得做的事情中应该选择哪一件事先做。有什么样的价值观就会有什么样的行为文化，有什么样的行为文化就会产生什么样的物质文化。所以说，企业价值观是企业行为规范的内在约束。

（二）价值观是实现企业制度与企业经营战略的重要思想保证

企业价值观是隐于企业经营思想和管理哲学之后并构成它们强有力的支撑的企业最基本信念或信仰体系，是企业最根本的内在约束，是企业制订一切制度和措施的前提。价值观的存在使员工受到自身价值理念的作用，令员工自觉、主动地执行公司制度，贯彻企业经营战略。公司愿景是对企业核心价值观的衍生，愿景产生战略。所以，企业价值观是制订公司战略和制度的出发点和归宿，是实现企业制度与企业经营战略的重要思想保证。

（三）价值观是企业制度创新与经营创新的理念基础

有世纪最伟大的广告大师之称的戴维·奥格威说：在那些具有强烈异端思想的经理人员中，有可能找到最杰出的领导者。他们不阻止革新，而是以革新为象征。这种说法固然有偏激的一面，但就其本质而言，的确是真正的至理名言。精神状态、价值观念，往往是一切经营活动及其创新的根本和基础。

也就是说，虽然企业员工的价值理念往往要受到企业制度和企业战略的约束，也就是员工的价值理念要体现企业制度和企业经营战略的要求，但是反过来，价值观也会对企业制度的安排以及企业经营战略的选择有一种反作用，因为人是有思想的，人的价值理念支配人的选择和行为。正因为如此，企业文化的创新，必然会带来员工的价值理念的创新，而这种价值理念的创新，又会推动企业制度的创新和经营战略的创新。

（四）价值观是企业活力的内在源泉

企业活力最终来自于人，也就是来自于人的积极性。只有人的积极性被调动起来了，才能使企业充满活力。而人的积极性的调动，往往又要受到人的价值理念的支配，只有人在价值理念上愿意做某件事的时候，他才会有积极性。

济南某公司提倡俭朴，多干点，多省点，企业好了大家好的思想普遍得到认同，并在员工们的实际行动中得到体现，究其原因，企业与员工利益共享，风险共担的价值理念在起作用。作为被企业员工所共同认可的价值理念，优秀的价值观能够获得用户持久的忠实、员工真挚的忠诚以及社会广泛的支持，能产生内聚力和激励作用，不断激活员工的积极性、主动性和创造性，为着一个共同的目标，并在共同的价值观引导下，促使员工在行为方式上产生共识，形成一个协调融洽、相互信任、高效率的有机整体，产生巨大的生产力和强劲的竞争力。

总之，企业的主要文化现象、文化特征、文化创新都是以企业价值观为源泉的；企业的基本选择、行为规范都是以企业价值观为轴心加以调节、变动的；企业的存续、发展都是以此为核心而得以实现的。因此，只有搞清楚并把握企业价值观，才能对那些表面上杂乱无章或井然有序、令人迷惑不解或顺理成章的企业经营作风、管理方式有透彻的理解和把握。

三、如何构建企业核心价值观

（一）对企业核心价值观的认识

市场经济条件下，企业都在试图树立长期的竞争优势，以实现可持续发展，而企业持续竞争优势来源于企业所拥有的战略性资源和培育的核心竞争力。其中核心竞争力通常包括企业的技术能力、管理能力和企业文化，并且优秀的企业文化是企业核心竞争力的重要组成部分。

一般认为企业文化是指现阶段企业员工所普遍认同并自觉遵守的一系列理念和行为方式的总和，通常表现为企业的使命、远景、价值观、行为准则、道德规范和沿袭的传统与习惯。企业文化的奠基人劳伦斯·米勒说过，未来将是全球竞争的时代，能成功的公司，将是采用新企业文化和新文化营销策略的公司。管理大师彼得·德鲁克也说，明天的商业竞争与其说是技术上的挑战，还不如说是文化上的挑战。哈佛商学院通过近十年的全球调研发现，一个特定的企业文化影响着甚至决定着公司的业绩。今天已经没有人怀疑，优秀的企业文化能为企业发展带来最为强劲、持久的核心动力。海尔集团能在短短的 20 多年时间内，从一个亏损 147 万元的小厂，一跃成为品牌价值数百亿元的世界知名企业，被美国《家电》杂志列入全球家电十强之一，凭的是什么，就是企业文化这个核心动力。

那么，这个企业文化核心动力的根源又在哪里呢？海尔 CEO 张瑞敏说："企业发展的灵魂是企业文化，而企业文化最核心的内容应该是价值观。"对企业的价值观我们可以列举很多，但究竟哪些能称之为核心价值观呢？为解答这一问题，我们不妨先深入解读世界知名企业的案例，仔细查阅他们的企业使命、企业宗旨、企业座右铭以及由企业自己提出或外界为之总结的企业理念、企业精神、企业哲学、企业伦理等。

通用电器的核心理念：以科技及创新改善生活品质，在对顾客、员工、社会与股东的责任之间求取相互依赖的平衡；松下七精神：产业报国、光明正大、亲和一致、奋斗向上、礼节谦让、顺应同化、感谢报恩；摩托罗拉的核心理念：精诚公开、以人为本，为用户提供品质超群、价格公道的产品和服务，满足社会的需要，企业也在这个过程中获得收益，不断发展壮大，从而为员工和股东提供实现各自合理目标的机会；波音公司的核心理念：领导航空工业，永为先驱，应付重大挑战与风险，"吃饭、呼吸、睡觉，念念不忘航空事业"；索尼公司的核心理念：体验以科技进步，应用与创新造福大众带来的真正快乐，提升日本文化与国家地位，做先驱，不跟随别人，但是要做不可能的事情，尊重鼓励每个人的能力与创造力；三菱公司的企业理念：顾客第一、诚实、注意和睦、公私分明、放眼世界、努力改进经营管理、发明新技术。

通过归纳、总结，我们发现企业的核心价值观是企业为达到经营成功而产生的，并在企业的经营过程中共同遵守，反映企业意志的价值理念，是企业经营管理的深层反映，是融化了民族与时代特色的企业特殊化。企业核心价值观的主要内容包括：以人为本、用户至上、不断创新、竞争进取、质量兴企。它们之间互为条件、相辅相成，共同构成企业的核心价值观，成为企业文化的"核动力"源。这里所说的以人为本、用户至上、不断创新、竞争进取、质量兴企绝不是指的文字表述，而是它的丰富内涵。因此，综观世界知名大企业的发展历程，尽管它们的核心价值观表述不尽相同，但无不闪现出这五大核心价值观的光芒，而某些企业巨星的陨落，主要原因也在于没有能坚守这些价值观。

企业核心价值观是企业最具价值的无形资产，并且在不断地创造新的价值。企业价值观是企业文化的“核动力”源，其能量渗透到企业的目标、战略、政策、日常管理及一切活动中，反映到每个部门、每个职工、每个产品上，也辐射到企业的外部。企业核心价值观能焕发全体员工的责任感、荣誉感、工作热情和创新精神，由表及里地约束、引导和激励着全体员工的行为乃至整个企业的行为，形成企业文化的力量，给企业带来巨大的收益。任何一个意欲有所作为的企业，如能深刻地领会和坚定地奉行企业核心价值观，必能创造出独具特色的企业文化，形成强大的，永续能量的“核动力”，从而为企业带来长久的竞争优势，使企业在日益复杂多变，竞争激烈的国际经济环境下立于不败之地。

（二）核心价值观构建需坚持的几个原则

当今时代，几乎所有的企业高层领导大都强调企业文化的影响力，都希望在本企业建立一个明确的企业文化和一致的价值观，作为企业管理和员工的重要依据。他们从人员挑选、教育训练、绩效考核、形象设计、制度建设、经营理念等方面强调企业的核心价值观。

总结世界上成功企业的经验，每个企业都有本企业的核心价值观的具体表现形式。如世界著名家电企业——海尔集团，效益每年以 80% 的高速度递增，抗争海外对手并占据欧美及东南亚市场，凭借的就是独特的海尔文化。海尔的企业核心价值观就是充满生机的核心竞争力。海尔把自己的核心价值观化为若干个具体的经营管理理念和管理制度，如海尔的管理文化，推行的是 OEC 管理模式，这个模式可表达为“日事日毕，日清日高”。即每天的工作每天完成，每天的工作要清理，并要每天有所提高。海尔把日清具体化为质量、工艺、设备、物耗、生产计划、文明生产、劳动纪律七项区域日清指标和生产工作现场，职能工作人员两项职能指标。海尔的质量文化实施的是 66 计划，追求质量完美，保证与国际接轨的高质量水平。海尔的技术创新文化，推行的是产学研一体化模式，即课题目标国际化、课题市场化、成果商品化的科技进步三原则以及科技人员待遇与市场效果相结合，科研开发课题与用户难题相结合，科技人员职能与成果的延伸开发相结合机制。海尔的市场营销文化是把企业外部供应商和顾客的市场链与企业内部各工种的工序和工艺链在一起，使企业各环节都承担了市场链的拉力。

据《企业高层管理者参与》报道：兰德公司和国际管理咨询公司对全球增长最快的30家企业进行跟踪研究后，写出了一份《关于企业增长的研究报告》。该报告强调，世界500强胜出其他公司的根本原因，就在于这些公司善于给他们的企业文化注入活力。

经过分析世界知名企业文化发展的状况，从中得出增强企业员工的价值观的认识，改变心智力模式，加强制度建设，注重人力资本开发和文化的整合与再造等培育核心价值观的原则与方法。

1. 全体共识的原则。核心价值观培育成功与否，取决于全体员工的共识程度。古语云："上下同欲者胜"。只有全体达成共识，每个参与决策者更有决心贯彻执行决策以及采取统一行动。这就要注意全员的参与性，在培育核心价值观的过程中，自始至终都需要全员参与，整体互动，任何一件事情，只有亲身参与了，才会有责任感。"事不关己"就会"高高挂起"。在参与的过程中让员工体会到成就感、挫折感、温暖感、危机感等不同感受，通过交流与融合，逐渐形成大家首肯的价值准则。

如在荣事达集团，近年来，该公司内部环境发生了较大的变化，公司也适时的调整了发展战略，在此背景下，企业文化的重塑工作显得尤为迫切。为适应新情况和集团发展的新需要，集团公司特聘国内知名的经济学家、著名高校的教授等一批长期关注荣事达发展的专家学者成立专门的课题组，对荣事达企业文化进行了专题梳理和重塑。专家们进行了全面的调研，集团公司也在企业内部开展相关的征集活动，经过反复的琢磨和修改，课题组推出了《荣事达企业文化简明纲要》。公司下发了《关于推广荣事达企业文化简明纲要的通知》，要求各公司、各部门积极进行宣传推广《纲要》。又如在《华为基本法》中规定：华为基本法的修改由管理者、技术骨干、业务骨干、基层干部中推选出10%的员工，进行修改和论证，拟出清晰的提案。然后从这10%的员工中，再推出20%的员工，与董事会、执行委员会一同审议修改部分提案，

并将最终提案公布，征求广大员工的意见。最后，由董事会、执行委员会、优秀员工组成三方等额的代表进行审批。

2. 以人为本的原则。孙子在《地形篇》写到：“视卒如婴儿，故可与之赴深溪，视卒如爱子，故可与之俱死。”这就是说，如果将帅把士兵当成自己的子女一样对待，士兵就会对将帅忠心耿耿，同生死共患难。核心价值观培育的对象就是员工，因此要做到以人为本：

（1）情感管理。所谓情感管理就是管理者以真挚的情感，增强与员工之间的情感联系和思想沟通，满足员工的心理需求，形成和谐融洽的工作氛围，激发员工的深层次的内在精神动力。同时要将思想政治工作，贯穿到从员工进厂到离开的各个环节。

（2）满足需求。马斯洛提出的需要层次理论，把人的需求分为五个层次，这五个层次大致可分为两类：一类是满意或不满意的需要；另一类是要求个人发展的需要，在执行过程中，要依据不同对象，给予物质或精神奖励。

（3）建立长效机制，坚持以人为本。建立人才成长的途径，需要机制保证。围绕如何尊重人、如何使用人、如何培养人、如何关心人，分别设立不同的追求目标。在人才培养方面，海尔是典范，他们提出：“人人是人才，赛马不相马”，每个月搞一次“大选”，人力资源中心把空岗情况公布于众，每个人都可以上台打擂，这是一种激励，更是对人的一种尊重。

3. 创建学习型组织的原则。“所谓学习型组织，就是通过不断的学习来改革组织本身的组织。学习是在个人、团体、组织或组织相互作用的共同体中产生。学习是持续性的并可以战略性的加以运用的过程，而且可以同时运用到工作中或者跟工作同时进展。把握学习型组织的六要素：拥有终身学习的理念和机制，重在形成终身学习的步骤；建有多元回馈和开放的学习系统，重在开创多种学习途径，运用各种方法引进知识；形成学习共享与互动的组织氛围，重在组织文化；具有实现共同远景的不断增长的学习力，重在共同远景时学时新；工作学习化使成员活化生命意义，重在激发人的潜能提升人生价值；学习工作化使组织不断创新发展，重在提升应变能力。”

尽管国内有关创建学习型组织的新闻报道多见于媒体，例如，我国第一个创建学习型组织的企业联想集团通过学习型组织的创建，取得了辉煌的成绩，但实际上中国还没有很多真正有效推进学习型组织的企业，有一些宣称自己在建设学习型组织的企业实际上仅是从培训入手，这当然是一个可行的切入点，但是仅建立培训还不够，还必须具备系统的观念，必须与企业文化和精神、企业远景战略、管理体系与制度、技术和信息手段（显性知识的管理和协同工作）等相结合。国内企业创建学习型组织更应注重组织成员思想理念和企业文化精神的变革，而诸如电子化学习（E-LEARNING）、知识管理系统（KMS）、企业信息门户（EIP）以及协同等技术能有利于学习型组织的推进与实施。

综上所述，我国创建学习型组织可考虑以下几点：一是建理念、搭框架，形成具有企业特色的管理、经营和服务理念群，落实创建活动领导机构和工作机构；二是建愿景、立标杆，明确企业与员工理想、信念的具体内容，瞄准国际、国内同行业先进水平，找出差距，开展对标活动；三是抓重点、带全面，把握领导是关键、部门是重点、团队是基础的原则，从而带动学习型组织的全面发展。

学习型组织已被称为“21世纪企业组织和管理方式的新趋势”，学习型组织理论要求组织中的每一个成员不仅要终身学习，不断补充新知识，而且要开放自我，与人沟通，最终达到从个体学习、组织学习到学习型组织的目标。管理大师彼得·圣吉将学习型组织的创建定义为“修炼”，这个过程是相对长期的。我们理应保持清醒的头脑，建设符合中国国情的学习型组织，并且能结合行业特点，这将是一项长期而艰巨的任务。

4. 协调与无界限的原则。松下幸之助曾说：人的组合正是人类的微妙之处，如果是机器，一加一绝对等于二，但人的组合如果得当的话，一加一往往会大于二，反之可能变成零甚至得到负效果。现代企业强调无界限合作，这无界限就需要文化来融合，靠核心价值观来串连。

（1）求同存异。企业的各部分都必须集结在企业大目标下，只有

与企业基本价值准则保持一致，才能相互支持与协调。

（2）合理评估。各部门之间，只有分工不同，没有高低贵贱之分，否则就会造成部门之间的逆反心理，不利于企业的发展。

（3）相互沟通。沟通是现代企业的必备要素，领导与领导之间，部门与部门之间，员工与员工之间，应该建立沟通机制，沟通越融洽，凝聚力就越大。

（4）团队精神。一个企业中所有的模范任务的集合体构成企业的团队，卓越的团队必须是完整的企业精神的化身，是企业价值观的综合体现。企业模范群体的行为，是企业模范个体典型行为的提升，因此，在各个方面都应当成为企业所有员工的行为规范。

5. 激励与约束的原则。培育核心价值观的落脚点，就是有效激励员工围绕企业最高目标而努力。据美国哈佛大学的专家发现，在缺乏激励和约束的环境中，员工的潜力只发挥出20%—30%甚至可能为负；但在适应的激励与约束环境中，同样的员工却能发挥出其潜力的80%—90%，因此，建立激励与约束机制是培育核心价值观的关键。

（1）细分激励。注重人力资本开发，以正面激励为主，细分激励有利于因材施教，因势利导。激励主要细分为：物质激励、舆论激励、升降激励、民主激励、许诺激励、情感激励、荣誉激励、及时激励、批评激励等。相对于其他激励来说，批评激励属于负激励一种，批评激励也叫挫折激励，它是指出人们的过失或利用人们的挫折心理，激励人们勇于改正，变被动应付为主动奋争的一种激励法，但这种激励不能成为主导。

（2）正确处理激励与约束的关系。两者手段不同，目的是一样的，在实施过程中，要保证激励的积极效果，必须使约束力度大于获利力度。因此，企业核心价值观的培育，要加大激励与约束机制的执行力，旗帜鲜明的表达倡导与反对的态度。

6. 扬弃的原则。在企业管理中有一条巴列特定律："总结果的80%是由总消耗中的20%所形成的。"即"二八"原则，一个企业也是如此。留住对企业有用的20%的群体，是人力资本开发的重要环节。

（1）分类原则根据企业核心价值观所倡导的，把员工分为四类：第一类是认同公司企业文化，又叫强能力和良好业绩的人，这是公司必须留住的人才；第二类是认同企业文化，但缺乏能力的人，给他提供第二或第三个机会，换个岗位或送去培训，安排适合他的工作；第三类是不认同企业文化，但有能力的人，加强对他的教育，使他认同企业文化，转变为第一种人，否则，就叫他离开企业；第四类是不认同企业文化，又没有能力和业绩的人，通过有效的淘汰机制，尽快让其离开企业。

（2）绩效机制通过制订有效的绩效管理机制，体现价值观所倡导的行为。在现实中，没有人会总是对自己的薪酬感到满意的，而个人财富过大可能产生副作用，激励过度可能让人不思进取，因此，通过认清我们价值观所能容许的底线显得尤为重要。

（3）从贤不从众。按照“二八原则”，真理不一定都掌握在多数人手里，要造成一种环境，让不同意见存在和发表，一经形成决议，就要实行权威管理。

综上所述，企业文化建设也就是一场管理的变革。加入 WTO 后，中国直面全球化的竞争，市场竞争的空间将扩展到世界各个角落，人们逐渐意识到企业文化是企业寻找企业生存与发展的“原则”和“资源”。在知识经济时代它已显示出作为一种“知识资本”所产生的文化力与生产力，已成为企业核心竞争力的重要因素，是最具活力、最具稳定性、最具个性化、最具渗透力、最不易被竞争者模仿的因素。而核心价值观的培育是这场管理革命的胜负手。只有当核心价值观与企业发展战略相适应，并建立一套充分体现这种核心价值观理念，并能够得到每个员工有效执行时，核心价值观真正融入员工的思想深处，企业才能是一支战无不胜的团队。

一个国家的繁荣昌盛在于政治稳定、经济繁荣和文化理念，一个人的成与败在于思想转变的快与慢，那么，企业的兴与衰就在于企业的文化理念。企业文化是指企业的经营宗旨、经营哲学、经营核心以及指导思想，它包括价值观念、行为准则和共同理想。其特点就是为了赢得广大客户，顺应社会发展，其目的就是将一个企业的价值观念转变为每个员工的价值观念，使企业具有凝聚力、向心力，从而调动每个员工的积极性。不管企业大小、性质，追求利润最大化都是企业首要的，但是实现利润最大化的重要因素是人。只有充分发挥了人的作用企业才能步步为营、蒸蒸日上。例如，海尔公司的文化理念就是真诚到永远；诺基亚的文化理念是科技以人为本。越来越多的成功企业的经验告诉我们：成功的企业也必然得力于成功的企业文化。企业在强调员工爱厂如爱家、与企业同心同德、尽职尽责的同时，也应让员工明白，每一名员工同样能够分享企业在成长中带来的种种好处，只有在这种企业文化下，员工才能梳理积极的工作价值观，才能真正的感受到成功的乐趣，才能体会出人格的被尊重，也才能表现出敬业、敬职的精神，公司才能真正的被员工所热爱，企业才能形成真正凝聚人心的力量。

四、强化企业核心价值观的措施

（一）企业战略与核心价值观的匹配

建设企业文化首先是要满足企业生存发展的需要，企业是企业文化的载体，如果企业不能生存发展，那么空谈企业文化建设是没有意义的，正所谓“皮之不存，毛将焉附?”为了让企业更好的生存发展，企业文化必须是能增强企业的核心竞争能力的文化。比如，在金融业，审慎是企业文化中很重要的内容，但在一个高科技的企业，审慎就不是企业文化中的重要内容，但创新可能就非常重要了。同样，在一个按件计薪的生产企业，团队精神是不重要的，但在一个研究机构，团队精神就必不可少了。企业都是存在于一定的环境和行业之中，环境和行业的特性决定了企业的商业模式和竞争力来源。每种商业模式都具有特定的关键成功因素（KSF），在判定了 KSF 以后，我们可以确定这些 KSF 需要什么样的员工特性（观念和行为）来与之配合。比如，低成本是关键成功因素，那么，员工愿意长时间工作，接受比较低薪酬的就是企业所需要的员工特征。那么在文化建设中，即使我们不可能直接去说服工人去长时间工作而且接受低工资，但是，我们可以去推行“人应该勤奋刻苦的，我们是一个勤奋的企业”。如果创新是关键成果因素，企业应该具有的能力就是新产品开发的能力，那么在文化建设中的目标就是，“人应该是有想象能力的”。如果客户满意是关键成功因素，拥有能对客户友善和热情的员工就是企业的竞争力来源，那么，文化建设中目标就是“人应该是友好的，有爱心的”。总之，企业文化应该是和企业的竞争能力相配合的，在找出关键成功因素后，决定企业所需要的员工的特征，然后总结归纳出一套文化建设目标。每个关键成功因素重要性不同，它所对应的文化建设目标的重要程度不同，在这基础上可以发展出相应的制度和激励手段。但是我们必须清醒地看到，推动企业文化去引导员工的行为，在本质上是对员工的行为提出了额外的要求。从心理契约的角度来讲，就是要求员工承担更多的员工责任内容，或者是在某些员工责任内容上要求更强的责任感。心理契约是一个平衡的结构，在要求更多或者更强的员工责任时，企业必须在组织责任上承担更多的责任内容或者更大的责任强度。比如，日本企业要求员工有很强的忠诚感，日本企业的员工也对企业表现出高度的忠诚感，但我们认为，这样的忠诚感是以终生雇佣为等价的。在现在的企业文化建设中，一方面没有意识把自己的文化建设目标和所在行业的关键成功因素相配合的现象；另一方面，尽管企业文化对企业员工提出了更多的员工责任，因此企业必须承担更多的组织责任来平衡。没有这样的平衡，同样不能达到诱发员工行为的作用。否则，一个企业只需要把有关企业文化的好的表述无一遗漏的全列出来就可以了，但我们知道，这样肯定是没有任何效果的。任何一个企业的资源都是有限的，它可以承担的组织责任也是有限度的，所以，重要的是要把自己能负担的企业责任来交换对企业最有益处的员工责任。

（二）重视员工对企业的信任

企业文化之所以对员工的影响力非常有限，根本原因在于员工对企业的信任度太低。当员工不信任企业的时候，企业文化建设是很难进行的。在访谈中，有员工这样评价现在进行的企业文化建设：“企业文化讲的是一种精神激励，好像是领导的事情，和我们的差距是比较大的。”也有员工这样评价：“公司还是很注重企业文化，但是太表面化了，虽然用了很多形式来表现公司的文化，但是口号多”。以上种种，都表现了员工对企业的怀疑。那么要提高员工对企业的信任度，起码在以下三个方面可以进行提高：

1. 提高员工和企业的利益相关度。目前，有些企业的员工和企业的利益相关度是很低的，主要的原因在于企业在保持高速发展的同时，员工待遇没有同步增加。有高层这样告诉我们：在公司上市以前，职工都认为上市后工资可以增加，但那时没有引导，等上市后工资没有增加，职工都不满意了，然后公司开始宣传，说那些钱是股东投入的资本，是要用来增加收益的，没有收益前，本来就不该用这些钱来增加职工工资，其实这些都很对，但那时职工的失望已经发生了，再做工作就有点晚了。要提高员工和企业的利益相关度，必须让员工和企业同步成长，必须让员工分享到企业成长带来的好处。

2. 提高对组织成员发布的信息的一致性和明确性。员工对什么是企业的核心精神都没有统一的认识，因此对于企业文化有过多的表述，这样的表述损坏了信息的明确性。比如，“厚德载物”，但它也认同“效率优先于公平”，这两者如果深究，它们是冲突的。一个达到“厚德载物”的境界的人，是不会认同效率比公平更重要的，也决不会“成功看效果”而放弃对实现手段的评判。又如，“人有差别”和“协作、团队精神”，但如果在一个团队中去强调“人有差别”，那么这个团队就很难成功的建立起来。因此，要提高员工对企业的信任，就必须简化、精炼公司对企业文化的表述，并剔除有冲突的部分。

3. 企业文化必须是产生短期收益的体现。短期收益是信用树立的根本，就像“商鞅变法，立木赏金”的道理一样。而早在 1989 年前，柯达的创始人乔治·伊斯曼收到一份普通员工的建议书，建议书呼吁生产部门将玻璃窗擦干净，这虽然是小得不能再小的一件事情，伊斯曼却看出了其中的意义所在，他认为这是员工积极性的表现，立即公开表彰，发给奖金，从此建立起一个“柯达建议制度”。因此，从某种意义上来说也应该设立一个建议制度，让员工对公司的企业文化产生充分的信任和高度的认同感。

（三）以人为本

企业是人的集合体，企业的创建、存在与发展的根本也在于人。把员工作为企业发展的出发点和归宿，提高员工的素质，激发员工的积极性和创造性，实现员工的人生价值，促进员工和企业的和谐发展，从而带动整个社会的全面发展，是企业文化建设的根本任务。而完成这一光荣任务的基础是培养员工对企业的自豪感、责任感。每一个企业都有自己的成长发展历史，都有辉煌的时刻，有自己的文化底蕴，有自己的英模和优秀领导，还有大量的可歌可泣的事迹，把这些反复宣传，深入职工心中，深入家属心中，企业的核心价值的凝聚力就会更强，同时加强价值观和责任感的教育，弘扬奉献精神，建立共同愿景，充分发挥员工的积极性，营造良好的成长环境，为员工进行职业生涯设计，提供奋斗和实现自我价值的优势平台。企业要成为一个成功的企业，一定要有一支强有力的人才队伍，只有坚持“以人为本”的管理模式，建立良性的极富吸引力的企业文化，才能提高员工工作热情，提升企业凝聚力、竞争力、生命力而长久立于不败之地。

总之，一个公司的成败，重要的在于它能否有效运用组织成员的能力和才智，能否帮助大家找到共同的目标以及如何在代代延续中保持共同的目标与方向。屹立多年的大组织之所以经久不衰，并非得力于组织形态或行政技巧，而在于“信念”的力量以及信念对组织成员的吸引力。任何一个组织要想生存、成功，就必须准备自我求变，而唯一不能变的就是信念。企业的价值观、组织的成功，主要跟它的基本哲学、精神和动机有关。信念的重要性远远超过技术、经济资源、组织结构、创新和时效。企业文化创新是一个自上而下的过程，员工对企业核心价值观的认同是决定企业文化建设成功的最重要的条件。在一个企业的核心理念明确后，如果没有科学有效的推行手段，那么企业的核心价值观也只能是企业高层的价值观，无法转化为员工的价值观。只有把规范、准则化为企业员工的自觉行为，企业的价值观才能得以贯彻。换言之，企业员工只有自觉地履行企业规定的准则和规范，员工行为和企业价值观

才达到了真正地统一。研究表明，要使企业核心价值观真正地深入员工内心，企业管理者行为表现、企业组织的公正和企业制度对核心价值观的体现是关键性因素。要贯彻核心价值观，管理者必须首先确实相信，他们能够忠实地、明白可见地信守他所提倡地价值观。管理者应该是企业核心价值观的忠实执行者、贯彻者和实干家，要在各种场合通过自己的行动向职工灌输他所提倡的价值准则，同时还要不懈地坚持和强化这些价值准则。美国管理学家阿伦·肯尼迪和特伦斯·迪尔在《西力公司文化》一书中曾经说过：如果管理者在遵守明确宣布的价值观方面言行不符，或者没有去促进它，文化的力量就开始败坏。所以，在企业文化建设中，每一位管理者能否把握好自身的管理角色，实现自我定位、自我约束、自我实现、乃至自我超越，关系到一个优秀的企业文化建设的成败。组织的公正性会激发员工的信任感，在信任的前提下，员工较易从事对组织有益的工作行为。所以，组织的公正性会加快员工对企业核心价值观的认同。核心价值观是无形的，存在于人的头脑中，是一种精神状态，需要通过有形的事物、活动反映和折射出来，所以无形的价值观通过有形的制度载体得以表现。企业文化就是通过方针、政策、原则、制度所表达出来的企业核心价值理念。企业各项规章制度的制订也必须以企业核心价值观为准则，必须是企业核心价值观的具体阐述和体现。一个优秀的企业，就是要创造一种能够使企业全体员工认同的核心价值观念和使命感、一个能够促进员工奋发向上的心理环境、一个能够确保企业经营业绩的不断提高、一个能够积极地推动组织变革和发展的企业文化。核心价值观能深入员工内心的前提条件是员工对核心价值观的认同，只有员工认同了核心价值观，才能对核心价值观产生心理承诺，并在组织中表现出组织公民行为。另外，企业管理者的行为、组织的公正性和企业的规章制度是保证核心价值观真正深入员工内的关键因素。最后从深层次来分析，企业要成为一流的企业必须有一流的效益；一流的效益又与一流的企业文化建设密切相关；而一流的企业文化建设必须以人为中心，充分发挥人的潜能，企业文化应坚持“以人为本”。

第三节 他们是这样做的——著名公司的企业文化

不同的企业文化塑造了不同的企业氛围，同时打造了不同的企业风格。在企业文化的凝聚中，有许许多多的企业走在了同行的前列，而他们是这样做的。

一、IBM：电脑帝国的企业文化

IBM（国际商用机器公司）拥有40多万名员工，年营业额超过500亿美元，几乎在全球各国都有分公司，对其分布之广，莫不让人惊叹不已，对其成就莫不令人向往。若要了解此企业，你必须要了解它的经营观念。许多人不易理解，为何像IBM这么庞大的公司会具有人性化的性格，正是这些人性化的性格，才造成IBM不可思议的成就。它是有明确原则和坚定信念的公司。

1. 必须尊重个人。

2. 必须尽可能给予顾客最好的服务。

3. 必须追求优异的工作表现。

这些原则和信念似乎很简单、很平常，但正是这些简单、平常的原则和信念构成IBM特有的企业文化。

老托马斯·沃森在1914年创办IBM公司时设立过“行为准则”，这些准则一直牢记在公司每位人员的心中，任何一个行动及政策都直接受到这三条准则的影响。“沃森哲学”对公司的成功所贡献的力量，比技术革新、市场销售技巧，或庞大财力所贡献的力量更大。IBM公司对公司的“规章”、“原则”或“哲学”并无专利权，在企业运营中，任何处于主管职位的人必须彻底明白“公司原则”，他们必须向下属说明，而且要一再重复，使员工知道，“原则”是多么重要。IBM公司在会议中、内部刊物中、备忘录中、集会中所规定的事项，或在私人谈话中都可以发现“公司哲学”贯彻在其中。如果IBM公司的主管人员不能在其言行中身体力行，那么这一堆信念都成了空口说白话。主管人员需要勤于力行，才能有所成效。全体员工都知道，不仅是公司的成功，即使是个人的成功，也一样都是取决于员工对“沃森原则”的遵循。若要全体员工一致对你产生信任，是需要很长的时间才能做到的，但是一旦你能做到这一点，你所经营的企业在任何一方面都将受益无穷。

第一条准则：必须尊重个人

任何人都不能违反这一准则，至少，没有人会承认他不尊重个人。

毕竟在历史上许多文化与宗教戒律上，也一再呼吁尊重个人的权利与尊严。虽然几乎每个人都同意这个观念，但列入公司信条中的却很少见，更难说遵循。当然IBM并不是唯一呼吁尊重个人权利与尊严的公司，但却没有几家公司能做得彻底。

沃森家族都知道，公司最重要的资产不是金钱或其他东西，而是员工，自从IBM公司创立以来，就一直推行此行动。每一个人都可以使公司变成不同的样子，所以每位员工都认为自己是公司的一分子，公司也试着去创造小型企业的气氛。分公司永保小型编制，公司一直很成功地把握一个主管管辖12个员工的效率。每位经理人员都了解工作成绩的尺度，也了解要不断地激励员工，有优异成绩的员工就获得表扬、晋升、奖金。在IBM公司里没有自动晋升与调薪这回事，晋升调薪靠工作成绩而定。一位新进入公司的市场代表有可能拿的薪水比一位在公司工作多年的员工要高，每位员工以他对公司所贡献的成绩来核定薪水，绝非以资历而论。有特殊表现的员工，也将得到特别的报酬。

自从IBM公司创业以来，公司就有一套完备的人事运用传统，直到今天依然不变。拥有40多万名员工的今日与只有数百员工的昔日完全一样，任何一位有能力的员工都有一份有意义的工作。在将近50年的时间里，没有任何一位正规聘用的员工因为裁员而失去1小时的工作。IBM公司如同其他企业一样也有遭受不景气的时候，但IBM都能很好地计划并安排所有员工不致失业，也许IBM成功的安排方式是再培训后调整新工作。例如，在1969年到1972年经济萧条时，有1.2万名员工，由生产工厂、实验室、总部调整到需要他们的地方，有5000名员工接受再培训后从事销售工作、设备维修、外勤行政工作与企划工作，大部分人反而因此调到了一个较满意的岗位。

有能力的员工应该给予具有挑战性的工作，好让他们回到家中，回想一下他们做了哪些有价值的事。当他们工作时能够体会到公司对他们的关怀，都愿意为公司的成长贡献一技之长。IBM公司晋升时永远在自己公司员工中挑选，如果一有空缺就由外界找人来担任，那么对那些有干劲的员工是一种打击，而且深受挫折、意志消沉。IBM公司有许多方法让员工知道，每一个人都可使公司变成不同的样子，在纽约州阿蒙克的IBM公司里，每间办公室，每张桌子上都没有任何头衔字样，洗手间也没有写着什么长官使用，停车场也没有为长官预留位置，没有主管专用餐厅，总而言之，那是一个非常民主的环境，每个人都同样受人尊敬。

IBM公司的管理人员对公司里任何员工都必须尊重，同时也希望每一位员工尊重顾客，即使对待同行竞争对象也应同等对待，公司的行为准则规定，任何一位IBM的员工都不可诽谤或贬抑竞争对手。销售是靠产品的品质、服务的态度，推销自己产品的长处，不可攻击他人产品的弱点。

第二条准则：必须尽可能给予顾客最好的服务

老托马斯·沃森所谓要使IBM的服务成为全球第一，不仅是在他自己的公司，而且要使每一个销售IBM产品的公司也遵循这一原则。他特别训令IBM将是一个“顾客至上”的公司，也就是IBM任何一举一动都以顾客需要为前提，因此，IBM公司对员工所做的“工作说明”中特别提到要对顾客、未来可能的顾客都要提供最佳的服务。

为了让顾客感觉自己是多么重要，无论顾客有任何问题，一定在24小时之内解决，如果不能立即解决，也会给予一个圆满的答复，如果顾客打电话要求服务，通常都会在一个小时之内就会派人去服务。此外，IBM的专家们随时在电话旁等着提供服务或解决软件方面的问题，而且电话是由公司付账。此外还有邮寄或专人送零件等服务，来增加服务范围。IBM 公司还要求任何一个 IBM 新零件，一定要比原先换下来的好，而且也要比市场上同级产品好。服务的品质取决于公司训练及教育，在这方面，IBM 已经在全球所属公司投下了大量的钱财，所提供的训练与教育是任何公司无法比拟的。相信在 IBM 公司受训所花费的时间超过任何一所大学的授课时间，每年，每一位 IBM 的经理要接受 40 个小时的训练课程，而后回到公司内教导员工，有时甚至定期邀请顾客前来一同上课。经营任何企业，一定要有老顾客的反复惠顾才能使企业成长，一定要设法抓住每一位顾客，最优异的顾客服务是能使他再来惠顾才算成功。

第三条准则：必须追求优异的工作表现

对任何事物都以最理想的观念去追求，无论是产品或服务都要永远保持完美无缺，当然完美无缺是永远不可能达到的，但是目标不能放低，否则整个计划都受到影响。公司设立一些满足工作要求的指数，定期抽样检查市场以设立服务的品质。从公司挑选员工计划开始就注重优异的准则，IBM 公司认为由全国最好的大学挑选最优秀的学生，让它们接受公司的密集训练课程，必定可以收到良好的教育效果，日后定有优异的工作表现。为了达到优异的水准，他们必须接受优异的训练，使他们有一种使命感，一定要达到成功。IBM 是一个具有高度竞争环境的公司，它所创造出来的气氛，可以培养出具有高度竞争环境的公司。它所创造出来的气氛，可以培养出优异的人才。在 IBM 公司里，同辈竞相争取工作成绩，又不断地强调教育的重要，因此每个人都不可以自满，都努力争上游。每个人都认为任何有可能做到的事都能做得到，这种态度令人振奋。

在企业经营中，公司的任何运营都有可能改变。有时地址变更，有时人事变更，有时产品变更，有时公司的名称也变更。世界上的事就是这样不断变迁，在任何公司里，一个人若要生存，一定要有应变的能力。在科技高度进步的今日，社会形态与环境变化很快，倘若营销计划不能随机应变，可能会毁灭整个公司。你不是往前进，就是往后退，不可能在原处不动。在任何一个发达的公司里，唯一不能改变的就是

"原则"。不论此"原则"的内容是什么，它永远是指引公司航行的明灯。当然公司在许多方面要保持弹性，随机应变，但对"原则"的信念不可变更，由于 IBM 有这三条基本原则作为基石，业务的成功是必然的。

公司内部必须不断地把其信念向员工灌输，在 IBM 的新进入人员训练课程中，就包含了如下课程："公司经营哲学、公司历史及传统。"谈公司的信念与价值观不能仅是空谈而已，至于能否让其在公司里发生作用，那是另外一回事。在公司里空谈无益，最重要的是运用策略、采取行动、切实执行；衡量效果，重视奖赏，以示决心。

IBM 的新进销售学员无论在办公室或外出接洽业务，都能遵守公司的准则。他们知道，IBM 准则"必须尊重个人"的真谛如何，他们一进公司开始就感到别人对待他们的方式是基于尊重原则，只要他们一有问题，别人再忙也来帮助他们。他们也看到，公司人员是怎样对待顾客的，也亲耳听到顾客对市场代表、系统工程师及服务人员的赞美。他们周围的人都在那里努力寻求优异的成绩。有关 IBM 公司的信念，常在所属公司中定期刊载，有关 IBM 优异服务之实例亦常在公司训练课程中讲授，在分公司会议中特别提出来，在邀请顾客参加的讨论会中亦提出介绍，主要目的是把公司的理想一再重复，以确保理想生存。

二、中兴通讯：中兴文化的制胜之道

（一）中兴通讯与中兴文化

中兴通讯是中国拥有自主知识产权的通信设备制造业的开拓者，国家重点高科技企业。拥有移动、数据、光通信以及交换、接入、视讯等全系列通信产品，具备通信网建设、改造与优化一揽子方案解决能力。

自 1985 年中兴通讯成立以来，公司即面临客户需求日益增长、市场变化复杂的状况，中兴人不断利用先进技术、优质产品和系统解决方案以满足并努力超出客户的要求。经过 27 年的发展，中兴通讯这个靠 300 万元起家的小公司，已经在国内重点城市和美国、韩国设有 12 个全资科研机构，承担中国第三代移动通信（C3G）等多个国家 863 项目，并分别与美国德州仪器、摩托罗拉、清华大学、北京邮电大学、电子科技大学等成立联合实验室，在全球40多个国家建立有分支机构，中兴从最初南下的5个人创业到今天拥有13000名员工，其中85%具有大学本科以上学历，研究生有3000多人。2001年，公司实现销售合同额139.9亿元，今年上半年，国内外各大通信制造企业业绩全面下滑，中兴通讯则一枝独秀，成为行业中唯一的亮点，继续保持稳健持续增长。

中兴通讯的成功之道是如何走出来？这应归功于中兴独特的企业文化。

企业文化对于一个企业的成长来说，看起来不是最直接的因素，但却是最持久的决定因素。资金的多少、技术的高低、优质的产品、完善的服务、精明的决策，往往依托于企业深厚的文化底蕴。企业文化作为一种组织系统，它具有自我内聚、自我改造、自我调控、自我完善、自我延续等独特的功能。企业文化通过改变员工的旧有价值观念，培育他们的认同感和归属感，建立起成员与组织之间的依存关系，使个人行为、思想、感情、信念、习惯与整个组织有机地统一起来，形成相对稳固的文化氛围，凝聚成一种合力与整体趋向，以此激发出组织成员的主观能动性，为达成组织的共同目标而努力。另一方面，企业文化不断完善深化，一旦形成良性循环，就会持续推动企业本身的发展。大量的实证研究发现，企业文化与企业绩效存在相关关系：一个强大的企业文化如果与企业的环境或战略相符时，共同的信条使上下的沟通变得更加便捷，决策的制订更加有效，共享的价值观同样有利于协作，这些都会提高企业的实际效率。

中兴通讯核心价值观：互相尊重，忠于中兴事业；精诚服务，凝聚顾客身上；拼搏创新，集成中兴名牌；科学管理，提高企业效益。

中兴通讯高压线：高压线是中兴企业文化和价值观不能容忍的行为底线，是与中兴企业文化和价值观完全背道而驰的行为，一旦触及，一律开除。第一，故意虚假报账；第二，收受回扣；第三，泄露公司商业机密；第四，从事与公司有商业竞争的行为；第五，包庇违法乱纪行为。

企业文化不应是企业的口号，需要企业中每个员工的学习、认同。文化最初是一个理念，然后通过种种机制，正式变为每一个员工的行为。比如，为实现“精诚服务，凝聚顾客身上”的理念，中兴通讯每个月都要进行内部和外部顾客满意度调查、打分，结果直接关系到各个部门的考核和员工的薪水，长期下来理念就慢慢形成了文化。对于一个具有13000名员工的公司，沟通与形成默契只有靠一套制度将每个人联系起来。

（二）中兴文化，中兴通讯稳健持续发展的驱动力

随着经济全球化进程的加快，越来越多的企业开始认识到企业文化的重要，一个企业的动力及凝聚力都来自于企业的文化，技术只是一个平台。没有一套较成功的文化的企业，生命力是有限的。在企业成功的因素中，技术是很重要的一点，但技术不能成为企业的主宰，这样不易看到市场的变化，容易偏离市场。中兴文化之所以制胜，主要源于独特的经营理念和管理方式。对于国内一个规模庞大的高科技公司来说，培养独特的企业文化，是企业持续、稳定发展的基础。企业文化建设应侧重在企业员工的思想观念、思维方式、行为规范、行为方式等方面。同时，不同的企业处于不同的内部与外部环境中，企业文化的特征也会不相同，并产生不同的行为规范以及思维方式和行为方式。因此，企业文化建设不能千篇一律，应该根据自己企业的特点、自己企业的经营环境，进行具体的设计定位，这样才能在万变的市场上立于不败之地。

1. 诚信文化：诚信是中兴通讯的立身之本，中兴人行动的第一准则。

诚信的第一个概念：企业的诚信。中兴企业文化手册中明确规定，对外交往、宣传以及发布公司业绩要坚持诚信务实的原则。例如，中兴通讯上市至今，从不参与股票炒作，给予投资者的是长期的回报，靠业绩增长赢得股民信任，基金大量持有中兴股票，看中的也是企业稳健经营，业绩保持持续增长带来的收益。

诚信的第二个概念：企业成员之间的尊重和信任。企业文化应该是

企业中每个员工都认同的一种观念、一种制度。好的企业文化能调动员工最大的能量、担起的责任。比如在管理上，中兴所创造的文化是“充分授权”，授权团队走向成功。信任每一名员工，是将工作的主动权交给员工，给员工便利去创造企业的利益，各级管理者是教练的身份，指导和帮助员工实现工作目标。上下级观点不一致时，我们强调通过沟通达成共识，沟通则要求以倾听作为基础，以平等、开放的心态，并且下级可以越级汇报，而上级一般不允许越级指挥。

对员工的尊重还体现在奖励上。在中国，曾经奖励的唯一办法就是提升，而事实上是不合理的。企业应接受这样一种观点：管理只是一个职位，因此不应成为一种奖励。企业中每个人都是平等的，权力不是来自于地位，而是能力。个人影响力来自于个人能力，而不是地位，重要的是让每个员工在适合自己的岗位上发挥最大的才干。为此，我们为员工职业生涯的发展设计了三条跑道，员工可以根据自己的擅长选择管理、业务和技术三条线来实现自己的职业发展，在中兴并非当官才是成功人士，有成就的业务和技术骨干可以和总裁一样的待遇，这也是留住人才的最为重要的激励机制。事业、待遇和感情是中兴吸引留住人才的三个法宝，三条跑道使员工与企业共同成长。企业总说要重视人才，体现在哪呢？“员工是企业最重要的资源。”企业对此几乎众口一词，但大多数员工却不以为然。我们的原则就是在企业发展的进程中，要让员工充分分享企业的成功。这一点也集中反映在我们制定的分配原则上，企业收益，先分配给员工和投资者，然后是国家和企业。

2. 顾客文化：顾客之上，始终如一地为顾客的成功而努力。企业是为客户服务的，企业成功的关键是客户，客户决定一切。中兴的产品是由客户决定的，客户随时变化的要求就是一种市场信息，指导企业的发展方向，企业必须适应这种情况而相应变化。

建立顾客文化，永远保持对顾客的热情。同顾客做有利可图的生意，是成功企业发展的推动力。一般来讲，顾客可以自主选择供应商。因此，想留住顾客并吸引新的业务，企业必须首先争取到为顾客服务的权利。要做到这点，企业只能提供顾客想要的产品或服务，出顾客愿出的价钱，而且要保证目标顾客明白企业所提供服务的好处所在。不仅如此，企业还要信守承诺并预见到顾客未来的需求。成功属于那些持之以恒提供优质产品或服务的企业，它们能够预期并满足顾客的要求。公司里有着一种与众不同的独特氛围，所有员工都了解和支持企业目标，总能生产出顾客愿意掏钱买的产品或服务。它们不仅时刻检查自己目前的业绩水平，寻求各种方式迅速提高业绩，而且测控各项重要的健康标准。

企业总是要求员工爱顾客、永无休止地为他们从未谋面的股东赚取利润。为此，企业需要员工的责任心和信心。员工只有感到企业重视、尊敬和信赖他们，感到自己是企业中的一员，才会有信心和责任感。由此看来，企业应当公平对待员工，让他们了解所有事宜的进展及前因后果，培养出良好的士气，企业才能战无不胜。

3. 学习文化：不学习的人，实际上是在选择落后。学习是一种美德，学习先进企业的成功经验，以开放的心态对待一切批评。

挑战变革，敢于突破常规，力图改变大大小小的游戏规则，把变革甚至危机转为机会。

激励创新，不断寻找一切好的设想，不管它来自何处。

知识经济下企业的竞争，不仅仅是产品、技术的竞争，更是人才的竞争，实质上是学习能力的竞争。企业必须建立有利于企业知识共享和增值的新型企业文化，将知识视为企业最重要的资源，支持组织和员工有效地获取、创造、共享和利用知识，提高企业核心竞争力，成为一种学习型组织，适应竞争的需要。

学习性组织是一个新的管理理念和手法，企业的生存需要吸收信息，消化信息，反过来指导行动。只有速度足够快的企业才能继续生存下去，因为世界的“脚步”在不断加快。世界正变得越来越不可预测，而唯一可以肯定的就是，我们必须先发制人来适应环境的变化。同时，新产品的开发速度也必须加快，因为现在市场门户的开关速度在不断加快、产品的生命周期在不断缩短。而“精简”的目的，正是为了更好地实现“迅捷”。简明的信息流传得更快，精巧的设计更易打入市场，而扁平的组织则利于更快地决策。

员工的态度是企业文化的一方面，中兴员工总是“从正面看问题”，认为挑战是机会，失败是机遇。中国有一句古话：“生于忧患、死于安乐”，保持健康的危机感是中兴不断追求更好的一个前提。作为国内通信行业中最大的企业之一，从企业到员工都具有“危机感”，挑战的是自己，所以一直稳健经营，保持持续健康增长，并准备迎接中兴越来越大的发展空间。

三、Microsoft：别具一格的文化个性

1975年，保罗·艾伦和比尔·盖茨合伙创建微软公司，产品是微软BASIC，雇员为3人，当年收入16000美元。1977年在日本推BASIC；1982年，在英国建立欧洲分部；1986年，微软在NASDAQ上市。公司上市后，经营利润率持续保持在30%以上，到1995年，年收入已达59亿美元，拥有大约200多种产品，约17800名雇员。微软控制了PC软件市场中最重要的部分——操作系统的80%—85%，这些软件在操作系统上运行，使用户能在计算机上执行特定的任务，没有哪一个与计算机或信息技术有关的行业和用户不受到微软及其产品的影响。

面对市场和技术方面的挑战，微软总是奉行最基本的战略，向未来进军。它拥有出色的总裁和高级管理队伍以及才华过人的雇员，拥有高度有效和一致的竞争策略和组织目标，组织机构灵活，产品开发能力强、效率高。微软人有一种敢于否定自我，不断学习提高的精神。当然，在其优点和成绩之后也潜藏着很多弱点，但微软正是在克服弱点和发挥优势的过程中不断向前发展。

微软公司令人吃惊的成长速度，引起世人的广泛关注。透过辉煌业绩，我们不难发现其成功不仅在于科技创新和优异的经营管理，更重要的是创建了知识型企业独特的文化个性。

（一）比尔·盖茨缔造了微软文化个性

比尔·盖茨独特的个性和高超技能造就了微软公司的文化品位。这位精明的、精力充沛且富有幻想的公司创始人，极力寻求并任用与自己

类似的既懂得技术又善于经营的经理人员。他向来强调以产品为中心来组织管理公司，超越经营职能，大胆实行组织创新，极力在公司内部和应聘者中挖掘同自己一样富有创新和合作精神的人才并委以重任。比尔·盖茨被其员工形容为一个幻想家，是一个不断积蓄力量和疯狂追求成功的人。他的这种个人品行，深深地影响着公司，他雄厚的技术知识存量和高度敏锐的战略眼光以及在他周围汇集的一大批精明的软件开发和经营人才，使自己及其公司矗立于这个迅速发展的行业的最前沿。盖茨善于洞察机会，紧紧抓住这些机会，并能使自己个人的精神风范在公司内贯彻到底，从而使整个公司的经营管理和产品开发等活动都带有盖茨色彩。

（二）管理创造性人才和技术的团队文化

知识型企业一个重要特征就是拥有一大批具有创造性的人才。微软文化能把那些不喜欢大量规则、组织、计划，强烈反对官僚主义的 PC 程序员团结在一起，遵循“组建职能交叉专家小组”的策略准则，授权专业部门自己定义他们的工作，招聘并培训新雇员，使工作种类灵活机动，让人们保持独立的思想性。专家小组的成员可在工作中学习，从有经验的人那里学习，没有太多的官僚主义规则和干预，没有过时的正式培训项目，没有“职业化”的管理人员，没有要“政治手腕”、搞官僚主义的风气。经理人员非常精干且平易近人，从而使大多数雇员认为微软是该行业的最佳工作场所。这种团队文化为员工提供了有趣的不断变化的工作及大量学习和决策机会。

（三）始终如一的创新精神

知识经济时代的核心工作内容就是创新，创新精神应是知识型企业文化的精髓。微软人始终作为开拓者——创造或进入一个潜在的大规模市场，然后不断改进一种成为市场标准的好产品。微软公司不断进行渐进的产品革新，并不时有重大突破，在公司内部形成了一种不断的、新陈代谢的机制，使竞争对手很少有机会能对微软构成威胁。其不断改进新产品，定期淘汰旧产品的机制，始终使公司产品成为或不断成为行业标准，创新是贯穿微软经营全过程的核心精神。

（四）创建学习型组织

世界已经进入学习型组织的时代，真正创建学习型组织的企业，才是最有活力的企业。微软人为此制订了自己的战略，通过自我批评、信息反馈和交流而力求进步，向未来进军。微软在充分衡量产品开发过程的各要素之后，极力在进行更有效的管理和避免过度官僚化之间寻求一种新平衡；以更彻底地分析与客户的联系，视客户的支持为自己进步的依据；系统地从过去和当前的研究项目与产品中学习，不断地进行自我批评、自我否定；通过电子邮件建立广泛的联系和信任，盖茨及其他经理人员极力主张人们保持密切联系，加强互动式学习，实现资源共享；通过建立共享制影响公司文化的发展战略，促进公司组织发生着变化，保持充分的活力。建立学习型组织，使公司整体结合得更加紧密，效率更高地向未来进军。

四、娃哈哈实施营销文化战略

娃哈哈公司创办于 1987 年，前身是杭州一家小学的校办工厂，3 个人 14 万元起家，经过 13 年的努力，发展成为今天拥有总资产 30 多亿元的国家大型企业。1998 年完成产值 31 亿元，生产饮料 93 万吨，占全国饮料产量的 1/10，成为中国最大的饮料企业之一。娃哈哈品牌 1996 年被国家技术监督局认定为 121 计划——全国首批重点保护的 11 个品牌之一，1997 年通过 ISO9001 国际认证，1999 年“娃哈哈”商标被国家工商局认定为中国驰名商标，有关资产评估部门评估其无形资产价值达 22.48 亿元，公司总资产达 28.8 亿元。

（一）娃哈哈“面对强手、不断冲击”的理念

娃哈哈在自己的企业文化中注入了“面对强手、不断冲击”的理念。

13 年，在历史的悠悠长河中只是短短的一瞬，然而娃哈哈却在 13 年中从 14 万元借款起家，发展成为国家大型一级企业，跻身全国最大经营规模 500 强和最大利税总额 500 强，连续 4 年居全国食品制造业利税总额第一位。公司主导产品娃哈哈果奶、AD 钙奶、纯净水、营养八

宝粥销量均居全国第一。公司注册商标“娃哈哈”成为中国驰名商标。1987年，每个娃哈哈人都会牢记这个年份，因为，娃哈哈是从这一年起步创业的。这一年，娃哈哈公司的前身——杭州市上城区教育局校办企业经销部在清泰街160号挂牌营业。创办之初，经销部以为区属小学提供服务为主营业务，半年后，经过营养品市场和学生身体状况的缜密调查，在浙江医科大学朱寿民教授的帮助下，开发出国内第一个专供儿童饮用的营养保健口服液——娃哈哈儿童营养液，实现了娃哈哈发展史上品牌“从无到有”的突破。作为一家校办企业，在国家经济体制改革正在向着承包全面推进的1987—1988年间，娃哈哈不仅没有体制上的障碍，反而具有相当大的经营管理自由。

这种自由度足以使娃哈哈在与传统国有企业的竞争中占据优势，“船小好掉头”是那时的实情。娃哈哈一开始就实行厂长负责制，投资决策权、产品开发权、劳动用工权、人事任免权等，也是从1987年、1988年实行的，比一般的国有企业整整早了5年。在企业理念的指引下，一步超前，步步领先。1998年，产值500万元，利润188.31万元；1999年，产值2700万元，利润703.17万元；1990年，产值9800万元，利润2212.75万元。1991年1月，仅有80人的娃哈哈经市委牵线搭桥，对拥有1700余名退休职工的杭州罐头食品厂实施兼并。3个月后，亏损4000多万元的杭州罐头食品厂扭亏为盈，兼并取得了圆满的成功。同时成立杭州娃哈哈集团公司，这标志娃哈哈完成了从小到大的裂变。

娃哈哈成长之路是一条改革之路，是实施企业文化工程结出的胜利之果，娃哈哈成长的背景呈史无前例的改革开放浪潮，从诞生到兼并扩张，从成立股份公司到现代企业制度试点，从生产经营到品牌输出，娃哈哈的每一步都无不烙着时代的印记。娃哈哈的成功是实施品牌战略的成功，是企业文化和“面对强手、不断冲击”的企业理念的胜利。

（二）娃哈哈企业文化的基本内容

娃哈哈在全国同行业中排行第一，面对侵权，它正在实施文化战略，我们将拭目以待。反观娃哈哈的创业史，它何以创造如此高大的形象和骄人的成绩呢？娃哈哈自从诞生那天起，就没有得到过国家的一分钱投入。为了生存，娃哈哈人在市场风浪中苦苦闯荡，饱尝了酸甜苦辣。是娃哈哈人艰苦奋斗的精神推动了企业的发展，为了在市场经济的新形势下真正立于不败之地，为了在同行业中树立“鳌头”形象，娃哈哈人根据企业所处环境和娃哈哈发展历程的特点，经过反复斟酌，提出了振奋精神的娃哈哈形象口号：励精图治、艰苦奋斗、勇于开拓、自强不息。公司总经理宗庆后深为娃哈哈的形象自豪，他动情地说：“娃哈哈集团公司能有今天，是公司全体职工艰苦奋斗、勇于开拓、共同创造的结果。”由此可见，娃哈哈形象口号已化作一种精神力量，成为娃哈哈人的行为指南，它使娃哈哈人自觉地发挥主人翁的作用，从而树立起鲜明的娃哈哈形象。娃哈哈的形象口号，喊出了娃哈哈集团与众不同的经营理念，它是娃哈哈公司发展的原动力。现在，娃哈哈的形象口号在全国食品行业广为传颂。

娃哈哈的企业文化是怎样形成的，有什么特征呢？齐心协力，共闯难关是娃哈哈企业文化和企业精神的集中表现。娃哈哈在创业之初，步履艰难，那时资金紧张，条件简陋，娃哈哈的员工分秒必争，抓住一切机会发展。娃哈哈企业文化的又一个重要内容是尊重职工、爱护职工，公司上下，亲如一家。娃哈哈集团超常跳跃式的发展，引来各界人士纷纷探秘。“船长”宗庆后的成功，离不开闯荡市场的营销技巧；离不开舍得花血本的巨额广告投入；离不开新产品的开发；离不开广招人才，但更重要的是他对人的尊重。尊重全体职工的主人翁地位，调动他们的积极性、创造性，激发他们的责任感和参与意识，使职工感到在娃哈哈集团公司工作，可以最大限度地实现自我价值。宗庆后工作很忙，常常出差，但他每次回来的第一件事就是到车间看看一线工人，了解生产情况，看看职工有什么想法，职工都说，总经理无论走到哪里，都想着厂里，惦记着我们工人。在娃哈哈集团公司，职工互助互爱，亲如一家。一天，一位职工上班时，因病复发突然昏倒，同事看到后，马上把她送到医院，并纷纷解囊凑齐住院费。公司知道后，即刻派人前去探望，并批钱资助。事后，这位职工的家人感激地说：“娃哈哈干部职工的心最好。”

娃哈哈的企业文化的第三项内容是倡导全体员工“视厂为家，厂兴我荣”的精神。娃哈哈人视厂为家，自觉维护这个“家”的荣誉。有一次，质量监督部一名职工春节回家过年，在汽车站发现有假冒娃哈哈出现，他马上打电话给厂里，把信息告诉打假办的同志，很快抓住了造假者，如此事例，不胜枚举。娃哈哈集团的目标是销售收入 20 亿元，年利税达 5 亿元。全公司 3000 多名职工决心艰苦奋斗，共同开创公司光明的未来。

娃哈哈的成功，首先是与他们树立的企业理念分不开的，从娃哈哈的口号中就可以看出，公司的艰苦奋斗、勇于开拓的精神。正因为有了这种精神的鼓舞，才使他们在创业之初，能冒着酷暑，为学校送去冷饮；在产品已初见成效时，又能毅然去开发自己的产品；当娃哈哈儿童营养液在全国打响时，又不失时机地开发了娃哈哈银耳燕窝、娃哈哈红豆沙、娃哈哈绿豆沙等许多新产品。娃哈哈集团提出的口号还充分体现了该企业的自身特点，很形象地反映出娃哈哈人特有的精神面貌。正因为企业是靠自己的双手通过艰苦奋斗得来的，所以每个人都视企业为自己的生命，这也是公司成功的重要基础。

五、希尔顿的宾至如归

美国希尔顿饭店创立于 1919 年，在不到 90 年的时间里，从一家饭店扩展到 100 多家，遍布世界五大洲的各大城市，成为全球最大规模的饭店之一。80 多年来，希尔顿饭店生意如此之好财富增长如此之快，其成功的秘诀就是确立自己的企业理念并把这个理念贯彻到每一个员工的思想和行为之中，饭店创造“宾至如归”的文化氛围，注重企业员工礼仪的培养，并通过服务人胃的“微笑服务”体现出来。希尔顿总公司的董事长，89 岁高龄的唐纳·希尔顿在 50 多年里，不断到他分设在各国的希尔顿饭店、旅馆视察业务。

希尔顿每天从这一洲飞到那一洲，从这一国飞到那一国，专程去看看希尔顿礼仪是否贯彻于员工的行动之中。他写的许多书中有一本叫做

《宾至如归》，时至今日，这本书已成了每个希尔顿旅馆工作人员的“圣经”。如今，希尔顿的资产已从5000美元发展到数百亿美元。希尔顿旅馆已经吞并了号称为“旅馆之王”的纽约华尔道夫的奥斯托利亚旅馆，买下了号称为“旅馆皇后”的纽约普拉萨旅馆，名声显赫于全球的旅馆业。

经营理念——“你今天对客人微笑了没有”

企业礼仪是企业的精神风貌，它包括企业的待客礼仪、经营作风、员工风度、环境布置风格以及内部的信息沟通方式等内容。企业礼仪往往形成传统与习俗，体现企业的经营理念。它赋予企业浓厚的人情味，对培育企业精神和塑造企业形象起着潜移默化的作用。希尔顿十分注重员工的文明礼仪教育，倡导员工的微笑服务。他每天至少到一家希尔顿饭店与饭店的服务人员接触，向各级人员（从总经理到服务员）问得最多的一句话，必定是：“你今天对客人微笑了没有？”1930年是美国经济萧条最严重的一年，全美国的旅馆倒闭了80%，希尔顿的旅馆也一家接着一家亏损，一度负债达50万美元，希尔顿并不灰心，他召集每一家旅馆员工向他们特别交待和呼吁：“目前正值旅馆亏空靠借债度日时期，我决定强渡难关。一旦美国经济恐慌时期过去，我们希尔顿旅馆很快就能进入云开月出的局面。因此，我请各位记住，希尔顿的礼仪万万不能忘。无论旅馆本身遭遇的困难如何，希尔顿旅馆服务员脸上的微笑永远是属于顾客的。”事实上，在那纷纷倒闭后只剩下的20%的旅馆中，只有希尔顿旅馆服务员的微笑是美好的。经济萧条刚过，希尔顿旅馆系统就领先进入了新的繁荣期，跨入了经营的黄金时代。希尔顿旅馆紧接着充实了一批现代化设备，此时，希尔顿到每一家旅馆召集全体员工开会时都要问：“现在我们的旅馆已新添了第一流设备，你觉得还必须配合一些什么第一流的东西使客人更喜欢呢？”员工回答之后，希尔顿笑着摇头说：“请你们想一想，如果旅馆里只有第一流的设备而没有第一流服务员的微笑，那些旅客会认为我们供应了他们全部最喜欢的东西吗？如果缺少服务员的美好微笑，正好比花园里失去了春天的太阳和春风。假如我是旅客，我宁愿住进虽然只有残旧地毯，却处处见到微笑的旅馆，也不愿走进只有一流设备而不见微笑的地方……”当希尔顿坐专机来到某一国境内的希尔顿旅馆视察时，服务人员就会立即想到一件事，那就是他们的老板可能随时会来到自己面前再问那句名言：“你今天对客人微笑了没有？”

1. 企业的形象。是指社会公众对某个组织、个人或某种产品的整体印象和评价。企业员工是企业整体中的一分子，顾客对企业员工印象的好坏会直接反射到对企业整体形象的评价上。而在员工自我形象的塑造中，企业的一贯礼仪又直接影响员工形象的塑造效果，这也就是希尔顿要抓企业员工礼仪的原因。企业礼仪包括的内容比较多，但企业领导人的个人作风、品格和企业理念的规定具有很高的代表性和模仿效应。例如，希尔顿旅馆总公司董事长唐纳·希尔顿就十分重视企业礼仪和通过礼仪塑造企业形象，为此，他制订和强化能最终体现出希尔顿礼仪的措施，即要“微笑服务”，为了能发挥微笑的魅力，他不辞辛苦，奔波于设在世界各地的希尔顿旅馆进行视察。由于唐纳·希尔顿对企业礼仪的重视，下属员工执行的很出色，并形成了自己的传统和习惯。当然，企业制订出完善的规章制度，有助于员工更好地执行。企业礼仪的表现者是广大员工，员工能否很好地执行企业礼仪，还在于员工本身的素质、修养、道德情操等。因此，加强员工培训，提高员工素质，可使员工更好地理解；贯彻企业的经营理念，把执行企业礼仪变成他们自觉和自发的行为。成功的企业无不把员工培训作为企业生存和发展的头等大事来抓，这也就是希尔顿为什么每碰到公司员工都要问那句名言：“你今天对客人微笑了没有？”

2. 唐拉德·希尔顿在自传中对自己的一生进行了总结，归纳出成功的几个要素。

（1）志向要远大，想法要宏伟。做法要大方，梦想也要远大，你想要有多大的发展，取得多大的价值和成就，你就得有多大的志向和理想。同样是一块铁，铸成马蹄铁后只值 10 元钱，制成磁针就值 30 元，若制成手表的发条，就值 30 万元。人们应该对自己的前途把目标定得大一些，实现自己的最大价值。梦想是一种具有想象力的思考，是以热忱、精力、期望做后盾的。希尔顿一生做过许多梦，可以说他的事业就是寻梦的历程。银行家梦、跻身饭店业后的饭店大王梦，他那充满想象力的梦想成了他行动的先导。随着事业的发展，他的梦也越来越多，把一个个美梦变为现实，梦想都从这里开始。

（2）发掘出自己独到的才智。希尔顿认为，人的才智各有不同，每个人从事的职业可以相同，别为了要花时间找立足之处而烦恼。希尔顿说，他就花了 32 年的时间去发掘自己的长处，开始还是个小职员，但这没有什么可耻的。华盛顿起初也不过是个验货员，毛姆提笔写作前读的是医学，他们最终都找到了能充分发挥自己才能的事业，从而走向成功。不要因为长辈或薪金的原因被纳入一条固定的轨道，失掉应当属于自己的天地。别为暂时不知道自己的长处而犹疑不决，勇敢地开拓吧，你就会发现自己到底能干什么。

（3）热忱、执著。希尔顿根据自己的经验指出，热忱是完成任何一件事必不可少的条件。或许你确有才华，但才华也必须借助热忱的精神，才能发挥尽致。热忱是一种无穷的动力，建造过伦敦 52 家教堂的建筑师兰恩爵士，86 岁时退休后五年，他一直尽心学习，努力追求文学、天文学及宗教知识，古罗马的政治家 80 岁还学希腊文，希腊的历史学家布拉塔克，更是在衰老之年才开始研习拉丁文，意大利作曲家维尔第 78 岁还作出像《奥塞罗》这样不朽的歌剧。

（4）不要过于忧虑。成功的生活应当是平衡的，无论是在思想上、行为上、休息上、娱乐上，各方面都是如此。懂得生活艺术的人，既不会工作到累得要死，也不至于玩乐得筋疲力尽。

（5）不要留恋过去。希尔顿劝人们不要老是悔恨从前的过失，也不要老是渴望再现过去的辉煌，这等于是把自己捆绑在过去的记忆中。昨日已去，如何从昨日的过错中吸取教训才是智慧之举。

（6）不要让你所拥有的东西占据了你的思想情感。希尔顿认为他曾拥有一切，事实上却什么都没有。在他的意识中，金钱并不是万恶之源，对金钱的贪欲之心才是万恶之源。钱当然越多越好，但要由你来支配它，而不能让它支配你。不光是金钱，所有物品都是这样。希尔顿指出，倘若你发现，你失去某样东西就活不下去了，那么你最好把它丢掉，以便获取真正的自由。希尔顿的生活哲学和经营哲学是相通的，许多是从经营实践中得出的人生智慧。

第四节　雷锋精神——企业文化的万向轴

当今中国正进入一个经济发展的绝好时机，国民经济呈现持续、快速、健康的发展势头，但不少企业却还不适应市场经济体制转变和经济增长方式转变的需要，存在一定的困难与问题。问题的解决一方面有待于改革的深化，跟上改革的步伐，不能安于现状；另一方面，企业自身也须调整经营方略，尤其是不能否定原有的正确的东西。企业若想生存与发展就必须既要能跟上当前国内外变革的步伐，同时又必须保持和发扬支持企业取得成功的一些主流思想与核心价值观念——企业文化。自20世纪60年代中华大地上产生的雷锋精神正是当前企业文化建设中不可或缺的部分。50年前，毛泽东向全国发出了“向雷锋同志学习”的号召。雷锋以其热爱党、热爱祖国、热爱社会主义的崇高理想和坚定信念，以服务人民、助人为乐的奉献精神，干一行爱一行、专一行精一行的敬业精神，锐意进取、自强不息的创新精神和艰苦奋斗、勤俭节约的创业精神，影响、哺育和激励了一代又一代人成长，其精神经久不衰，光彩夺目。

雷锋是20世纪60年代产生的社会主义时代的英雄，江泽民同志早在20世纪90年代初就曾明确指出“出现雷锋这样伟大的共产主义战士，不仅是人民解放军的光荣，同时也是中国人民的光荣”。“他的宝贵遗产应该是属于全军的，属于全党的，属于全国人民的”。这是因为雷锋在他短暂而又光辉的一生中，正确地解决了“怎样做人，为谁活着”，决心要将自己“有限的生命，投入到无限的为人民服务之中去”。而所谓雷锋精神，概括而言，就是一种奉献精神与牺牲精神。雷锋精神是在马列主义、毛泽东思想的熏陶下，是共产主义精神与中华民族的传统美德的有机结合。同时，雷锋精神作为一种精神文化其所以具有不朽的生命力，还在于其特定的社会历史原因和独特的时代作为背景，是新的历史时代孕育了雷锋精神，雷锋精神的出现又适应了时代发展的要求，正因此，我们可以认为雷锋精神是一种时代精神。表面看，雷锋精神出现在计划经济的年代，而今提倡全心全意为人民服务，提倡奉献与牺牲，似乎与当前社会主义市场经济讲竞争、讲利润的企业经营文化风马牛不相及。然而我们应当看到，任何一种经济体制都离不开一定道德规范的支撑，雷锋精神不是一种短暂的精神现象，而是贯穿于整个社会主义历史时期的精神文化的组成部分，是中华民族优良传统美德在社会主义时代的体现。

企业文化，从理论上讲，是企业在长期的生产经营活动中，受外界，也受自身民族、区域影响而逐渐形成的理想道德、价值观念、伦理意识、经营思想、发展战略、管理方法、科技水平与知识水平等方面的综合体现。表现为企业成员的整体精神，共同的价值标准，合乎时代的道德规范和追求发展的文化素质。就企业文化结构而言，大致可分为三个层面：一是企业文化的表层是企业的物质文化；二是企业文化的中层是企业的体制文化；三是企业文化的深层是企业的精神文化。企业文化包括企业员工的一切观念、心理及意识形态的总和，这是企业文化的隐形部分，渗透折射在企业文化的中层和表层，并通过中层和表层反射企业自身的独特个性。从这个意义上讲，美国管理专家劳伦斯·米勒认为：企业唯有发展出一种文化，才能在竞争中成功，因为这种文化能激励在竞争获得成功的一切行为。发达国家成功企业的实践反复证明，当今世界企业的较量，实际上是企业形象的较量，而这又有赖于自觉的企业的文化建设。随着我国市场经济体制的确立，一批具有远见卓识的企业家也顺应潮流，尝试走企业文化建设之路。面对此种情形，国内外一些经济观察家预言：企业文化是继第三次浪潮——信息潮冲击后企业直面的第四次浪潮。然而，回顾当今中国，至今尚没有形成具有中华民族特色的企业文化。

近年来，中国民营企业迅速崛起，成为中国经济舞台上的一支中坚力量。然而，经济全球化的热潮为民营企业的可持续发展带来机遇的同时，也带来了前所未有的挑战和困难。目前，我国民营企业虽然有企业文化，但是或多或少存在一些问题。总体来说，可以归纳为以下几方面：

一、企业文化家族化

相当一部分的民营企业仍采用“家族式”的管理模式，其强烈的排外倾向严重限制了企业对优秀人才的吸收利用，限制了企业自身的发展。由于企业的主要职位都由家族成员担任，不按照现代企业管理机制予以管理和用人，他们往往追求眼前的利益，不从长考虑，仅仅注重对人才的聘用，缺乏对人才的培养，导致企业的思想及观念僵化停滞，严重阻碍了企业文化的良好发展。

二、企业文化形式化

企业文化的内涵是支撑企业文化发展壮大的基础，没有内涵的企业文化只是徒有其表的空壳子，对于企业的可持续发展没有任何意义。目前，在我国民营企业的企业文化建设中，最突出的问题就是对于企业文化这一概念断章取义，盲目追求企业文化的形式，而忽略了企业文化的内涵。譬如，简单地将企业文化等同于企业口号，设计辞藻华美，或者千篇一律、没有新意的口号，追求文字的工整，完全忽略企业特性的表达；强调服务质量的同时，并没有联系实际，把问题落到实处，切中问题根源分析问题、解决问题，更没有把企业文化内涵的主题内容予以细分并实施。

三、企业文化平庸化

企业文化是企业个性特征具体生动的反映，相对于国企，民企拥有生动丰富、灵活性好的优点。然而，目前确实存在民营企业的企业文化平庸化严重的问题，直接抹杀了民营企业的个性和特色，导致企业在日益激烈的竞争中举步维艰，难以脱颖而出。

四、中国民营企业的企业文化的改革方向

在日益激烈的市场竞争中，谁拥有了文化优势，谁就拥有了效益优势、竞争优势和发展优势。针对目前存在的问题，我国民营企业应着眼于企业文化的可持续发展，加强企业文化的建设，完善企业文化，创新企业文化建设管理，进一步促进企业管理的全面升级。

面对诸多现实问题，如何改善症结，是人们努力想找到的解决方式，在这条探索解决的道路上，人们总结了很多方法来改善企业文化的发展方向。

（一）创建学习型企业文化

21 世纪是知识时代，市场竞争是知识的竞赛，而网络的普及也加快了人才和科技竞争时代的到来。究其实质，企业竞争力的扩张就是知识传播的过程。企业成功的关键在于拥有有利于学习和知识共享的文化，并且能将企业的行为与企业文化完美地融合。创立学习型企业文化，主要包括企业经营管理的学习和员工文化素质、专业水平的提高。要通过不断学习和创新解决传统企业固有的分工、竞争和反应性的基本问题；不断提高员工的文化素质和专业能力，为员工提供适合文化创造的宽松的工作氛围，尊重职工的独立人格，让职工畅所欲言，允许他们从各个角度提出问题与解决方案，学习型企业文化在于自主学习和创新。

（二）创建创新型企业文化

创新型企业文化是企业长久不衰的不竭动力，使企业在激烈的市场竞争中脱颖而出，首先，要塑造企业的价值观，明确企业的核心价值观和经营理念，将学习和创新作为企业发展的目标；其次，要注意调整企业的管理方式，培养管理者和被管理者之间的信任；最后，要创新沟通体系，推进团队工作，在日常工作中鼓励员工互相交流和学习。

（三）创建生态型企业文化

经济社会的发展，一定程度上导致了环境污染问题日益严峻，因此，未来企业竞争将很大程度地体现在谁能更好地维护社会生态环境，

谁能更大限度给消费者提供绿色产品。生态型企业文化主要包括生态环境、生态伦理和生态道德意识和行为，作为刚刚起步的新概念，生态型企业文化能为企业带来良好的社会形象，实现企业的可持续发展。

（四）创建人文型企业文化

企业文化的实质是人的文化，人是企业的主体，是生产力中最活跃的元素，是企业的立足之本。因此，企业文化的建设必须要坚持以人为本的科学发展观，立足企业的社会文化背景，充分地重视人，抓好员工的科学文化知识和专业技能培训，带动企业文化建设；有效地激励人，结合实际给予员工物质和精神上的奖励，充分调动人的积极性、主动性和创造性，做到人尽其才，才尽其用。

企业文化是保证企业可持续发展的不竭动力，是企业长期发展的历史积淀。企业文化建设是企业经营的核心项目，面对日益激烈的市场竞争，没有科学有效地企业文化，企业的发展就会举步维艰。因此，我国的民营企业必须正确认识企业文化的重要性，立足中国文化的背景，结合我国企业文化发展的环境和进程，增强企业内聚力，提高企业竞争力，借鉴国外成功的企业文化发展经验和方法，建设有中国特色的社会主义的企业文化。

当代中国独特的国情与民情决定了建设有中国当代的企业文化又不可能完全抄袭西方，必须从中国当代的现实寻找其生长点，创建符合我国的社会文化环境和国民性格的管理文化与思想，并运用其在实际管理中行之有效地解决现代企业问题。因此，当代中国企业文化的建设不能背离包括雷锋精神在内的中华民族的优秀传统文化，否则就会失去民族特性。如果说社会主义市场经济体制的确立是中国文化发展的根本出路和希望的话，那么在此基础上创建的现代企业文化则会给中国企业的前景带来光明。现代企业文化对传统文化的接受与认同，只能是那些符合时代精神的“国粹”。因此，传统文化在当代企业中的命运，也在于现代企业对她的改造与选择。即只有把是否维护正在进行的社会主义市场经济体制的建立和完善作为现代企业文化对传统文化改造的评判标准，广泛吸收发达国家企业文化之长，努力保存中国传统文化的特色，在由

传统的农业文明向现代工业文明转型期产生的企业文化才有独特的价值体系，这样，既能保持民族特色又富有时代特征。正是从这个意义上，雷锋精神与企业文化的创建是密不可分。

1. 雷锋精神是中华民族传统文化的精华所在，是创建企业文化的重要参照，这对于企业经营理念及发展战略无不具有启迪作用。中国传统文化对人生观理解的基点是对人的本质特性的认识，传统文化认为，人与禽兽的区别在于人不仅有食色等生理本能与物欲，而且有人伦、精神的追求。因此，要使人摆脱禽兽的境界，真正成其为人，就要修身，学会做人。例如，在世界观上，孔子提倡："大道之行也，天下为公"，雷锋则说："我活着，只有一个目的，就是做一个对人民有用的人，当祖国和人民处在最危急的关头，我就挺身而出，不怕牺牲"；在幸福观上，孔子说："一箪食，一瓢饮，在陋巷，人不堪其忧，回也不改其乐"，雷锋则说："我觉得人生在世，只有勤劳，发奋图强，用自己的双手去创造财富，为人类的解放事业——共产主义贡献自己的一切，这才是最幸福的"；在价值观上，诸葛亮曾提出的"鞠躬尽瘁，死而后已"并成为历代志士仁人的座右铭，雷锋则说："人的生命是有限的，可是，为人民服务是无限的，我要把有限的生命，投入到无限的为人民服务之中去"；在人伦观上，孔子有"仁者爱人"至理名言，雷锋则说出"对待同志要像春天般的温暖"的佳句。可见，雷锋精神之所以闪光，就在于它承接与凝聚着中华民族传统文化的精华。然而，雷锋精神并非对传统文化的简单重复，它是在社会主义时代将远大的共产主义理想与中华民族的传统文化的有机结合。

2. 雷锋精神与当前的企业文化营建具有同一时代特征。有人认为雷锋精神产生的时代是 20 世纪 60 年代，而今企业处在市场经济体制中，追求利润、讲究效益才是时代精神，由此对凝聚着传统文化的雷锋精神，尤其是其中的为人民服务的奉献精神、牺牲精神表示怀疑。其实这无论从理论上还是在实践上讲雷锋精神与企业文化均处于同一时代，具有同一性。应当明确，两者年代尽管不同，但所处的时代仍是社会主义时代。当前，我国仍处于社会主义初级阶段，我们在此阶段发展社会主义市场经济，目的依然是改变我国贫穷落后的面貌，改善和提高人民生活，使中国走向繁荣富强。在这一点，与20世纪60年代雷锋精神产生的时代并无不同。即是说，雷锋精神所产生的时代与当今中国企业文化所处的时代都是大力发展社会主义的经济建设的时代，其社会主义本质特征没有变，即公有制为主体的经济基础没有变，四项基本原则为支柱的政治基础没有变，人民当家做主的社会基础没变。而且我们当前的改革，是社会主义制度的自我完善，我们的经济仍是社会主义市场经济。在此基础上，无论是20世纪60年代的雷锋精神，还是20世纪80—90年代的中国企业文化，都是根植在这种基本国情的土壤和由此而产生的时代赋予的历史任务之中。从实践上看，固然在市场经济下经营工商企业，必然讲效益、追利润，关心与追求个人的物质利益，然而社会主义的根本目的正是要尽可能地满足人们不断增长的物质与精神上的需要。但这些与传统的道德、与雷锋精神倡导为社会奉献的精神、与为人民服务的精神并不矛盾。这是因为，每一个生活在社会群体中的个体，都肩负着一定的社会责任，尤其是在社会主义时代更是如此。对企业而言，在追求企业利润经济效益的同时，不可不顾社会效益；对每个企业员工而言，对个人物质利益的追求，不可损害社会集体或他人的利益。总之，对私利的追求应当有利于公利，对市场经济赢利原则和对个人物质利益原则的肯定，应该与对社会作奉献、造福于人民的精神、为人民服务的精神结合起来。因此，当前企业文化要求的时代精神与雷锋精神具有同一性。

雷锋精神、企业文化与精神文明建设具有同一性，这主要反映在以下两个方面：

（1）雷锋精神体现了社会主义精神文明建设的重要内容，体现了企业文化需要精神文明建设。早在1980年12月邓小平就指出："所谓精神文明，不但是指教育、科学、文化（这是完全必要的），而且是指共产主义的思想、理想、信念、道德、纪律，革命的立场和原则，人与人的同志式关系，等等。"1996年《中共中央关于加强社会主义精神文明建设若干重要问题的决议》将精神文明建设"总的指导思想"、"总的要求”概括为：我国社会主义精神文明建设，必须以马克思列宁主义、毛泽东思想和邓小平理论为指导，坚持党的基本路线和基本方针，加强思想道德建设，发展教育科学文化，以科学的理论武装人，以正确的舆论引导人，以高尚的精神塑造人，以优秀的作品鼓舞人，培养有理想、有道德、有文化、有纪律的社会主义公民，提高全民族的思想道德素质和科学文化素质，团结和动员各族人民把我国建设成为富强、民主、文明的社会主义现代化国家。在党的十七届六中全会“深化文化体制改革，推动社会主义文化大发展、大繁荣”，充分利用有效资源，大力开展党建及精神文明建设各项工作，“深入开展学雷锋活动常态化”。从20世纪60年代到现在，我国党和国家的几代领导人之所以给予雷锋及雷锋精神以极高评价，正是基于从雷锋精神上体现了中华民族的优秀的精神风貌，体现了一个平凡的普通一兵的崇高的共产主义理想、高尚的社会主义道德情操、崇高的社会主义信念、坚定的革命立场和原则、严明的革命纪律以及极其和谐的人与人之间的同志式关系，而这一切都是社会主义精神文明中的重要内容。这是因为，社会主义的伟大事业，不仅要求重视发展经济，建设高度的物质文明，而且要求重视以培养“四有”新人为重要内容的高度的社会主义精神文明，要像江泽民同志所要求的那样，使这两个文明“共同发展，相互促进”。从这个意义上讲，雷锋精神既是社会主义精神文明建设的重要内容，又是促进物质文明建设的重要条件。如此，雷锋精神的发扬，必将促进人们的思想素质、政治素质、文化素质的大提高，进而促进党风、政风、民风的大改变。如此巨大的精神力量通过全民实践又必将转化为巨大的物质力量，进一步推动两个文明建设的共同发展与社会的全面进步。

（2）作为社会主义中国的企业，不仅要生产物质商品，创造企业的物质文化，而且要创造精神财富。因此，企业也担负着物质文明与精神文明的双重任务。《中共中央关于加强社会主义精神文明建设若干重要问题的决议》中，在谈到深入持久开展群众性精神文明创建活动时，特别指出要倡导企业文化建设。这是因为，社会主义精神文明建设说到底，是要提高全民族的素质，培养“四有”新人，而这也正是社会主义企业文化建设所追求的目标。社会主义精神文明建设的内容，主要包括思想道德建设和教育科学文化建设，而这也正是企业文化建设的主要内容。企业文化作为一种现代企业管理方式，其运作机理是实施“以人为本”的管理，即通过培育具有时代精神的企业价值观、企业精神去塑造团结和谐、积极向上的团队意识、人际关系氛围和文明健康的环境氛围，进而激发企业员工群体的积极性，达到提高员工的素质，推动企业发展的目的。

雷锋精神与企业文化中的竞争意识的同一性。如前述，雷锋精神是社会主义精神文明建设中的重要内容，而企业文化又需要并促进精神文明的建设，这并非是抽象的、空洞的，而有其具体的、实在的内容，这主要表现在以下方面：

第一，市场竞争中企业遵循的目标原则与雷锋全心全意为人民服务精神的一致性，在于共具服务意识。企业文化产生于现代工业化社会就必然要反映这一社会形态中企业管理的需要，它所遵循的原则，首先是目标管理原则。设置目标，符合人们达到优越地位的内心渴望，合适的目标设置，为企业员工的自我发展提供了机会，也可排除目标实施的障碍。企业是经济实体，但在社会主义企业中，不仅要将经济效益作为行为目标，还要追求社会效益，只有两者的密切结合才能构成良好的企业形象。企业文化若能明确反映这一目标，就可使企业中的个体需要与企业的整体目标相一致，才可使企业在市场竞争中立于不败之地。目标原则是企业员工发展的导向，也是增强企业活力的内在动因。企业在市场竞争中最基本的目标原则应当是用户至上，即只有将企业生产与销售的目标定位于用户至上，处处为用户考虑，才能提高企业的成本意识、质量意识和服务意识，才能取得用户与顾客的信任，才能从根本上提高企业活力，进而提高企业的组织生产能力、产品竞争能力、市场应变能力、信息反馈能力、创造革新能力、资金增值与盈利能力等。与企业文化相同，雷锋精神也致力于目标确定，那就是全心全意为人民服务，为了人民的事业去无私奉献。雷锋的一生是为人民服务的一生，在人生目标的问题上，雷锋精神突出了“为他人”的意识。为人民服务，就是要求我们从人民的立场去立身处事，以人民的利益为言行的宗旨，既把为人民服务当作人生活动的起点，又将它作为归宿，作为人生的根本目标。正因为如此，所以雷锋精神与企业文化是一致的，即都具有服务意识。

第二，市场竞争中企业的团队精神、共同的价值标准与雷锋的集体主义精神的一致性，在于共具团队意识。企业的团队精神是建立在共同的价值标准和与时代相适应的道德规范基础之上的，它是企业文化的主要内容之一。因此，企业文化必须体现企业共同的价值观念，代表全体员工的信仰、行为准则与道德规范。通过价值原则的引导，创造出能为企业全体员工自觉遵循的“文化优势”。这虽然是软约束，但却具有强化企业团队意识和提高企业活力，进而增强企业在市场竞争中的绩效力量。雷锋精神中的集体主义原则也认为“个人与集体的关系，正像细胞和人的整个身体的关系一样”，“一个人只有当他把自己和集体融合在一起的时候才能有力量”。正基于此，雷锋处处为集体利益而不惜牺牲个人的一切，他将人民的利益高于一切的牺牲精神与奉献精神始终如一地贯穿于日常生活的言行中，这种以毫不利己、专门利人为人生目标的共产主义集体主义精神，正是社会主义精神文明所倡导与追求的最高觉悟层次，也是企业团队精神所要求的。这是因为无论是雷锋的集体主义精神，还是当前我国企业要求的团队精神都是建立在高度重视价值原则基础之上的，都具有一定的中国传统文化底蕴。

第三，市场竞争中企业的成效激励原则与雷锋的奋发进取精神的一致性，在于共具争先意识。现代企业的成效原则要求管理者使用有效方法，激励员工在实现企业目标的同时，也使员工个人需要得以满足。这种激励方法是将员工利益与工作绩效联系起来，以工作绩效作为衡量依据，通过对各项成就的肯定与鼓励来激励员工自由而能动地发展，从而营造成人人奋勇，个个争先的文化氛围，进而增强企业的竞争活力。在雷锋的奋发进取精神中虽没有鸿篇大论作为支撑，但有其明确的人生价值观作为动力。他说“我觉得人生在世，只有勤劳，发奋图强，用自己的双手创造财富，为人类的解放事业——共产主义贡献自己的一切，这才是最幸福的。”“人若没干劲，好像没有蒸汽的火车头，不能动；像没长翅膀的鸟，不能飞。”正是这种自我激励的争先意识，使雷锋逐渐完成了由一个普通农民到一个伟大而平凡的共产主义战士的转变，这种争先意识是企业竞争中也必须具备的。市场竞争的法则是奖勤罚懒、优胜劣汰，企业要想在激烈的竞争中立于不败之地，就必须树立起争先意识，不甘人后，乐为人先，勤劳奋发，以良好的精神状态和高昂的斗争，努力拼搏。综上所述，笔者认为，在社会主义市场经济确立与发展的今天，我们在形成企业文化理念的时候，既要学习西方行之有效的管理模式，也要根据我国的时空特点，学习与借鉴中华民族的优秀传统文化，尤其应当将体现社会主义时代精神与传统文化的雷锋精神融入企业文化的营建之中。

而如何把雷锋精神融入企业文化中，也是很多人想知道的答案，有些企业就充分利用当地资源优势，把雷锋精神深深融入企业文化之中，融入企业员工的行为中。如抚顺供电公司利用抚顺这片土地资源，开展“雷锋工程”，把企业文化深深融入企业文化之中去。

深入开展学雷锋活动，推动学习活动的常态化，是党的十七届六中全会提出的一项重要任务，是推进社会主义核心价值体系建设、打牢全党、全国各族人民团结奋斗共同思想道德基础的一项重要举措。多年来，抚顺供电公司坚持实施和推进“雷锋工程”，创造性地把雷锋精神融入企业文化建设，实现学雷锋活动的常态化、机制化，取得精神文明和物质文明、社会效益和经济效益的双丰收，为建设中国特色企业文化提供了宝贵借鉴和成功范例，为在全党、全社会深入开展学雷锋活动，有效践行社会主义核心价值体系作出了有益的探索。抚顺供电公司是辽宁省电力有限公司直属大型供电企业，担负着抚顺市四区三县电网安全运行维护任务和89.6万用电客户的供电服务任务。2006年以来，公司组织实施“雷锋工程”，创造性地把雷锋精神融入企业文化建设，取得了很好的效果。为把“雷锋工程”落到实处，抚顺供电公司精心设计活动载体、搭建参与平台，结合生产、营销、管理、廉洁等方面的要求和企业实际，重点开展了“六个一”主题实践活动。

开展“一片情”的安全生产主题实践活动

把雷锋关爱他人、关心集体、关注社会的浓厚人文情怀，融入国家电网公司提出的“相互关爱，共保平安”理念，引导员工树立关爱电网、关爱企业、关爱社会、关爱他人、关爱自我的安全责任意识。公司提出了“大平安”理念，即提高社会和客户用电安全、员工自身安全的理念和对企业、社会、自己负责的安全责任观。组织共产党员服务队上街宣传安全用电常识、电力设施常识，开展用电安全文化进社区、进校园活动，向社会传递“相互关爱，共保平安”理念。在公司内部，注重强化日常安全教育，在各生产场所、施工工地设置标语标牌等安全理念宣示物，开展安全示范岗、安全监督岗、党团员责任区和职工代表黄马甲安全监督员等活动，坚持重大作业领导到一线上岗，重大安全活动各级干部包片制度。通过“一片情”安全生产主题实践活动，培育员工的安全责任意识，实现了员工平安、企业稳定、社会和谐的目标。

开展“一缕风”的营销服务主题实践活动

把雷锋对待同志像春天般温暖，对待工作像夏天般火热，全心全意为人民服务的精神，与国家电网公司“服务党和国家工作大局，服务电力客户，服务发电企业，服务经济社会发展”四个服务宗旨有机结合，在员工中倡导“服务人民、助人为乐”的奉献精神，引导员工在服务理念上追求真诚、服务内容上追求规范、服务形象上追求品牌、服务品质上追求一流，开展打造“国家电网雷锋式服务”品牌活动，设立雷锋式服务岗位标准，推行一站式服务和首问负责制，不断提高员工的服务意识和服务质量。通过开展“雷锋故乡行，亲情进家庭”、“情系用电客户，为您排忧解难”、“雷锋光明行”等学雷锋主题系列活动，送服务上门，为群众提供便捷的用电服务，及时解决客户生产生活中的用电难题，让客户实实在在地感受到供电公司员工身上闪耀的雷锋精神，让员工在实践中体会到“服务人民、助人为乐”的精神实质和深刻内涵。

开展“一把尺”的管理主题实践活动

把雷锋勤勉敬业、精益求精和艰苦奋斗、勤俭节约的精神，融入国家电网公司“集团化、集约化、精益化、标准化”要求中，引导员工树立严格管理企业、依法经营企业，降本增效、增收节支，勤俭办企业的意识。公司结合“人、财、物”集约化管理的要求，组织员工学习雷锋精益求精精神，在计划管理、财务管理、物资管理、ERP系统应用工作中，树立“精益”意识。电网设计人员、生产施工人员，科学设计、精确计算、细致下料，降低成本、减少浪费，生产系统人员及时做好负荷预测和监控，保证电网设备经济运行。公司还积极倡导勤俭节约精神，开展“节约一张纸、节约一度电、节约一寸导线”的“三节约”活动，使员工养成勤俭办企业的好习惯。6年来，公司增收创效达数千万元。通过“一把尺”的管理主题实践活动，在公司内部形成了讲效益、讲效率、讲节约的良好风尚。

开展“一颗钉”的学习主题实践活动

把雷锋干一行爱一行、专一行精一行的敬业精神和在学习上挤和钻的“钉子精神”与国家电网公司提出的“勤奋学习，开拓创新”、“学习型企业建设”要求结合起来，引导员工树立岗位学习意识和终身学习意识；按照国家电网公司建设结构合理、素质优良的经营人才、管理人才、技术人才和技能人才队伍的要求，努力提高员工队伍素质，树立良好学习风气，营造学习型企业氛围。组织开展“争创学习型企业、争当知识型职工”活动，鼓励员工以雷锋为榜样，立足岗位学习，争做学技术、钻业务的行家里手。通过创办员工夜校、建立基层员工书屋、开展“培训年”活动，组织生产运动会、职工技能大赛、开展业务首席师评选等，为员工搭建学技术、学业务平台，激发员工的学习热情，在全公司形成立足本职岗位学业务、比技能、做贡献的风气。

开展“一滴水”的团队主题实践活动

把雷锋的“一滴水只有放进大海才能永远不干涸，一个人只有把自己和集体的事业融合在一起才有力量”的集体主义精神，融入国家电网公司“团结协作，忠诚企业”的要求之中，引导员工树立整体意识、团队意识和协作意识，实现员工之间同心同德、部门之间密切协作、个人与企业共同发展的目标。坚持用雷锋的集体主义精神培养员工热爱企业，团结合作的团队意识。通过“雷锋班组”、“雷锋号先进单位”创建，对团结合作、业绩优秀的基层集体予以表彰奖励，促使员工养成团结协作习惯。鼓励员工像雷锋那样“把别人的困难当成自己的困难，把同志的愉快看成自己的幸福”，组织党员结帮扶对子，组建员工互助基金会和爱心捐助活动，开展困难员工帮扶工作。定期召开“劳动模范家属慰问会”、“员工子女高考金秋助学会”，让员工处处感受到集体的关怀、企业如家庭般的温暖，产生强烈的集体归属感。通过“一滴水”的团队主题实践活动，增强了企业的凝聚力、员工的向心力。

开展“一头牛”的廉洁主题实践活动

把雷锋“只有勤劳、发奋图强，用自己的双手创造财富，为人类的解放事业共产主义贡献自己的一切，这才是最幸福的”勤奋工作、无私奉献精神，融入国家电网公司“干事、干净、廉洁从业”的廉洁理念和价值观，教育员工遵守国家法律法规、遵守公司规章制度，忠诚企业、廉洁奉公、公平正义，做到自律、自警、自省。针对许多岗位掌握国家能源管理权的实际，依托主题实践活动，建立干部廉政档案，推行年度述廉制度，树立勤廉兼优先进典型，组织开展廉洁文化专题教育活动，举办讲座、设立文化长廊、制作文化网页、开辟“廉政专栏”，培养员工廉洁从业的价值观，营造干事、干净的企业环境和廉洁从业的文化氛围。通过开展“一头牛”的廉洁主题实践活动，使“干事、干净，廉洁从业”成为全体员工共同遵守的道德观念、价值标准和从业规范，树立了诚信守法、廉洁经营的社会形象。截至现在，抚顺供电公司创造了连续安全生产 3336 天的历史最高记录，售电量连续 6 年实现快速增长，客户投诉处理和回访满意率连续 6 年达到 100%，在抚顺市行风评比中连续 6 年名列第一，在企业界和社会公众中产生了广泛而积极的影响，彰显出雷锋精神的强大文化影响力。

抚顺供电公司在实施“雷锋工程”、把雷锋精神融入企业文化建设的实践中，积极探索、努力创新，积累了诸多成功经验。

第一，坚持理论先行，注重统一思想，为雷锋精神融入企业文化明确努力目标和奋斗方向雷锋以无私奉献为人生追求，企业以盈利为存在目的，把雷锋精神引入企业文化建设，实现雷锋精神与企业文化的有机融合，首先需要解决理论问题和认识问题。抚顺供电公司经过认真学习、反复研讨，明确了雷锋精神与企业文化相融的可行性、必要性，找到了雷锋精神与企业文化的契合点。雷锋身上体现的热爱党、热爱祖国、热爱社会主义的崇高理想和坚定信念，服务人民、助人为乐的奉献精神，干一行爱一行、专一行精一行的敬业精神，锐意进取、自强不息的创新精神，艰苦奋斗、勤俭节约的创业精神，与国有供电企业文化的价值追求是完全一致的。抚顺供电公司的企业文化建设工作，最根本的是充分利用了抚顺作为雷锋精神发祥地，拥有丰富的雷锋精神资源、厚重的雷锋文化积淀和浓郁的学雷锋氛围的地缘文化优势，积极实施国家电网公司“建设统一的优秀企业文化，为公司发展提供强大的软实力”战略，把国家电网公司倡导的“诚信、责任、创新、奉献”企业核心价值观与抚顺供电公司企业文化建设实际相结合，让雷锋精神成为企业文化的灵魂与血脉，建设具有国有供电企业特点、以浓郁雷锋精神为底蕴的先进企业文化。为此，他们提出了“像雷锋那样做人，像雷锋那样做事，用雷锋精神做强企业”的“三做”理念，规划实施“雷锋工程”，为把雷锋精神融入企业文化建设打下了坚实基础。

第二，坚持党员干部带头、典型引路，为雷锋精神融入企业文化建设树立标杆。雷锋作为一名普通共产党员，自觉践行全心全意为人民服务的宗旨，时时处处发挥党员的模范带头作用，以实际行动彰显了共产党人的精神力量。抚顺供电公司注重发挥领导班子和党员干部的带头表率作用，引导党员干部自觉成为学雷锋活动的积极倡导者、先行示范者、有力推动者，通过创建“四好班子”和“电网先锋党支部”，要求“领导干部带头学雷锋”，有力地带动了“雷锋工程”的顺利实施。为了使广大员工学习有榜样，追赶有目标，公司大力发现和培育先进典型，先后涌现出“国家电网十佳服务之星”王明珠，抚顺市“百姓雷锋”称号获得者董志刚，国家电网公司“青年志愿者服务先进个人”杨传仁，辽宁省电力有限公司“十佳道德模范”刘国明、高山，被用户亲切地称为“电业110”的营业所长邵志强等一大批先进典型个人和城东供电分公司等12家省、市“雷锋号”先进集体，形成了“人人学雷锋，人人争当雷锋”的生动局面。

第三，坚持制度创新，实现学雷锋活动常态化、机制化，为雷锋精神融入企业文化提供重要保障。学习雷锋，重在实践，贵在坚持。制度化是实现学雷锋活动常态化、把雷锋精神全面融入企业文化建设的保证。为确保学雷锋活动深入持久、扎实有效的开展，抚顺供电公司积极开展制度创新，按照国家电网公司管理标准和建立健全现代供电企业制度要求，全面整理、修订、完善公司制度，把雷锋精神这一文化元素植入企业制度，形成了规范的企业文化建设制度体系。公司重点建立了总经理、党委书记挂帅的活动组织领导体系，每年制订具体的学雷锋活动方案，实行目标化管理，把各单位、每位员工在“雷锋工程”创建工作中的贡献大小直接与经济利益和评先评优挂钩，根据考评结果进行奖罚，使软任务成为硬指标。公司还制订了《雷锋式服务工作标准》，并印刷成手册，发放到基层单位，全方位打造“雷锋式服务”品牌，把岗位学雷锋的要求具体化、标准化、规范化，形成了学雷锋活动的制度化机制。

第四，采取得力措施，加大激励力度，为雷锋精神融入企业文化提供精神动力。有效地激发和鼓励，是推动“雷锋工程”向广度和深度发展的重要动力。抚顺供电公司注重制定相关政策、采取具体措施，对在岗位模范践行雷锋精神、创造优秀业绩的员工，在职务晋升、个人成长、福利待遇、学习深造等方面予以优先考虑和大力支持，激发员工学雷锋活动的积极性、创造性。公司还按照不同层级，不同类别，分别设置了“雷锋号标兵单位”、“雷锋奖章暨劳动模范”、“雷锋号先进单位”、“雷锋号标兵部室”、“雷锋号先进部室”、“雷锋班组”、“雷锋式服务先进集体”、“雷锋式服务先进个人”、“雷锋式服务特色创新奖”等9个奖项，奖励实施“雷锋工程”的优秀团队和个人。通过有效的激励措施，最大限度地调动员工参与学雷锋活动的积极性、主动性，推动了学雷锋活动广泛、深入、持久地开展。

第五，坚持与企业生产经营工作紧密结合，立足岗位学雷锋，形成全员学雷锋的文化风尚雷锋精神来自实践，最大的价值也体现在实践之中。抚顺供电公司实施“雷锋工程”，把雷锋精神融入企业文化建设，最突出的特点是，把学雷锋活动与做好企业日常生产经营工作、服务经济社会发展结合起来，使学雷锋活动与实际工作取得了相互促进、相得益彰的效果。公司按照不同层级、不同类别，针对不同岗位，制定具体标准，提出不同要求，把学雷锋活动贯彻到企业生产经营全过程、每个环节、每个员工，做到与生产经营工作同策划、同部署、同实施、同检查、同考核、同表彰。重点围绕企业生产经营工作开展学雷锋“六个一”主题实践活动，让员工在立足岗位、奉献企业、服务社会的工作实践中领会雷锋精神真谛、把握雷锋精神实质、做雷锋精神传人，进一步提高学雷锋活动的覆盖面和影响力，形成全体员工“自愿学雷锋，主动学雷锋”的良好风尚。

抚顺供电公司在实施“雷锋工程”、用雷锋精神重塑企业文化的过程中，注重在实践性、群众性、持久性、实效性上下功夫，探索形成了一条推进学雷锋活动常态化机制化和社会主义核心价值体系具体化大众化的现实路径，对于在新的历史条件下，如何大力弘扬雷锋精神、推动社会主义核心价值体系建设不断向广度和深度发展、创新中国特色企业文化，具有重要的启示作用。

其一，企业文化建设必须树立正确的价值导向，坚持企业核心价值观与社会主义核心价值体系的一致性社会主义核心价值体系是社会主义先进文化的精髓，雷锋身上体现的坚定理想信念、昂扬精神斗志和高尚道德追求，反映了社会主义核心价值体系的根本要求。抚顺供电公司通过实施“雷锋工程”，把雷锋精神转化为企业的核心价值理念和企业文化的灵魂与血脉，是社会主义核心价值体系建设在企业的生动实践。抚顺供电公司的成功经验说明，建设中国特色企业文化，必须坚持以社会主义核心价值体系为主导，确立正确的企业核心价值观，才能保证企业文化发展的先进方向。

其二，企业文化建设必须契合员工自发自觉的精神文化需求，坚持企业文化价值观与企业文化建设主体的统一企业文化建设的主体是广大员工，员工的文化背景、精神需求及文化行为选择与企业文化价值观息息相关。抚顺供电公司有数十年的学雷锋光荣传统，员工对雷锋精神有着天然的认同感，学雷锋活动是员工自发自觉的精神追求。抚顺供电公司实施“雷锋工程”、把雷锋精神融入企业文化建设的实践活动，满足了员工的精神文化需求，与员工自发的、朴素的心理认同高度契合，得到员工的积极响应和参与，其成功具有必然性。抚顺供电公司的实践说明，建设中国特色企业文化，必须根植于员工精神文化生活的土壤，接地气、合民意、善引导，把先进的企业文化理念与员工积极健康的精神文化追求有机融合，焕发全体员工积极参与企业文化建设的热情，才能事半功倍，取得成效。

其三，企业文化建设必须科学利用优秀传统文化资源，注重与企业文化的合理对接与实践创新优秀传统文化凝聚着中华民族自强不息的精神追求和历久弥新的精神财富，是发展社会主义先进文化的深厚基础。雷锋精神是以爱国主义为核心的民族精神和以改革创新为核心的时代精神的重要组成部分，是我们党和人民极为宝贵的精神财富。抚顺供电公司充分利用地缘文化优势，引入雷锋精神这一重要文化资源，与企业文化进行科学对接、有效融合，积极开展实践创新，实现了用雷锋文化育人、用雷锋精神做强企业的目标。抚顺供电公司的实践证明，建设中国特色企业文化，必须加强对优秀传统文化尤其是革命传统文化思想价值的挖掘和阐发，使优秀传统文化成为企业文化的重要基因，为企业文化凝魄聚魂、强筋壮骨。

其四，企业文化建设必须结合企业实际，找到一条切实可行的实现路径企业文化具有企业自身的鲜明个性与特点，企业文化建设的关键在于找到一条符合企业实际的可行性路径。抚顺供电公司作为国有供电企业，负有重要的经济责任、政治责任和社会责任，安全生产、服务到位、廉洁从业是国家和社会对企业的基本要求。公司立足企业生产经营实际，紧密结合行业安全生产、营销服务、企业管理、团队建设、知识学习、廉洁教育推出了“一片情”的安全生产主题实践活动、“一缕风”的营销服务主题实践活动、“一把尺”的管理主题实践活动、“一颗钉”的学习主题实践活动、“一滴水”的团队主题实践活动、“一头牛”的廉洁主题实践活动，把雷锋精神有机融入企业文化，形成了抚顺供电公司具有“雷锋精神标识”和“雷锋精神特质”的企业文化。抚顺供电公司的实践证明，企业文化建设必须与企业的产权属性、行业特点、文化地域环境、生产经营活动紧密结合，才能形成有生命力、有自身特点的企业文化。

其五，企业文化建设必须注重制度设计和制度安排，保证企业文化建设的连续性和持久性企业文化落地，制度是根本保障。抚顺供电公司按照现代供电企业制度要求，从企业文化建设与企业文化管理角度出发实施“雷锋工程”，把雷锋精神融入企业生产经营活动，制定雷锋式服务工作标准，建立健全实施“雷锋工程”的各项规章制度，形成实施“雷锋工程”的领导机制、组织实施机制、奖惩激励机制，探索形成了有思想引领、有计划安排、有组织实施、有督促检查、有奖惩激励的立体推进模式，实现了“雷锋工程”的项目化、制度化、规范化。抚顺供电公司的实践证明，企业文化建设必须有系统的制度保障，做到固化于制，才能真正实现长效化。

单丝不成线，独木不成林。辽宁省电力有限公司也以雷锋工程为载体，创造为雷锋精神融入企业文化之中。

长期以来，辽宁电力公司以实施雷锋工程为载体，创造性地把雷锋精神融入企业文化建设，不断探索“学习雷锋常态化、雷锋精神企业化”有效途径，着力培育具有雷锋精神的国家电网人，积极构筑中央企业责任高地，努力践行社会主义核心价值体系，促进世界一流电网公司建设，取得精神文明和物质文明、社会效益和经济效益双丰收。

传承：从民族时代精神中挖掘企业成长内生动力

雷锋精神是中国传统文化精髓在现代社会的升华与体现，它源于一个发展时期，但其意义和影响却远远超越了它所处的时代，它被实践确立为社会主义新文化的精神坐标，成为中华民族精神和时代精神的重要内容。依托辽宁得天独厚的雷锋精神资源和地缘文化优势，辽宁电力公司的广大员工对于雷锋和雷锋精神有着天然的情感认同和价值认同，成为雷锋精神忠实的传承者、弘扬者、实践者和创造者。鞍山、辽阳、营口、抚顺，这是雷锋生前在辽宁生活和工作过的4座城市。鞍山供电公司台安供电分公司经理赵洋资助过的贫困学子、灾区儿童、五保老人、重症患者、病困职工不计其数。自1994年开始，累计捐资20余万元。在他的带动下，台安供电分公司乐善助人、互帮互助已蔚然成风，2009年被中央文明委授予“全国精神文明建设工作先进单位”。辽阳供电公司穆家供电所所长赵增海是从雷锋团复员的，以他名字命名的共产党员服务队，帮扶鳏寡孤独20余人，义务为当地小学无偿献工100余次，先后获得锦旗35面，被评为辽阳市道德模范。在营口供电公司，“感动式服务”品牌深受群众赞誉，一心为公的普通员工刘家强荣获辽宁省道德模范提名奖。在抚顺供电公司，更是涌现出一大批“雷锋式”员工，如“百姓雷锋”杨传仁、董志刚，“电业百灵”王明珠、“救人勇士”高山等。在沈阳供电公司，有爱心接力50载、三代电业职工服务盲人大院、获评2011年十大“感动沈阳”人物的郭家供电营业所；在大连供电公司，有从内陆安家海岛、31如一日照顾孤寡老人的“海岛活雷锋”长海供电分公司调度室主任刘龙；在阜新供电公司，有三十年累死三匹马、倾情服务大漠偏远客户的“马背电工”葛春；在盘锦供电公司，有发扬“钉子精神”爱岗敬业、多项科研成果获得国家专利的“辽宁省十大蓝领明星”姜广敏……在辽宁电力公司有千千万万个雷锋在成长。

融入：雷锋精神蕴含着国家电网文化价值取向

国家电网公司企业文化，是在公司创新发展和改革转型中逐渐积淀形成的，是几代电力人拼搏奉献精神的集中升华，其内容包含了公司的社会责任和宗旨使命，公司的目标愿景和经营理念，公司的企业精神与核心价值观等多个层面和多个角度。这与以“全心全意为人民服务”为核心的雷锋精神有着广泛的相融性。

多年来，辽宁电力公司不断挖掘和探索雷锋精神的内涵和实质，将雷锋精神作为引导员工认知、认同国网公司核心价值理念的桥梁和纽带，坚持在学雷锋载体设计上下功夫，选择不形式在公司系统试点实践，广泛推广，有力促进了国网公司“五统一”企业文化在辽宁电力公司的传播和落地。2009 年，辽宁电力公司提出“企业文化示范基地建设”的创新发展目标，将抚顺供电公司、营口供电公司列为首批企业文化示范基地建设单位。抚顺供电公司“雷锋工程”建设经验开始在全公司进行宣传推广，很快在全国产生影响。这一经验已经连续五次在全国文明办主任培训班上进行汇报交流，被国家电网公司推荐为“全国企业文化建设示范单位”；营口供电公司“感动式服务”在国家商标总局注册，2012 年作为全省供电服务品牌，成为国家电网公司企业文化落地工程重点项目，在全省各供电公司全面推广。按照国家电网公司党组《关于深入推进雷锋精神融入企业文化的意见》，辽宁电力公司提出将雷锋精神全面融入创先争优活动之中，融入实施“95598”光明服务工程之中，融入加强员工队伍能力素质建设的强企战略之中，融入创建学习型企业的目标之中，融入“三集五大”体系建设创新工程的管理之中，不断推进雷锋精神融入企业文化的项目化、机制化、模块化、标杆化、精益化，拓展和延伸了“学习雷锋常态化、雷锋精神企业化”的有效途径。

聚变：通过制度机制将文化变为核心竞争力

在深入开展学雷锋活动、探索将雷锋精神融入企业文化的创新实践中，辽宁电力公司收获了一条宝贵的启示，那就是：只有用科学的制度机制予以保障，才能实现雷锋“三月来了永不走”，才能使企业文化软实力转化为核心竞争力。辽宁电力公司坚持不断强化学雷锋组织领导体系，依托公司精神文明建设领导小组，建立主要领导挂帅，覆盖全公司的省、地市、县区三级学雷锋组织网络；不断细化学雷锋长效管理机制，将企业学雷锋任务逐项分解，明确完成时限、责任落实到人，与公司生产经营中心工作同策划同部署、同实施同检查、同考核同奖惩，使软任务变成了硬指标；不断优化学雷锋成长激励机制，对模范践行雷锋精神、创造优秀工作业绩的员工，在成长使用、职业发展上给予优先培养，使这些先进典型受到人们尊敬、得到有效激励、成为事业脊梁；不断固化学雷锋典型选树机制，每两年组织评选一次“十佳道德模范”，选树和推广了一大批深受干部员工认可的社会公德、职业道德、家庭美德、个人品德楷模；不断深化学雷锋舆论引导机制，用多种载体形式对员工进行雷锋事迹、雷锋精神内涵，以及公司学雷锋先进典型的广泛宣传，引导大家在工作中想着雷锋、在成绩里看到雷锋、在岗位上争当雷锋。科学的制度机制将辽宁电力公司学雷锋传统不断聚合，并在2008—2010 年“三年再上新台阶”的赶超进程中，释放出巨大的能量。三年间，辽宁电网总体规模实现翻番，告别了拉闸限电的历史；电网的安全水平、装备水平、供电能力、电能质量和抵御自然灾害能力大幅提升，满足了全省经济社会快速发展的电力需求；公司管理效率和效益持续提高，服务水准不断提升，成为国家电网公司“综合管理”标杆单位。

提升：立足科学发展构筑央企的责任高地

长期以来，我们坚定地选择传承和实践雷锋精神、大力弘扬国网公司统一的企业文化，服务全省工作大局，助力“三大区域”发展，加大电网建设改造力度，满足全省重点项目供电需求，有效提升了服务和保障能力。公司全力支持东水西调、保障性安居工程等民生工程建设，提供优质配套服务，坚持服务“三农”，在全国率先完成了 35.9 万农村客户“低电压”综合治理工作，建成电气化县 7 个、电气化乡 66 个、电气化村 676 个，被省委省政府授予设施农业建设“突出贡献单位”和推进保障性安居工程工作“先进单位”。认真贯彻“三个十条”，建立“一口对外”营销服务机制，开展“万名客户评电力”活动，宣传“你用电、我用心”服务理念，服务承诺综合兑现率、回访率、满意率均为 100%，公司荣获“2011 年辽宁省用户满意企业”称号，继行风评议十三连冠之后，连续两年获得免评资格。雷锋精神中包含着我们共同的价值追求、普遍的人生思考，是植根于人性深处的精神动力和道德准绳。辽宁电力公司“学习雷锋常态化、雷锋精神企业化”的探索与实践，让更多的员工带着“春天般的温暖”走进了企业、走进了乡村、走进了学校、走进了社区、走进了百姓家庭，使“国家电网”品牌更具社会感染力。实践证明，深入挖掘雷锋精神的时代价值，赋予其鲜明的企业特色，不但能有效地滋养员工的精神世界，构建企业的责任高地，筑牢企业的道德基石，更能让企业保持基业长青、获得科学发展的强大动力。

用雷锋精神引领企业文化，今天已经成为众多企业的共识，就冶金企业来讲，就有许多成功的经验和做法，鞍钢作为雷锋工作和生活过的地方，在这块沃土上，雷锋精神代代相传，不尽成为推动鞍钢发展的强大精神动力，而且极大地丰富了和发展了鞍钢企业文化的内涵。在鞍钢精神已经融入“创新、求实、拼搏、奉献”的企业精神中，融入“建精品基地，创世界品牌”的企业目标中，融入“钢铁强国、造福社会”的企业核心价值中，融入“以精品回报客户，以诚信实现双赢”的经营理念和“以人为本、追求卓越、严格标准、严格执行”的管理理念中，他们集中体现了几代鞍钢人精神风貌的本质特征，经过不断宣传和培育，雷锋精神在鞍钢得以弘扬和传承。最近，中央文明建设指导委员会授予的鞍山钢铁工人郭明义同志“当代雷锋”称号，鞍钢齐大山铁矿采场公路管理员郭明义就是一个学习实践雷锋精神的优秀代表。30年来，郭明义牢记全心全意为人民服务的宗旨，时时处处以雷锋为榜样，忠于职守，爱岗敬业，关爱他人，无私奉献，勤俭节约，艰苦奋斗，在平凡的工作岗位上做出了不平凡的业绩。郭明义以雷锋精神为榜样，把扶危济贫，助人为乐当成毕生天职，捐款 12 万元，资助了 180 多名贫困生，给 400 多个贫困家庭送去温暖和希望；他无偿献血和捐献血小板折合的总量达到 6 万多毫升，相当于自身全部血量的 10 倍；他是鞍山市第一批造血干细胞捐献志愿者、第一批眼角膜捐献志愿者、第一批遗体器官捐献志愿者。他发起成立的郭明义爱心团队，已经有来自全国 16 个省市自治区的 6 万多名志愿者参与，累计捐款 200 多万元，建设希望小学 2 所，资助贫困学生 6000 多人，救助困难群众 4000 多人，参加造血干细胞样本捐献的志愿者 5000 多人，参加遗体器官捐献的志愿者 800 多人，参加献爱心活动的人员超过 20 万人次。2012 年 3 月 2 日，中央文明委授予郭明义“当代雷锋”的称号。国务院国资委发出倡议，向“当代雷锋”郭明义同志学习，使一个鲜红的英模人物潜移默化地根植于广大职工的心中成为广大职工做人做事的学习榜样，努力追赶的方向和目标，激励着更多英模的成长和涌现，有效促进了鞍钢职工队伍整体的提高。

首钢矿业公司在杏山铁矿的建设中，用实际行动践行雷锋精神，时时处处把雷锋精神体现在爱岗敬业中，体现在刻苦钻研中，体现在无私奉献中，以艰苦奋斗，拼搏奉献，百折不挠，自强不息的企业精神，苦干多年，建成首钢第一个地下铁矿，在新领域新起点上，用雷锋精神培养首钢第一代地采人才。

河北钢铁宣钢炼钢厂把开展学雷锋活动，作为企业文化建设，加强思想政治工作的有效形式和教育培养职工的重要途径。通过每月评选一名文明职工，让雷锋精神扎根企业，让雷锋任务引领职工，形成学习雷锋的“惯性”氛围和长效机制，在为企业带来效益的同时，还涌现出了连续十年爱心助学的好职工刘千里，20 年兢兢业业坚守炉台的炼钢工王向军，冻自己不能冻设备的设备管理员李鸿斌等一大批学雷锋的先进典型。

太钢多年把传承雷锋精神，占领道德建设高低作为企业文化的重要工作来抓，通过不断加强企业文化道德建设，提升企业软实力，爱岗敬业，无私奉献的精神已深深地扎根在太钢人的心中，雷锋精神使太钢文化道德建设的软实力有效提升，增强了凝聚力，最终形成了核心竞争力，加速助推了太钢经济发展的硬增长，连续 5 年实现营业收入超千亿，连续 3 年不锈钢全球第一。

雷锋精神不仅仅在企业内部得到了企业员工的一致认可，与此同时，以雷锋精神为媒介，向社会传播一系列的正能量。如辽宁虎跃公司是经辽宁省政府批准，由辽宁省交通运输服务中心及全省 13 个市的专业客运企业以资产为纽带共同发起设立的股份制企业，国有控股企业，国家道路旅客运输一级企业，交通部重点联系企业。全国道路运输百强诚信企业（2011 年度）排名 30 位。公司现有员工 1360 余人（不含各子公司），有营运车辆 500 余台，全部为沃尔沃、凯斯鲍尔、金龙、宇通等高档豪华车辆，集约化、规模化、网络化经营的格局已基本形成。

截至目前，公司全资、控股及参股子公司 18 家，产业包括道路客运、旅游、公交、物流及经济型酒店，已经成为东北地区规模最大、实力最强、品牌知名度最高的道路客运企业。2011 年虎跃公司被中国交通企业管理协会授予 2011 年度全国交通运输节能减排优秀贡献企业。2010 年虎跃公司被交通运输部授予“全国交通运输行业文明单位”和“交通运输文化建设示范单位”称号，被省交通运输管理局授予全省道路运输经营信誉考核 AAA 级企业。虎跃公司还先后荣获过全国交通系统先进集体、全国交通行业文明示范窗口、省级文明单位标兵、免检企业、纳税大户、辽宁省交通系统建功立业先进集体、北京奥运会交通保障车队、辽宁省交通安全企业示范单位、辽宁省希望工程突出贡献单位、沈阳市地方税收纳税 50 强企业等多项荣誉称号。

企业发展需要雷锋精神，企业文化建设需要雷锋精神，众多企业用雷锋精神引领企业文化建设的实践证明，持之以恒学习雷锋，弘扬雷锋精神，是企业文化建设永葆活力的根本。因为虎跃公司以雷锋精神为核心的企业文化，让虎跃公司收到了社会的良好认可。

2008 年 8 月 8 日—8 月 24 日，万众瞩目的第 29 届奥运会在北京成功举办。北京奥运会以“绿色奥运、科技奥运、人文奥运”的鲜明理念实现了“有特色、高水平”的庄严承诺，唱响了“同一个世界、同一个梦想”的宏伟乐章。在中华体育健儿在赛场上奋力拼搏、屡创佳绩的同时，广大奥运志愿者也以热情真诚良好的服务，为国家赢得了尊严和友谊。

根据奥组委的统一安排，北京大学光荣地承担了国家体育场（鸟巢)、北大体育馆、顺义奥林匹克水上公园等场馆的志愿服务工作，辽宁省交通运输部门对接北大奥运志愿者通勤保障工作。赛会期间，在辽宁省运管局的坚强领导下，贵公司与辽宁鞍山龙腾集团、大连交运集团通力合作，为北大奥运赛会志愿者安全出行、顺利往返构筑起一条稳固、便捷、和谐的绿色通道，为国家体育场等奥运场馆的志愿服务的顺利开展提供了坚实的保障。

因为虎跃公司的细致工作，在奥运会期间，收到了北京大学的感谢信诚挚感谢贵公司参与辽宁奥运志愿者通勤服务车队的每一位司乘人员的辛勤工作！自正式运行以来，司乘人员鸡鸣而起，披星而归，连续作战，克服了服务时间长、计划变化快等困难，始终保持着昂扬饱满的工作热情和认真负责的工作态度。他们每一个真诚的微笑，每一声关切的问候、既体现着辽宁车队和贵公司服务奥运、志愿奥运的赤诚之心，也凝聚着司乘人员与我校志愿者的深厚友谊。司乘人员的努力付出、诚挚服务，是北大奥运志愿者安全出行的最大保障，也激励着志愿者们全身心地投入赛会服务，为国家和民族贡献自己最大的力量。

特别感谢贵公司车队管理人员王宏志同志！连日来，他不辞辛苦，尽职尽责，科学统筹次日班车运行计划，妥善协调司乘人员的出车休整，灵活化解工作中出现的紧急情况，有力保证了北大奥运志愿者通勤运输工作安全平稳运行。

贵公司车队车辆整洁美观，工作人员友善爽直、周到体贴，在服务过程中展现了贵公司运输工作人员良好的精神风貌和一流的职业素养，展现了贵公司严谨务实的工作作风和拼搏进取的可贵精神。为了表达我校及广大志愿者对辽宁奥运志愿者通勤服务车队和贵公司的真挚谢意，特制此信，衷心祝愿贵公司的事业蓬勃发展、蒸蒸日上！祝愿贵公司所有工作人员身体健康、工作顺利、万事如意！

企业是全面建设小康社会的重要力量，是中国特色社会主义的重要支柱，多年来，雷锋精神在中央企业的接力传承，广为弘扬，成为推动企业发展的强大力量。当前，国有企业正站在新的起点上，促进科学发展，加快转变经济发展方式，实现又好又快发展迫切需要强大的精神力量来支撑，来推动。要把深入开展学雷锋活动，大力弘扬雷锋精神，作为加强思想政治工作和企业文化建设经常性工作。作为推进社会主义核心价值体系建设的重要举措。同企业改革和中心工作结合起来，让雷锋精神更加深入地融入企业的发展实践。

参考文献:

1.《用雷锋精神引领企业文化》,《冶金企业文化》2012 年第 2 期。

2.《让雷锋精神成为企业文化的灵魂和血脉》,《求是》2012 年第 9 期。

3.《雷锋精神与企业文化营建》,《西南民族学院学报(哲学社会科学版)》1998 年第 12 期。

4.《从雷锋的精神世界看雷锋精神生成》,《长春工业大学学报(社会科学版)》2012 年第 3 期。

5.《雷锋精神内涵和中国石油企业文化构建》,《工程价值》2012 年第 32 期。

6.《让雷锋精神成为企业文化的灵魂》,《光明日报》2012 年 5 月 8 日。

7.《企业文化建设与企业思想政治工作的异同点》,《热点关注》2007 年第 10 期。

8.《走进雷锋认识雷锋实践雷锋精神》,《弘扬精神》2006 年第 2 期。

9.《雷锋精神是制造的还是生成的》,《理论思想与政治教育》第 370 期。

第三章 以雷锋精神育人引路

第一节 以雷锋精神育人引路

一、踏寻雷锋的足迹 举起鲜红的旗帜

不该过多强调你的身份
你 是个苦孩子
你 是一介平民
清清白白 空手而去
留下的 唯有富可敌国的精神

全中国都在享用这份财富
全人类都在分享这份真纯
让忧患远离 快乐垂临
你的动力之源啊
取之不竭 用之不尽

（蓝歌《丰碑与交响》）

真诚、善良、友爱的雷锋，在几代人的口中，一直是“雷锋叔叔”，可亲又可近。“平凡的仁者”雷锋，在他短暂的一生中，用一腔

对祖国、对人民的挚爱，矗立起一座不朽的道德丰碑。

平凡仁者，人皆可学。在绵延不绝的学雷锋活动中，他们是一个个鲜活的个体，他们或许是为抢救落入粪池的掏粪老农而献出24岁生命的大学生张华，或许是40年甘当“老人小棉袄、残疾人手中拐杖”的孙茂芳，或许是艰难蹬行“支教三轮车”的白芳礼，或许是自筹资金创办乡村图书馆的年轻白领李英强，或许是进行各种捐赠的中国“首善”陈光标。放眼望去，我们不难看到贵州大山深处孤身支教的徐本禹面对孩子们的清澈目光，我们不难发现浙江汉洲吴菊萍奋不顾身接住坠楼女童的大爱双臂，我们也不难体会四川彭州市女警察蒋敏强忍失去10名亲人的悲痛，并为她日夜奋战在抗震救灾前线的柔弱身体而担忧。当我们将目光投向这片深沉的土地，我们会看到雷锋的身影从未消失，生命无悔、大爱无疆的旗帜始终迎风飘扬，将辖区群众当亲人，并帮助88名深受多年眼疾之痛的老人重见光明的周斌，把群众的事当自己的事来办，破获了一大批侵财案件的内蒙古满都宝力格边防派出所布仁达来，用生命诠释了决不放弃诺言的云南保山边防支队案件侦查队陈锡华，他们是这个世界上最美的人，他们被冠以最美妈妈、最美战士等称号，他们的名字被众口相传，成为我们这个时代最耀眼的明星，他们诠释了新时代的雷锋精神，让这面人性旗帜得以永放光芒……雷锋精神，已成为流淌在中国人血脉中的基因，只要有人群的地方，就有雷锋。这是一个大众化的雷锋，这是一个时代化的雷锋，这是一个个性化的雷锋。他们不是雷锋，他们又都是雷锋。

一个人的快乐，不是因为他拥有的多，而是因为他计较的少。一个企业的成功，不仅是他创造的财富多，还应是他贡献的价值大。当今，企业文化铺天盖地，每个企业文化均各具特色，拥有独到之处，其间蕴藏丰富的含金量，暗含“独门秘籍”和“杀手锏”。迪尔和肯尼迪在《公司文化》一书中指出，企业文化是由五个因素组成的系统，其中，价值观、英雄人物、习俗仪式和文化网络，是它的四个必要的因素，而企业环境则是形成企业文化的最大的影响因素。威廉·大内认为，企业的传统和氛围产生一个企业的企业文化。企业文化表明企业的风格，如

激进、保守、迅速等，这些风格是企业中行为、言论、活动的固定模式。管理人员以自己为榜样把这个固定模式传输给一代又一代的企业员工。杭州娃哈哈集团公司总经理宗庆后说：企业是树，文化是根；企业是大厦，文化是地基；企业是躯体，文化是灵魂。这是宗庆后同志长期企业经营管理实践的体会和总结。

企业文化是一个企业团队在经营过程中体现出来的一种文化，可以分成四个层面。第一层是表层的，即物质上的，这也是最可变的部分；第二层是浅层的，即行为文化；第三层是中层文化，即制度文化；第三是深层文化，即精神文化。这是精髓部分，也是变化最小的部分。雷锋精神的内涵是：全心全意为人民服务，为人民的事业无私奉献，具体体现为奉献精神、钉子精神、螺丝钉精神、艰苦奋斗精神，这些都是对雷锋精神最完美的诠释。毫无疑问，在企业，员工争做雷锋式员工，换一个角度看雷锋，换一个角度学雷锋，雷锋离我们真的很近。

抚顺供电公司党委书记李和志说：无论是他代表的伟大精神，还是令人钦佩的优秀品质，都非常值得人们学习，尤其是值得企业的员工学习。可以说，雷锋的所作所为，所思所想，是企业员工做人做事最好的榜样和楷模。把雷锋文化借鉴引入到企业文化建设中，必将增强企业软实力，推动企业健康快速发展。学雷锋也是有方法的，是简单的扫地、打水、扶老大娘吗？答案不言而喻，是干一行爱一行钻一行，是忠诚、敬业、进取、奉献，是把握好自己的角色，是把有限的生命投入到无限的为人民服务之中去，是赋予雷锋精神时代的特色，在时代的主旋律中学雷锋，学雷锋活动坚持常态化，学雷锋方法坚持多样化，学雷锋内容坚持群众化。

二、拨一盏灯亮一大片

人总是不停地思索，
人总是不断的寻觅。
如何体现人生价值？
如何展现企业风采？

有一类人说：今朝有酒今朝醉。

有一层次曰：但求无愧我心。

有一种人却是这样的：你渴了，他就是一滴水；你饿了，他就是一粒粮；你心里暗了，冷了，他就是一团火，一线阳光。他那永存的魅力，让人永远地思念。

“请你告诉我，我该走哪条路?”

“那要看你想去哪里?”猫说。

“去哪儿无所谓。”爱丽丝说。

“那么走哪条路也就无所谓了。”猫说。

——摘自刘易斯·卡罗尔的《爱丽丝漫游奇境记》

这个故事讲的是人要有明确的目标，当一个人没有明确目标的时候，自己不知道该怎么做，别人也无法帮到你！天助先要自助，当自己没有清晰的目标方向的时候，别人说的再好也是别人的观点，不能转化自己的有效行动。

人生在世，跌宕起伏，扑朔迷离，而人生的价值也正体现在奉献之中，他既表现为在国家和人民需要的关键时刻挺身而出，也融会和渗透到人们的日常生活中，我们唯有不断为他人，集体，国家和社会作奉献，人生才会更光彩，自身的价值才能更好实现，而奉献是一种真诚自愿的付出行为，是一种崇高的精神境界，是美好的人生追求。

鲁迅说过：“在人生的路上，将血一滴一滴地滴过去，去饲别人，虽自觉渐渐瘦弱，也以为快活。”是的，奉献有时是一种牺牲，但是，唯有如此，我们的生活才会更加充实，灵魂的价值才能得以升格。大凌河，古称白狼水，千百年来蜿蜒流淌，其沿流经过，山川壮丽，物产丰饶，舟楫之利，滋养之功，载在史籍。凌海市，旧时边塞苦寒之地，今日繁华之滨海小城，镶嵌在渤海湾畔的一颗明珠。近年来凌海经济发展迅猛，凌海国税局是为国聚财铁军之一，他们以雷锋精神育人引路，书写了情满凌河畔的动人篇章。他们勇往直前的足迹，亦是一条踏寻雷锋的足迹。

学雷锋活动坚持常态化。锦州，辽沈战役中的一个英雄城市，改革开放建设中的一个奋进城市，在精神文明建设中涌现了许多著名典型—辽宁省凌海市国家税务局就是其中之一，是典型的雷锋式团队，他们在不断探索学雷锋的新思路、新方法、新途径，并取得了成效。撩动起人们心弦的，常常并不是那些重大的、惊天动地的事件，而是伴随在我们身边的、甚至我们日常司空见惯的东西、或是我们不屑为之的“小事”。这些“小事”被我们发现了，被我们感受到了，那么这心灵的弦自然要撩动起感念的诗篇、激情的诗篇。

一花一世界，一叶一菩提，我们正是从这里窥视到了人性中真善美的一面，激起联想的涟漪、感动的轩然大波，辽宁省凌海市国家税务局局长薛盛伟其实是个很普通的人，他的职务并不是十分显眼，只是一个县区级国税局的局长，但是他却以30年默默学雷锋、弘扬雷锋精神的执著获得了一系列不普通的荣誉：锦州市第十二、第十三、第十四届人大代表，全国唯一的雷锋班名誉班长，两度荣获辽宁省“雷锋奖章”，是辽宁省优秀共产党员、辽宁省精神文明建设工作先进个人。薛盛伟所带领的不过是一支不足150人的干部队伍，每年所组织的税收收入也不过是4亿—5亿元，这个数字在国家每年税收总量中不过是沧海一粟，100多人的队伍在中国庞大的税收队伍中就好似江河中的一朵浪花，但恰恰是这支队伍以学习、弘扬、传播、实践雷锋精神为己任，创造了一系列不平凡的业绩：连续9年行风政风测评全市第一，多次荣获“辽宁省文明单位标兵”称号，2009年被中央文明委评为“全国精神文明建设工作先进单位”，2010年被辽宁省国家税务局评为“雷锋式团队”，2011年被评为省学习型党组织示范点，2011年被中国志愿者协会确立为全国首批志愿服务实习训练基地。

雷锋事迹在大江南北拨动着炎黄子孙的心弦，任何党派、任何阶层、任何团体、任何企业、任何个人都能从雷锋精神中深深体味到榜样的力量。雷锋来到这个世界平平凡凡；他走在这个世界、普普通通；他离开这个世界，平平静静。然而，他却用无数平凡的小事，用无悔无憾的人生，开创了一代新风。数风流人物，还看今朝。雷锋不是英雄，他是一位楷模，时代撞击了他，他又用自己的声波去震动时代。雷锋的境界启示人们，谁将声震人间，必长久深自平实；谁终将点燃闪电，必长久如云淡泊。薛盛伟个人学雷锋30载，带领他的团队学雷锋16载，不用行政手段、法律规范、纪律约束，更不用金钱和物质去驱使，而是用敬业、奉献去启迪，引导干部用思想认同，心灵契接，行动碰撞。

当你走进凌海市国税局，当你走近薛盛伟和他的同事，走进他们的内心世界，你肯定不会平静下来。每个人对人生的诸多考虑，也许又会重新浮现在你的脑海中，这是一个你绕不过去的课题，你必须去考虑、去思索、去选择。这里的走廊、大厅、办公室每一个角落都有雷锋精神的元素存在。一楼的大厅里“为人民服务”五个金色大字璀璨夺目，雷锋生前所在团赠送的雷锋塑像引人驻足，办税服务厅上方悬挂着醒目的绿地白字条幅“雷锋工程正在进行中”，象征着他们每时每刻都在践行着“忠诚、敬业、进取、奉献”的辽宁国税精神，40多块雷锋日记展板静静地陪伴着他们处理税收业务、为纳税人服务。

走近了他们，你好像就走进了雷锋精神的世界，在这里你会感受到一片火热、一片激情、一种奉献、一种执著。毫不客气地说，在他的身上，和在他的四周，雷锋精神已成为了现代文化精髓的一部分。他们甚至可以说跨越了这个范畴，用自己的行动感动世人，让我们不能不从他和他的团队长年累月的所作所为中，窥视到一种更美好的文化、更为震撼的力量，这是一种怎样的追求呢？正如胡锦涛同志在阐述雷锋精神意义的时候指出的那样：“一个只有22年短暂生命的普通共产党员，能赢得亿万人民如此崇高和长久的敬意，一个普通的战士所表现的高贵品质，能够激励几代人的健康成长，一个群众性的活动，能够在几十年历史进程中延续不断，影响一个时代的社会风尚，这表明雷锋精神对于我们这个民族和社会过去具有、现在仍然具有重大价值和时代意义。”应该说，薛盛伟就是将对这种意义的理解转化为自己的一言一行，带领着自己的团队，向新的境界不停地登攀。

历史已经走过了近50个年头，历经了十年动乱，跨越了“从计划经济向市场经济”的改革，中华民族迈上了全面建设小康社会的新征程。时代的变迁、社会的转型，学雷锋活动有过高潮，也有过挫折，但是以“全心全意为人民服务”为核心的雷锋精神永远不会过时。传承体现真善美的雷锋精神，始终是社会的价值呼唤，时代的道德理想。

与雷锋生前所在团进行军税共建。军税共建，鱼水情深，军税共扬，雷锋精神，军税共结，学雷锋之情，雷锋生前所在团与凌海国税局结下了深厚的学雷锋渊源。

1981年，从军队转业的薛盛伟被分配到锦州税务局工作。这样的人生转身，对薛盛伟来说，有着更多的思考。与雷锋一样曾穿军装的他，对雷锋有着无比深厚的感情和浓浓的情结，对社会正在转型的各种变化似乎没有更多的感受，然而来到地方，经济的快速发展、思想的急剧变化，让他困惑，难道在市场化的大潮中，就必须一切都为了自己的利益而奋斗么？最终的结果是他断然否定了这个疑惑。也许是常年受到雷锋精神的熏陶，他觉得人生需要信仰和追求，只要坚定了正确的目标，就应该坚持下去，而他的目标就是坚持学雷锋、做雷锋、宣传雷锋。正是抱着这样的坚定信念，工作中他不断精湛着自己的税收业务水平，丰富自己的学识，并力所能及地学雷锋。当他初任稽查局局长后，他就将自己的情与愿，融入自觉的学雷锋行动中。他在凌河税务分局任局长时，同当时的雷锋班，雷锋生前所在团签订了共建协议，紧密联系。不管工作多么忙碌，不管时间多么紧张，他都带领干部亲临雷锋生前所在团，接受雷锋精神的教育和洗礼，与战士促膝交流，聆听官兵的心声，畅谈学雷锋的体会，坚定永远走雷锋之路的赤诚信念。雷锋生前所在团的重大活动，他带领干部积极响应和全力支持，无论是雷锋团官兵抗洪抢险，还是野外军营训练，时时与雷锋团同呼吸。雷锋团抗洪归来，特意送来锦旗，上书“抗洪夺胜利，人民是靠山”。正因为这样，雷锋团把薛盛伟看成是他们中的一员。雷锋团党委报请上级批准破例任命他为全国唯一的雷锋班名誉班长。至今薛盛伟手里存有从雷锋班第一任到24任班长的亲笔签名和题字。

“欢迎老班长回家”，每当薛盛伟到雷锋班看望战士，雷锋班门前的电子屏上总会打出这样的字幕。情依依，战士们围绕在薛盛伟的周围纷纷说着训练课目，生活情况，思想情况；意深深，薛盛伟问寒问暖，关心战士的身体情况、学习情况。从1997年开始，16年风雨无阻，每年2—3次，薛盛伟和他的团队雷打不动到雷锋团与官兵沟通谈心。16年行程1.5万公里，飞白了雪花看红了春花。雷锋生前所在团与薛盛伟携手共同将雷锋精神发扬光大。

一个个普通的日子，因为军税之情变得润朗起来。

一件件细微的小事，因为心灵之约变得生动美妙。

2011年1月19日，春节将至，为了给雷锋生前所在团官兵送上节日的慰问和祝福，凌海国税局一行十多人，冒着严寒，来到抚顺雷锋生前所在团亲切看望慰问了战士们。慰问团在雷锋生前所在团首长的陪同下，参观了沈阳军区雷锋纪念馆、雷锋班展室和雷锋生前所在团荣誉馆，再次深受雷锋精神洗礼。随后慰问人员前往抚顺南扎木训练基地，看望正在进行冬季野外拉练的官兵。军税双方还在拉练帐篷里举行了一个特别的座谈会，交流了一年来的主要工作情况，对雷锋生前所在团在凌海国税局展馆筹建和各项学雷锋活动中给予的大力帮助表示感谢。

2012年6月21日，为了在端午节前给雷锋生前所在团驻锦官兵送去节日的慰问，共续凌海市局与雷锋生前所在团精神文明共建的深厚情谊，凌海市局领导班子携相关科室负责人一行十多人，冒雨驱车前往百里外的雷锋生前所在团施工工地承建某部军事工程基地，亲切慰问了雷锋生前所在团的驻锦官兵。为部队战士送去了多台电风扇和过节食品，以改善雷锋生前所在团驻锦施工官兵的生活条件。雷锋班名誉班长薛盛伟局长走进了战士们的野外帐篷，亲切询问了战士们的训练和生活情况。税务干部亲自为战士们在帐篷里安装了电风扇，以改善战士们的生活环境。通过军税共建，让凌海国税局的干部又一次深受雷锋精神的洗礼，体会在和平年代中，战士们的艰苦奋斗精神。

2012 年 7 月 24 日，“八一”建军节前夕，凌海国税局又派人慰问驻外执行任务的该团战士，并特为部队战士送去了猪肉和鸡蛋等食品，以改善雷锋生前所在团驻锦施工官兵的生活条件。雷锋生前所在团张军副团长对凌海市局多年的共建支持表示感谢，并表示将继续与该局一道，为深入学习弘扬雷锋精神贡献力量。

2012 年 7 月 30 日，军税双方再次相聚在雷锋生前所在团。雷锋生前所在团蔡永革团长就该团学雷锋足迹进行回顾，并对未来学雷锋活动进行了展望。蔡永革团长虽然年青，但是却对雷锋精神有很深厚的认识，说起雷锋事迹、雷锋精神、雷锋现象娓娓道来。

凌海市国税局以雷锋精神育人建队，十年磨一剑。雷锋生前所在团原团长于洋说：“薛局长是我们团唯一一个名誉雷锋班班长，国税局是全国精神文明先进单位。薛局长带着凌海国税局的干部学雷锋，值得我们学习。”

薛盛伟是学习雷锋的一颗火种，他走到哪里，学习雷锋的火焰就燃烧到哪里，他一直踏寻着雷锋的足迹，举起学雷锋的火红旗帜。他拨一盏灯，照亮一大片。坚持学雷锋从现在做起，从身边小事做起，弘扬和发展新时期雷锋精神，时刻不忘中华民族传统美德，忠于职守，踏踏实实、大公无私、做好人民公仆。

三、众人拾柴助高火焰

随着时代的不断发展，如今，雷锋精神已经逐步演变成热心公益、乐于助人、扶贫济困、见义勇为、善待他人、奉献社会的代名词。在雷锋生前所在团有一句话经常被提及，雷锋生前所在团的战士们将它作为座右铭，聚是一团火，散做满天星。

碑刻，是一种文化，源远流长。金碑、银碑、不如老百姓的口碑。时间的筛取，人心的选择，是最能证明一切的。1998 年薛盛伟带领干部主动与西北贫困山区的班吉塔镇老虎关村结成对子，在老虎关村建成一所希望小学，并帮助那里的 24 名失学儿童圆了求学梦。在新学校竣工典礼那天，村里有位 70 多岁的老人含着热泪说："你们拿出这么多钱为咱山里娃建学校，这真是学雷锋，积大德呀。"在共和国 50 岁生日那天，特意租用 2 台大客车，把全校师生拉到锦州参观旅游，像客人一样招待他们，让山里的孩子们和城里的孩子一样渡过了幸福、快乐的一天。人们惊喜的发现，当年的雷锋精神，当年学雷锋的热潮，在薛盛伟和他伙伴儿的身上，都充分的体现出来。

指尖绕过流年，沾染春温秋素。光阴，让深的东西越来越深，让浅的东西越来越浅。每个人都渴望幸福，因为幸福始终在前方，所以，心，始终在路上。每个人的幸福又是如此不同，一种理解是为了温暖而付出。单丝不成线，独木不成林，一个人是办不了大事的，群众的事一定要发动群众、依靠群众来办。学雷锋不仅仅是一个人的事，要发动大家共同做"雷锋事"，系统做雷锋事。

2004 年，由于工作调动，薛盛伟来到凌海市担任国税局局长。凌海国税局的底蕴非常深厚，经过党组几次例会，共同磋商，达到共识：认为雷锋精神所体现的坚定政治信仰，奉献精神、螺丝钉精神、钉子精神、艰苦奋斗精神仍是当今社会所提倡的主旋律，雷锋精神永不过时，雷锋精神与税务核心价值观相容。税务核心价值观是聚财为国，执法为民，它是“立党为公，执法为民”在税务工作领域的具体体现，它体现了整个税收工作的出发点和落脚点，他们决定用雷锋精神育人引路。从这些意义来说，就是要把雷锋精神发扬下去，传递下去，落实在实践中、工作中，这些不仅是薛盛伟和他的团队的诺言，也是他们行动的指南。于是人们看到，千姿百态的税务工作，逐渐的条理清晰起来了。

学雷锋不能图名，学雷锋就是要做点实事，这句话薛盛伟经常说。薛盛伟投入的是有限的力量，却是在无限的事业中得到了事半功倍的效果。随着商品经济的发展，道德底线在有些人心中已成为形同虚设的说教，诚信仁义、尊老爱幼等等已成为无所谓的虚假。学雷锋情愫不该是一时之激动，而应该化作一种时时刻刻的行动。孤寡老人，过年过节需要我们照顾，年幼孩童需要我们的抚爱，这种关爱更多的是感情上的、精神上的，而绝不能在这个问题上搞形式化、做样子给别人看。

因此，在国税局，他们的这项工作，同自己的业务工作一样，搞得有声有色、实实在在。他们坚持用雷锋精神奉献社会，几年来全局上下累计为社会公益事业等捐款捐物达 90 多万元。多年来，他们在全面铺开这项工作的同时，除了与雷锋生前所在团保持密切联系外，为了做到有的放矢，他们还选择一个村子、一家敬老院、一所学校，每逢过年过节，他们都亲临老人和孩子的身边，为他们送上深情的关切、绵绵的情谊。牤牛屯村，是辽沈战役锦州前线指挥所旧址。与牤牛屯村共建后薛盛伟局长没有简单地给钱给物，而是帮助村里打起了“红色旅游文化”这块牌子。先期投资 10 多万元，整治村里环境，建起文化标志石等景观。之后又支持村里修葺传统教育景点，帮助大棚种植户解决实际困难，这个屯的村民人均收入明显提高，并跻身为全省文明村的行列。

在我们这儿，最多的
是孩子的笑声
在我们这儿，最亮的
是青年的眼睛
在我们这儿，最安详的
是老年人的心境

（柯岩《雷锋》）

雷锋在日记中写道：人民的困难，就是我的困难，帮助人民克服困难，贡献自己的一点力量，是我应尽的责任。我是主人，是广大劳苦大众当中的一员，我能帮助人民克服一点困难，是最幸福的。雷锋精神的形成，体现了人生观和世界观的建树过程。毛泽东说过，一个人做点好事并不难，难的是一辈子做好事而不做坏事。做一件好事，可能凭着善良或者一时热情都可以做到的，但是朴素的感情或者一时的热情都做不到一辈子做好事而不做坏事。继与雷锋生前所在团开展军税共建之后，凌海市国家税务局又开展了轰轰烈烈、长长久久、踏踏实实地开展了重教支教、城乡共建、尊老敬老共建活动。

2009 年 12 月 10 日，凌海市局组织干部走进凌海市第六小学，开展重教支教活动，把关爱送给少年儿童。双方签订了重教支教协议书，携手致力家乡教育事业。为解决该校实际困难，凌海市局出资 5 万元，用于学生乐队的筹建工作，并承诺将继续不遗余力地支持该校的其他建设，为全社会形成重教支教风气打开了良好局面。

2010 年 4 月 6 日上午，为关注支持家乡教育事业，用实际行动传承和弘扬雷锋精神，凌海市局举办“蔚蓝·希望”工程启动仪式，132 名干部走进凌海市第六小学，与该校学生结成“一助一”帮扶对子。国税干部们坐在孩子中间，亲切询问他们的学习及家庭情况，认真地将孩子们的情况填写在“蔚蓝·希望”爱心卡上，并向每名学生赠送了

100 元钱和书包等学习用品，将爱和关注传递给有困难的孩子。一张张真诚的笑脸，一句句关切的问候，定格在这充满爱与希望的时刻。凌海市教育局、凌海市第六小学有感于国税局对教育工作的重视，特聘薛盛伟同志为第六小学名誉校长。

薛盛伟常常说，一个人工作无论怎样出色，不孝敬老人、不关爱孩子，道德上总有缺失。他常常主动给孩子们打去电话、问寒问暖。每逢休假，他都会带上礼物，同自己的团队的成员们深入学校、送去精心挑选的礼物和问候，用自己的爱抚与行动在那些孩子的心灵中倾注一股温馨而又自强的力量。有一回，国税局邀请雷锋小学 32 名学生到国税局来，当时计划向到来的每个孩子赠送一本现代汉语词典，可是当天来了 33 个孩子，缺了一本，怎么办？有人建议等孩子们离开后，再到书店里买书送去，薛盛伟坚决不同意，他说所有的孩子都要一样，一本也不能少，不能让一个孩子有被忽略的感觉。于是几经辗转，终于在锦州市一家书店买到了现代汉语词典，所有的孩子都高高兴兴地拿着词典离开了国税局。

春风化雨，润物无声。干部们主动行动起来了。学雷锋活动由号召、逐渐演变为自发行为、自觉行为。学雷锋活动向注重多样性、经常性、制度性方向发展，学雷锋活动也因此变得更富有吸引力和感召力。凝聚力量，争做雷锋精神的践行者。

2012 年“六一”前夕，税源管理三科全体同志奉献爱心，给每个“对子”精心选购一本《现代汉语大词典》，并在扉页上亲笔写下“好好学习，快乐成长”的祝语。希望尽微薄之力，给孩子们带来温暖，让孩子们过一个愉快的节日。5 月 30 日早，税源管理三科和人事科一行 7 人代表全科干部冒雨赶到凌海市雷锋小学，把礼物送到孩子的手中，孩子们纯真质朴的脸上洋溢着喜悦的笑容。

“田墨浓、周思彤、张钰、焦一术……”在同学羡慕和祝福的目光里，一个个可爱的孩子们纷纷走到了与自己结对子的国税叔叔阿姨身边。“孩子，个子又长高了”张广清轻轻地摸着周思彤头说着。“小墨浓，你怎么还是这么文静?”焦国军也正拉着自己的“对子”亲切地说话。

“六一”儿童节临近了，凌海国税局税源管理三科的叔叔、阿姨们牵挂蔚蓝希望工程中结对子的孩子们。给孩子们送点什么样的礼物好呢?在“六一”之前的许多日子里，王雷、焦国军、张广清就聚在一起，商量着要送给孩子们有意义的礼物，最后选定了词典。去年也是这个时候，他们为每个孩子精心挑选10本名著，希望孩子们在书香墨海里遨游。祝愿每个男孩青春树越长越葱茏，祝愿每个女孩子青春之花越开越艳丽。

凌海国税局各科室干部纷纷在5月29日、30日，分组看望了“一助一”帮扶对子。在这些人当中有3个人尤为特别：已经退休的老干部刘福合主动给党办打电话，要求继续看望自己帮扶的小学生，他说“我是凌海局评选出的爱岗敬业标兵，虽然离开工作岗位，但心还在凌海局，还要参加凌海局的活动”；退休干部李德友也来参加活动，他说：“我有一个可爱的孙子，看到我的孙子，我就想起我帮扶的小学生，我希望她和我孙子一样过个快乐的儿童节，活动我一定要参加”；调到锦州市局的干部刘水说“我人虽然到了市局，可还是凌海局的兵，我要给我帮扶的孩子送去一份欢乐”。

针对升学及转学的情况，凌海国税局重新确定了新的帮扶名单，新参加工作的年轻干部亦加入爱心团队，爱心得到了延续。领导表率作用，胜于说辞。凌海国税局班子成员每个人又新结一个对子，送去了节日礼物和慰问金。薛盛伟帮扶的孩子9岁，自小没有见过父亲，母亲再嫁，继父脾气不好，祖孙三代6口人挤在50平方米的小房子里，非常困难。孩子及家长非常感动，孩子说：“谢谢国税局的好心人，我一定会很好学习，将来也像雷锋那样回报社会。”

感恩是接受别人无私的帮助，心存感激之情再去帮助别人。感恩与奉献之间有如太极八卦图一般，永恒流转，生生不息，呈动态平衡且统一的整体形象，这其中可谓是环环相扣，相辅相成。鸟儿在空中翱翔，谱写一曲感恩的乐章，那是鸟儿对滋养它天空的感恩；鱼儿在浩瀚的大海中畅游，游画出一条优美的圆弧，那是鱼儿对哺育它的大海的感恩；花儿在天地间绽放，点缀出一道多彩的画面，那是花儿对养育它的大地的感恩，世界因为感恩而多彩，人间因为感恩而融洽，寰宇因为感恩而真挚。

“人”的结构就是相互支撑，“众”人的事业需要每个人的参与。以诚感人者，人亦诚而应。凌海市第六小学在共建过程中，不断提升学校的精神文明工作，更名为雷锋小学，成为辽西第一家雷锋小学。该校的学生，尤其是参与结对子的学生，将雷锋精神带到家里，带到亲亲友

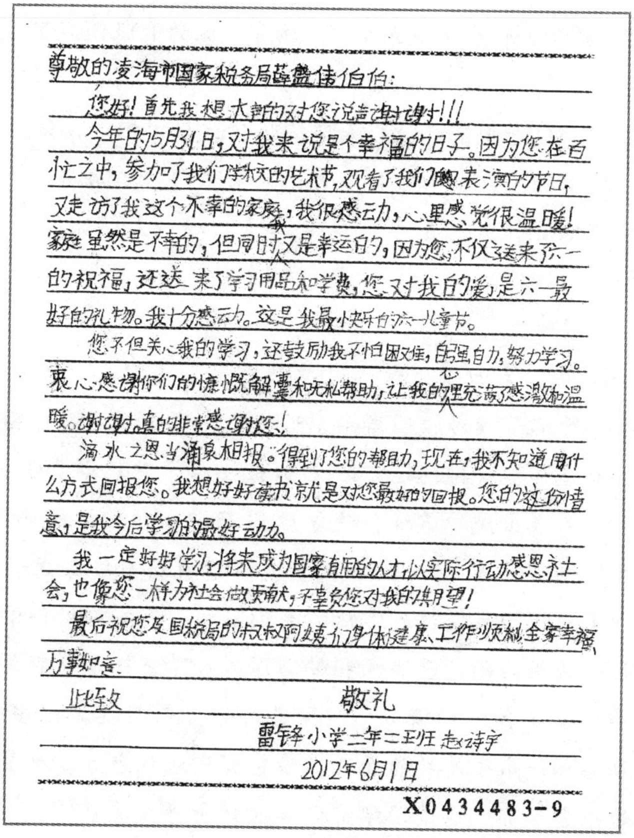
尊敬的凌海市国家税务局薛盘佳伯伯：

您好！首先我想大声的对您说声谢谢！！！

今年的5月31日，对我来说是个幸福的日子。因为您在百忙之中，参加了我们学校的艺术节，观看了我们表演的节目，又走访了我这个不幸的家庭，我很感动，心里感觉很温暖！家庭虽然是不幸的，但同时我又是幸运的，因为您不仅送来了六一的祝福，还送来了学习用品和学费，您对我的爱，是六一最好的礼物。我十分感动。这是我最快乐的六一儿童节。

您不但关心我的学习，还鼓励我不怕困难，自强自力，努力学习。衷心感谢你们的慷慨解囊和无私帮助，让我的心里充满了感激和温暖。谢谢，真的非常感谢您！

滴水之恩当涌泉相报。得到了您的帮助，现在，我不知道用什么方式回报您。我想好好读书就是对您最好的回报。您的这份情意，是我今后学习的最好动力。

我一定好好学习，将来成为国家有用的人才，以实际行动感恩社会，也像您一样为社会做贡献，不辜负您对我的期望！

最后祝您及国税局的叔叔阿姨们身体健康、工作顺利、全家幸福、万事如意。

此致

敬礼

雷锋小学二年二班 赵诗宇

2012年6月1日

X0434483-9

友中间，提高了学雷锋活动的辐射面。一个个孩子，就是一个个爱心天使，将爱与被爱演绎。

一滴水能反射出太阳的光辉，一件小事足以体现出一个人精神世界的光泽。那一天，也是在儿童节将要到来之时，薛盛伟走在路上偶然间看到一位年轻的母亲抱着的孩子手中有一只可爱的机器猫，他被这个场面吸引了。回到家里，他突然想到了自己手拉手的那个孩子，于是他拨通了那个孩子家的电话，亲切的问道："你见过机器猫么?"孩子说："我在电视里见过"。薛盛伟心头一酸，于是他特意去商店买来一只机器猫。第二天，当那个机器猫送到那个帮扶孩子手中的时候，孩子动情地说："大伯，这是我收到的最好礼物。"薛盛伟被这句话深深地打动了，抚摸着孩子的头，轻轻地说道："孩子，你会有更好的"，说着，他的两眼湿润了。

感人心者，莫先乎情。没有人情的社会，是可怕的，是寂寞的。人情味像一缕轻柔的风，风中含着清香；人情味像一轮朗朗的月，月光似水流；人情味像一抹碧绿的草，草上露珠欲滴；人情味像一丛怒放的花，蓬勃而香溢四射。

2010 年，为加强大学生道德教育，省文明委、省高教委等单位开展了千名劳模进校园活动，选拔出一批劳模典型作高校校外辅导员，薛盛伟被安排到辽宁石化职业技术学院机电 0931 班，他与学生们深入浅出谈学雷锋，使学生们深受感动。机电 0931 班一名学生在微博中写道："今天参观了凌海国税局与凌海国税局干部一起进行了座谈，我发现，雷锋离我们不远，有一群税务干部不仅爱岗敬业，还用实际行动影响和带动周边人学雷锋。美丽与笑容，真诚和善良就在我们的身边。"奉献无言，光阴荏苒，当回望来时路，难忘那一张张质朴的面孔，难忘那一双双勤劳的双手，是普普通通的税务干部，铸造了学雷锋奉献社会感人篇章。

在现代社会中，人们需要的不仅仅是丰富的物质，我们更渴望社会处处充满温暖的人情，事事闪耀着人性的光芒。生活中，我们只有首先从自己做起，发扬乐于助人，与人为善的雷锋精神，才能得到别人的帮助和尊重，才能在互动的真诚中体验到快乐。一个自私自利的人是很难体会到真正快乐的，只有懂得为他人付出，你才能获得最高的荣誉。

有这样一则小故事：一个小女孩在草地上玩耍的时候，看见一只蝴蝶被荆棘上的刺给扎伤了，于是她小心翼翼地帮助蝴蝶拔掉了那根刺，并放飞了它。蝴蝶为报答这个小女孩，化为仙女，对小女孩说：你有什么愿望可以告诉我，我会帮你实现的。

小女孩想了想，说道：我希望永远都这么快乐，于是，仙女走近她，和她耳语了一番便飞走了。后来，这个小女孩果然度过了快乐的一生。

也许你会问，蝴蝶仙子究竟对小女孩说了什么秘籍，其实很简单，它只说了一句话：竭尽所能地帮助你身边的每一个人。

春节到了、中秋节到了、端午节到了，薛盛伟带着自己的团队、慰问品来到老人们中间，那一幕幕感人的场面，每次都让人禁不住热泪盈眶。他们为凌海市白台子乡敬老院购买桌椅、给老人们送去大米等生活物品。凌海市白台子敬老院，老人们扭起了秧歌、唱起了歌儿，真情的欢迎着薛盛伟和他团队们的到来，此时的薛盛伟，深情地伸出手，与每位孤寡老人亲切地握手，并将亲自挑选的年货一份份送入每位老人的手中，整个敬老院那一刻都沉浸在无比的欢乐之中，这样的活动薛盛伟格外的心细，每一个细节都展现着这位剑胆琴心的男子汉那脉脉的深情。

有一次春节慰问中，走出欢送的老人们的队伍，料峭的寒风里，走出敬老院门外的他，突然发现有一位他所熟识的老人没有出现，便关切的询问院领导，怎么没有看到那位老人的身影？敬老院的领导回答道，近来老人身子不好。他听到后，转身对身边的同事说，我们还是要回去看看，于是，他又重返敬老院，走进了那个老人房间，此时，那位老人正躺在床上，薛盛伟赶忙伸出手来，握住了这位老人的手，老人执意要坐起来，薛盛伟深情地说："老人家，您身体快些好，比什么都强"。这细腻而真挚的情感、温柔而体贴的话语将老人的心深深地打动了，也深深地打动了在场所有的老人，此时还用再说什么吗？当他走出敬老院，老人们脸上的笑容更灿烂了，老人们将秧歌舞扭的更欢了，鼓点敲的更密了，正是这些舞步和鼓点，让他感到他与这些老人水乳相融、不可分离的情感。

情义无价，尤其是满含深情的笑意。回眸一笑的瞬间魅力，有时能融化一切。看雷锋留下的张张照片，那永恒的微笑使人难以忘怀。看老人们沧桑的脸庞，涌起简单的微笑，让人心灵一颤。虽然受惠者不能成为富有，但却感受到阳光的温暖；虽然施予者减少了点财富，但却不能变穷会更快乐。人生得意须尽欢，千金散尽还复来，另一种理解可为，人生行善须尽力，千金散尽还复来。

2012 年"七一"前，凌海市国税局机关一支部的全体党员一行 26 人，在薛盛伟局长的带领下，前往白台子乡敬老院，亲切看望敬老院的孤寡老人。经党支部组织，党员集资为老人们购买了多台电扇，希望敬老院的老人们度过一个清凉的夏天。

四、敬业创新进取奉献

夫君子之行，静以修身，俭以养德，非淡泊无以明志，非宁静无以致远。改造自己，总比禁止别人来得难。高小毕业后，雷锋在乡人民政府和中共望城县委员会当通讯员和公务员，被评为模范工作者，参加团山湖农场和鞍钢等到建设，他多次被评为劳动模范和先进生产者；入伍后，在不到 3 年的时间，他荣立二等功一次、三等功三次，被评为劳动

模范和先进生产者；他不但汽车开得好，还经常帮助别人，不断提高自己的驾驶技术。从中可以看出，雷锋之所以出色，是因为他有“一块砖”的爱岗敬业精神。在雷锋平凡、伟大、短暂的一生中，他那些闪光的语言和崇高的理想、先进的事迹都是通过具体的工作岗位上体现出来的。他在社会上之所以会引起巨大的反响，正是由于组织上让他干什么就干什么，干什么就干好什么，即干一行，爱一行、精一行、专一行的无私奉献精神的延伸和发展。

领导的速度决定团队的效率，领导的决策决定团队的方向。薛盛伟，工作中永远洋溢着激情，他的思想、行为感染和带动着他的团队，凌海国税人把雷锋钻研业务的钉子精神和爱岗敬业的螺丝钉精神深深地融入本职工作中。2004 年至今，为国家组织收入 30 多亿元，这跳跃的数字，记录着他们的付出与奉献，记录着他们的光荣与成就，记录着他们的收获与成长。薛盛伟的工作有一个亮点就是在身居凌海，却时时关注着全国的税收形势，从中找出自己工作中的切入点，那一年，他偶然在报纸上看到山东国税局开展纳税评估成效很好，他立刻将这份报纸在全局传阅，将王雷等人找来，专门研究纳税评估，当王雷听到薛盛伟阐述出评估价值的时候，就立刻对该项工作深入研讨，并成功地开展了纳税评估；在薛局长的支持下，王雷为省局提供的水泥生产企业纳税评估方法，在全国范围内进行推广；撰写的 20 多篇评估方法和纳税评估案例被省市局采用并发表，他们局首创的专业化纳税评估模式被省局全面推广。他们局被定为中国税收综合征管软件辽宁测试基地，承接了国家税务总局的消费税软件测试工作并取得了圆满成功，薛盛伟和他的团队承担的省局“一窗通办”试点工作取得圆满成功，为全省顺利推广打下了坚实基础，凌海国税局承担省局税收风险管理试点工作，完成了 242 户风险纳税人的税收风险排除，向省局提出合理化建议 11 条；在税收稽查工作中，凌海国税局率先采用以管理型检查为主的分类检查模式，连年超额完成稽查指标；2011 年全国征管工作会议后，薛盛伟又认真研究国家局提出的以促进税法遵从为目标，以税收风险管理为导向，以纳税评估为重点，以分类分级管理为基础，以信息管税为依托，以完善制度、机制为保障，努力构建税源专业化管理新体系……这是一群勇于争先的人们，心血和汗水写成一串串耀眼的“一”字、谱写出一组组与时代交响的“一”字歌。

打铁需要自身硬。雷锋曾经受到讽刺：你积极有什么用，那么点的小个子，给你150斤重的担子，你就担不起来。雷锋听了之后，还埋怨自己为啥长这么点的小个子！但是雷锋很快就想明白了，个子小我也要尽我自己最大的力量。保证克服一切困难，勤学苦练，早日学会技术。保证以冲天的干劲，以百战百胜的精神、苦干、实干、巧干，超级完成生产任务。保证100%的参加学习和各种会议，以求得政治、文化、技术各方面的提高。雷锋挤时间读书，早起点、晚睡点，饭前饭后挤一点，行军走路想着点，外出开会抓紧点，星期假日多学点。如果不积累许多个半步，就不能走完千里。

税务干部一定要吃透国家的政策，学习好国家的政策，贯彻好国家的政策，一点都含糊不得，用雷锋精神说，这就是对工作的一丝不苟。在薛盛伟到凌海工作前，凌海国税的业务整体水平与兄弟县区比有一定的差距，团体业务竞赛最好名次是第5名。因此，他这个做领导的，不仅自己学习税收业务知识，还定期组织税收业务培训，为了掌握需求，不断找大家谈心。根据干部的年龄、知识结构、工作情况，本着“注重综合素质、提升岗位能力、创新培训方式、实施全员培训、促进终身学习”的思路，薛盛伟带领同志们与时俱进制订了培训计划。那是一个不同寻常的课堂，70多名学生平均年龄多40多岁，用了2周多时间，集中走出去进行脱岗培训，干部们非常珍惜来之不易的学习时间，展现面前的是在灯火下映印着一张张渴求知识的脸，凝望地专注的眼神。王运良50多岁了，他紧挨着一名年轻人，谦虚地向年轻人请教计算机知识，他说："税收工作越来越离不开计算机了，一日不学习，就要被拉下，就可能掉队，要想干好工作，就得掌握好知识。"

人若云：我不知，我不能，此事难。当答之曰：学，为，试。人若把一生的光阴虚度，便是抛下黄金未买一物。我们在上路的时候，一定要带上三件法宝，而不是赤手空拳。这三件法宝是一健壮的身体、丰富的知识和足够的勇气。

在雷锋刻苦钻研精神的鼓舞下，一大批省市征管能手、稽查标兵、纳税评估专家等行业精英脱颖而出，担当着国税建设的中梁砥柱。张喜俊业务能力很强，较早地取得了注册税务师资格，2009年全国稽查员考试，他自费购买大量书籍并查找相关资料，耐心给同志们讲解，有人问张喜俊，"难道你不怕耽误复习吗？"张喜俊说，"薛局长亲自参加稽查案例分析会，在会上进行点评，稽查工作只能努力向前"，稽查局取得了锦州国税系统第二名的好成绩。在薛盛伟的支持下，许多干部参加了全国注册税务师资格考试，并有11人取得了注册税务师资格，1人取得律师资格证书，3人通过计算机三级考试，获得计算机三级证书。薛盛伟的团队成为一支业务精良的团队，在税收业务竞赛中屡创佳绩，也为各项工作顺利开展奠定了基础。

宋学坤，是一位性格内向、腼腆的干部，言语不多，但对工作有股钻劲，薛盛伟发现了他的特长，鼓励他向精、向深探索，宋学坤业务考试多次取得了第一名、第二名的好成绩。陈静，一位文静内敛的温柔女子，自1999年参加税收工作，一直在计统岗位工作，至今已经14年，计统工作繁重而单调，她服从组织安排，就像一颗螺丝钉把她拧在哪里，她就稳稳地在哪里。她善于挤时间，愿意钻研，虽然没有在征管岗位工作，但是她业务精湛，不仅取得注册税务师资格，理论精通，还有丰富的实践知识，在多次业务考试中取得佳绩。

著名教育家徐特立说过学习要抓住基本知识：即不好高骛远，而忽略基本的东西。喜马拉雅山是世界著名的高山，因为它是建立在喜马拉雅山之上，盘基广大高原之上的一个高峰；假如把喜马拉雅山建立在河海平原上，8000 米的高峰是难以存在的，犹如无源之水易于枯竭的。

以人为本，激发队伍活力，从强化干部职工业务素质入手，扎实开展基础业务学习，充分利用业务培训、业务竞赛、目标管理考核等多种方式，努力营造干部知业务、懂业务、重业务、精业务的良好氛围。在锦州市国税系统 2010 至 2012 年度举办的三届五项业务竞赛中，凌海国税局共获得一个团体第二名，两个第三名，个人单项取得三个第一名，四个第二名，两个第三名的优异成绩。多人代表省、市局参加业务竞赛，以扎实的业务基础为保障，各项税收工作取得优异成绩。

2009—2012 年新进入凌海国税局 23 名公务员，为了使他们迅速胜任工作岗位要求，掌握基本业务技能，凌海国税局开展了青年干部业务培训班，每周进行 2 次集中学习，授课人员为该局有丰富经验的注册税务师、业务骨干。分类学习，分门检验，综合考试，极大地调动了青年干部学习积极性，为青年干部成长奠定了基础。

雷锋精神之所以伟大，非常重要的一个原因就是，他总是把工作当成自己前进的动力，在工作中钻进、吃透，在实践中不断完善自己，提升自己，超越自己。充分发挥调动每个人的工作积极性，在员工的身边树立一个个看得见的典型，这个典型不一定面面俱全，他可以有缺点，但一定要有明显的优点，而且这个优点被众人认可。雷锋精神的生命力需要一个个具有时代特征的先进典型来传承和延续。任何时代都有属于自己的典范人物，典范人物的时代意义在于，一方面通过树立典范人物来确定主流意识形态，并在实践中加以强化；另一方面典范人物以其正面的教育和激励功能，会对社会产生标杆和引领的影响。

> 好好扮演自己的角色，做自己该做的事。组织的目的是使平凡的人做出不平凡的事。人们希望不断提升自己，要做到这一点，他们需要培训、指导和鼓励。应该为他们提供发展的机会。只有当人们承担有挑战性的工作，他们才能得到发展。人们工作时，不可避免犯有这样或那样的错误。对他人所犯的错误应给予宽容的态度。典型更需要培养、爱护。为充分挖掘干部的潜力，发挥典型示范作用，经过部门推荐、民主测评、组织审核、公示等环节凌海国税局评选产生了 10 名雷锋式十佳标兵。2011 年 3 月 1 日，隆重举办“唱响辽宁国税主旋律、再掀学习雷锋新热潮”雷锋式十佳标兵颁奖仪式。雷锋生前亲密战友乔安山、雷锋班第 16 任班长朱华、第 17 任班长郑金宝、第 22 任班长吴锡有、第 24 任班长黄邦维分别为获奖标兵颁奖。用薛盛伟的话来说，请全国“最高”学雷锋者为全国“最基层”学雷锋人颁奖。
>
> **雷锋式爱岗敬业标兵刘福合：**1988 年 9 月，脱下军装走上税务岗位的刘福合，传承着雷锋爱岗敬业精神。他刻苦钻研税收业务及税收信息化知识，熟悉各种税务文书的受理和流转情况，规范填写整理征管档案资料。他热心为纳税人服务，帮助企业解决实际困难。给刘福合的颁奖词是：脱下军装，换上税装，秉承雷锋精神，敬业爱岗，老当益壮。审理案卷，精雕细琢，不容半点瑕疵；下户巡查，走街串巷，何惧山高水长；苦学新税收政策，勤练计算机操作技能，哪怕已两鬓染霜。
>
> **雷锋式刻苦钻研标兵李玲：**李玲，勤恳执著、苦心钻研，全局公认的业务尖子，人称“业务词典”。先后 10 多次参加国家、省、市局举办的各种竞赛，屡获佳绩。她谦逊诚恳、热心助人，她有问必应，知无不答，经常为纳税人讲解税法及财务知识，对纳税人容易违章的事项进行善意提醒。给李玲的颁奖词是玉梅凌寒，那是青春与激情的绽放；幽幽慧芳，那是勤奋与智慧的吟唱。一片丹心，

一腔热忱，将税收政策融进胸膛。弘扬“钉子精神”，苦练业务本领，自信亮剑，屡获佳绩，展无限锋芒。

雷锋式创新进取标兵王雷：王雷勇于探索，敢于实践，2004年率先开展纳税评估，确定23个行业的纳税评估模型和近百个评估标准值，为纳税评估工作积累下宝贵的经验。2010年他五次赴沈阳参与了探讨和制定省局税收风险管理案例编写标准，修正完善风险特征库，受到省局通报表扬。给王雷的颁奖词是拓荒前行，会当凌绝顶；探索创新，风正一帆悬。敢为人先，向难题挑战；勇提酌见，为税收保航。制定模型、编写案例、修正完善风险特征库，用心血和汗水使纳税评估枝繁叶茂、税收风险管理生根发芽。他堪称锦州纳税评估第一人。

雷锋式埋头苦干标兵刘学军：从税29年的刘学军，先后在10多个部门工作过，他就像一颗“螺丝钉”，党把他拧在那里，他就在那里闪闪发光。他管过企业、个体，对待工作，从不挑拣并努力做到最好。他2007年通过全国税注册税务师考试，2010年被评为所得税专家。给刘学军的颁奖词是不以名利萦怀，淡泊得失荣辱。就像一块无华的磐石，默默坚守着自己的岗位；学业务，考注税，练就一身真功夫。干一行，爱一行，专一行，用诚实的劳动，标注出普通税务干部埋头苦干的高度。

雷锋式勤恳奉献标兵赵勤：国税局普普通通的水电维修工赵勤，有一个百宝箱，那里面不仅有各种维修工具，还有修旧利废的各种小零件。他技术过硬，一个人身兼数职，灯泡坏了、水龙头坏了、门锁坏了、桌椅坏了，他总是第一时间去维修，能修则修，能改则改，国税局每家有需要维修的，都会找赵勤帮忙。给赵勤劳的颁奖词是勤勤恳恳，兢兢业业，无私奉献，古道热肠。水电工、管道工、泥瓦木工集一身，重活、脏活、累活干在前。修修补补、将旧变新、变废为宝，他是单位里看不见的“枢纽”；有求必应，改水改电，修门修灯，他是大家眼里的活雷锋。

雷锋式优质服标兵王伟：王伟精通办税服务厅的各项业务，当同志因事不在岗时，她总能在第一时间补位。她帮助纳税人解决纳税申报、税控系统写盘问题。几年来，她为纳税人提供加班加点、延时服务达200余次，双休日或节假日为40余户纳税人提供应急服务，使企业150多万元税款及时抵扣，减少了企业经济损失，唱响雷锋窗口的品牌。给王伟的颁奖词是品德自在芳香处，春风化雨，润物无声。和同事是亲人，与纳税人是朋友。用笑容播撒阳光，用心灵传递芬芳，用汗水谱写和谐。她以热忱朴实的作风和服务于民的行动赢得了满堂赞誉。

雷锋式巾帼建功标兵齐艳红：齐艳红笔耕不辍，宣传了全局税收工作动态及精神文明建设，鼓舞士气。她参与了局里绝大部分文体及公益活动的筹备组织工作。在学雷锋展馆建设中，编写说明、校正样片整整一个春节她都在工作中度过。她负责韭花诗社的具体工作，很多会员作品集结成册。给齐艳红的颁奖词是平凡岗位展芳华，流年似水，激情如火，青春谱华章。辛勤耕耘，激扬文字，歌蔚蓝，颂事业，绘就火热工作图景。众艳争春，姹紫嫣红，与众多姐妹同绣春芳图！

雷锋式勤俭节约标兵刘勇：2004年，刘勇走上了凌海市国家税务局办公室主任的岗位，他合理规划开支，把一点一滴的“小节约”汇成“大财富”。他制定了凌海国税局办公用品、车辆使用等三个管理办法减少了办公浪费现象的发生。他坚持货比三家，采购砍价节约资金。他督促后勤人员养成节约每滴水、每度电、每粒米、每张纸。给刘勇的颁奖词是默默耕耘，无私奉献得尊重。辛勤劳作，精心组织善协调。柴米油盐，精打细算巧安排。后勤政务，井井有条重节约。忙碌的身影中，他一丝不苟将勤俭进行到底。

雷锋式税务文化标兵刘水：刘水曾先后参与了“学雷锋”展览馆落成揭彩仪式等多项活动的策划实施。在楼宇文化建设过程中，形成5套方案，使楼宇文化建设得到众人喝彩；他被省局抽调，撰写楼宇文化建设工作文稿，他被市局抽调，参加廉政文化纪录片及展板的设计及制作工作。给刘水的颁奖词是青年税官，文化先锋。写雷锋事，赞雷锋情，他用真情的文字点亮税海星光，用深情的声音赞美税收事业的辉煌，用激情的心灵传播税务文化，若清溪流水，默默润泽凌海税务文化建设之树。

雷锋式和善仁爱标兵唐振东：唐振东这个7尺男儿，以无私大爱，温暖着一个家；以默默奉献，感染着身边人。儿子却因出生时羊水堵塞呼吸道，至今生活不能自理，他不离不弃地照顾了30多年，他的结发妻子因长期劳累，身患不治之症，他悉心呵护。他工作也认真负责，赢得了纳税人、领导、同志们的一致好评，他多次被评为优秀公务员、优秀共产党员，这是大家对他的褒奖和肯定，这是同志们对他学习雷锋精神，弘扬人间大爱的称颂。给唐振东的颁奖词是：不离不弃，30年光阴，不变的是款款真情。他用双手，抱起儿子越长越重的身体；他用双手，搀扶妻子越来越弱的身躯；他用双手，托住生命的重量；他用双手，传递了大爱无声的力量。他背负30年的艰难，用一双饱含仁爱的手彰显了中华民族的美德与道义。

雷锋究竟有什么特长和优点？他做了什么，又是怎样做的，面对这位半个世纪以前的名人、成功人士，我们了解得太少，想得也太简单。雷锋的成功，不是一句无私奉献、无限忠诚就能概括的。总的来说，雷锋是一个综合素质很高的人，不论是他的理论水平还是情商，不论是他为人处世的艺术还是语言、文字表达能力，不论是他开阔的还是洞察时代的远见卓识，不论是他厚德载物的宽广胸怀还是恪尽职守。兢兢业业的实干精神，都说明：雷锋的成功不是偶然。

“雄关漫道真如铁，而今迈步从头越”。太阳每天都是新的，超越自己，向前飞，薛盛伟和他的团队不断追逐光荣与卓越。

为了谁？代表谁？是经常被讨论的话题。“毫不利己专门利人，把有限的生命投入到无限的为人民服务中去”。雷锋的精神激励着广大税官，他们不求索取，无私奉献。薛盛伟说：“不错，我们国税干部为国聚财，但国家赋税制度的终极目的是为人民大众的，代表了绝大多数人民群众的根本利益，所以我们又是人民之仆。”多年来，薛盛伟和他的团队时刻把握时代脉搏，不断更新活动内容，但“为人民服务”的宗旨始终不变。当地一家企业，既是稳定的纳税大户，也是环境污染风险单位。薛盛伟了解到这一情况后，与企业领导进行一番长谈。指出，国家提倡节能减排，实施环保和低碳，高污染项目肯定发展后劲不强。他与企业领导一同分析了企业的潜力，研究企业转型，并帮助开发市场。如今这个企业年产值比原来大幅提升，不仅是纳税大户，还成为节能减排的标杆。薛盛伟带领干部不断更新纳税服务理念，牢固树立纳税服务和税收征管是税务部门核心业务的理念，突出纳税服务对税收征管的先导性、基础性作用。他们不断推进纳税服务标准化建设，丰富纳税服务内容，创新纳税服务的手段。

那时候为了便于税务工作和纳税人之间的关系，更好地为纳税人服务，他们首先在办税大厅建立1—2个学雷锋窗口，使纳税人得到更优秀的服务。然而，薛盛伟却面对着这个窗口沉思了，办税大厅里有若干窗口，纳税人无论在哪一个窗口办税都应该受到一样的优质服务。他的想法很快落实为行动，最后将两个办税服务厅每个岗位都升级为“雷锋窗口”，提高了工作效率，使纳税人办事更加通畅，促进了征税和谐。

他们还增设了印有64字“雷锋窗口准则”的“雷锋窗口”标牌。备有便民针线、老花镜……办税服务厅被评为省巾帼文明示范岗，实现了“我的工作请放心，我的岗位有笑脸”。在这些窗口下，纳税人都享受到热情的服务、周到细致的讲解。正如一位纳税人所说：“我总是愿意早早的来到你们的办税大厅，看到你们的身影心中感到温暖，因为在这里我确实有一种被尊重、被关怀的感觉，自然有一种被理解、被照顾的感觉，这确实是我的一个家”，这不是一个简单的心声。

那年的正月十五，恰是月末认证最后一天，办税服务厅主任王伟好不容易盼得和家人团聚，她炒了一桌好菜，带着歉意和家人说"一直以来都难得陪好你们，请你们原谅我"，话音刚落，电话响起，她不得不把刚刚举起的酒杯放下来，原来，是某企业的会计要认证发票，如果当天办不成，一定会缴纳很大数目的税款，而且会对企业的经营产生影响。王伟冒着风雪，踩着万家燃起的鞭炮的声响，赶到服务大厅为企业的办理好认证发票的业务。当她看到了纳税人的满意笑脸，心中也倍感幸福。她心想，用我们局长的话说，雷锋窗口就是要做到为纳税人排忧解难。

怎样解决好纳税人与收税人的关系、更好的评定税务人员的工作业绩，薛盛伟他们找到了一条使其更加和谐的路径，其中重要的一条就是加强了社会对税务人员的监督力度，他们每年面向社会开展述职述廉活动，将纳税人请到国税局，让纳税人面对面的点评同自己有业务关系的税务人员，最后还要举行无记名的测评。换言之，如果有哪位税务干部不合格、服务不到位、甚至有龌龊之举，这些纳税人就会用无记名投票的方式把他们否定，这种否定，不会让纳税人承担任何后果！这是多么过硬的监督"硬件"啊！而事实是，这些国税局的干部们都经受住了这样的考核，得到了纳税人几乎是异口同声的赞美之词，使这个团队真正成为新形势下，弘扬雷锋精神的模范团队。

完善学雷锋制度，作雷锋精神的捍卫者。凌海国税局把学习弘扬雷锋精神作为一项制度，深入持久、常抓不放。先后制定并印发了《凌海市国家税务局学习弘扬雷锋精神长远规划》《凌海市国税局2011年~2013年学习弘扬雷锋精神规划》等文件。于每年年初下发当年学习弘扬雷锋精神的具体实施方案，把廉政文化制度、机关作风制度、税务文化制度等与学习弘扬雷锋精神相结合，做到了制度管人、制度育人、制度励人。把对雷锋精神的学习作为政治学习的重要内容，确保干部人手一册《雷锋日记》，鼓励干部常学雷锋日记，常看雷锋故事，常谈学习体会。一系列学习弘扬雷锋精神制度建设，切实提高了全局干部对雷锋精神的认识，形成了全局上下深入持久学习弘扬雷锋精神的浓厚氛围。

酒香不怕巷子深，虽然凌海国税局16年坚持学雷锋事迹没有大规模对外宣传，但还是逐渐被社会所知。中华志愿者协会于2011年11月7日，向该局发出了《关于“2011年中华志愿服务事业发展论坛”的邀请函》和《关于创建“志愿服务实习训练基地”的函》，正式确立该局为中华志愿者协会“志愿服务实习训练基地”。2011年12月5日，薛盛伟局长就邀出席在北京人民大会堂举办的“2011年中华志愿服务事业发展论坛”，凌海国税局在志愿服务上又前行了一大步。

为发挥全国志愿服务实习训练基地优势，更好开展税收志愿工作，凌海市国税局成立税收志愿服务小分队。税收志愿服务小分队由凌海市国税局注册税务师人员组成，按照章程开展税收志愿服务活动。以纳税人需求为导向，向纳税人提供纳税服务事项和服务措施。帮助企业降低纳税风险，促进引导纳税遵从，提高征管质量和效率。始于纳税人需求，基于纳税人满意，终于纳税人遵从，达到税企和谐。志愿服务队定期深入企业进行业务指导，解答疑难问题；适时在凌海局学雷锋网站定期发布最新政策法规；开通税收志愿服务邮箱，印制“纳税服务联系卡”，及时解答税收疑难问题。

打造公平公正的用人环境。有个鲁国人擅长编草鞋，他妻子擅长织白绢。他想迁到越国去。友人对他说：“你到越国去，一定会贫穷的。”“为什么?”“草鞋，是用来穿着走路的，但越国人习惯于赤足走路；白绢，是用来做帽子的，但越国人习惯于披头散发。凭着你的长处，到用不到你的地方去，这样，要使自己不贫穷，难道可能吗?”这个故事告诉人们：一个人要发挥其专长，就必须适合社会环境需要。如果脱离社会环境的需要，其专长也就失去了价值。因此，我们要根据社会得需要，决定自己的行动，更好去发挥自己的专长。企业、机关在用人时也要挖掘个人的潜能，用其所长，避其所短。

把“用雷锋精神育人引路”的思想理念与税务工作融会贯通，薛盛伟以无声的倡导力在干部队伍建设方面做出了表率。人是“第二税源"，爱才、惜才、重用人才、用人所长是不断提升税收管理质量的内驱力。每一次干部调动都倾注了他的满腔深情，老党员王秀岩肯干能吃苦，于是薛盛伟就发挥他的长处让他当分局所的食堂管理员，一声甘愿，出自王秀岩的内心。职工赵勤有一身好手艺，管道工、泥瓦工、水电工样样精通，在薛盛伟到凌海工作之前，因一些条件限制他险些下岗，薛盛伟听说后，帮助赵勤解决了难题。之后赵勤的干劲十足，赵勤说：感谢薛局长，给我第二次工作的机会。一句感谢，道出干部肺腑。在他的团队中，能者上、平者让，已经成为一种铁定的法则，那些得到提拔的干部因为他们工作的优异与勤奋。干部李玲，先后10多次参加国家、省、市局举办的各种竞赛，每次都夺得佳绩。2010年7月，她通过竞争上岗当上了信息中心主任。有一位被提干同志的亲戚，曾经很神秘地问这位被提干的同志："你和你们的薛局长确实没有一点私交的关系吗？没对他有过金钱或物质的表示吗？"这位同事笑着摇摇头，疑惑地说："我也没想到我在这时候能被提拔，我根本没有一点思想准备"用薛盛伟的话就是"你的工作能力、热情、才干早已被周围的同事所认定，领导和同志们早已在无记名投票中给了你明确的肯定。"这也难怪，在国税局每次提干、招聘结束时，其有利的影响是激发这个团队更旺盛的工作热情和奋发向上的欲望。更可喜的是，一些落选的干部都心诚悦服地表达自己的心声："我们看到被提拔的干部，在品德和能力上确实比我们高出一筹，我们知道，如果自己能够达到这个水平也会很快被提拔的"，在国税局，当你听到这些发自干部们肺腑的声音，眼前自然就会出现"海阔凭鱼跃，天高任鸟飞"波澜壮阔的图景，你能不对自己未来的前程更充满信心吗？

大力弘扬雷锋精神，有利于推进用中国特色社会主义理论武装全党、教育人民；有利于用中国特色社会主义共同理想凝聚力量，引导人们更加自觉地投身改革开放和社会主义现代化建设；有利用以爱国主义为核心的民族精神和以改革创新为核心的时代精神鼓舞斗志，增强中华民族的凝聚力和人全国人民的创造力；有利于用社会主义荣辱观引领风尚，提高全社会的道德水平。要充分发挥雷锋精神的示范引领功能，在丰富的社会实践中发扬雷锋精神，加强和创新雷锋精神的宣传，做雷锋精神的传播者。

建立学雷锋展馆，开通学雷锋网站，筹办雷锋书屋，搭建了一个又一个宣传弘扬雷锋精神的载体和平台。随着时代发展和社会进步，雷锋精神与时俱进、薪火相传、生生不息，日益彰显出跨越时空的先进性和强大的生命力。学雷锋活动要坚持长久，薛盛伟不仅有深深地雷锋情结，更有宣传、弘扬雷锋精神行动。他是如此执著，两度修建学雷锋展馆并建学雷锋网站。早在 1999 年 3 月，在薛盛伟的策划下，凌河区国税局创办了辽西第一家，也是全国税务系统第一个学雷锋展览馆，在当时的社会上引起了广泛的关注 2010 年 3 月 1 日，薛盛伟再度筹建学雷锋展馆，在雷锋生前所在团的帮助下，在凌海国税局创办了学雷锋展馆，展馆面积 100 多平方米，投入 10 多万元，陈列雷锋照片及锦州国税系统学雷锋照片 260 余张、存有雷锋讲话录音的触摸屏等展品。在学雷锋展馆里，我们看到了这个团队更矫健的身影。在这个有限的大厅里，你端详着这些翔实的、感人的事迹，你才会悟出：无欲则刚，有容乃大的深邃的文化内涵。你也许不会相信这只是一个县市级的国税局办起的雷锋展览馆，它的思想内涵早已超越级别界限，因此一个县级的展馆，得到了辽宁省文明办、辽宁省国税局、雷锋生前所在团等高度重视，在开馆当天，省文明办韩亚力主任，省国税局孙瑞标局长、雷锋团政委张岑楠等领导出席开馆仪式并剪彩。它的引领作用早已超越行业地区界限，因此一个县级的展馆，吸引着全国各地敬慕雷锋人群的目光，国税总局监察局、河北省国税局、内蒙古国税局及系统内外近百个单位、团体，几千人次来馆参观。参观的人员听了一张张相片后的感人故事，无不感慨万千。抚顺雷锋精神研究所所长翟元斌教授感慨地说了三个没想到：没想到国税系统有这样一个内容丰富的学雷锋展馆，没想到凌海国税局有这样一批雷锋精神的传人，更没想到雷锋精神在凌海国税这么根深蒂固、这么深入人心。前行有声、岁月无言，这里没有波澜壮阔的画卷，他们秉持着雷锋精神优良传统，张开了拥抱世人的臂膀，坚定了常态化的心态，从容涉过岁月的洪流。

若说学雷锋展馆的建立足够能体现薛盛伟和他的团队学雷锋的影响，这个说法应该得到大多数人的赞同。但薛盛伟则又在思考，怎样加大学雷锋宣传面、扩大辐射面，把静态的变成动态，把请进来变为走出去，于是他又设想和策划加强网上思想文化阵地建设，唱响网上思想文化主旋律。如今，在雷锋生前战友乔安山、雷锋班第二任班长庞春学、北京军区总医院原副政委孙茂芳的倡议下，学雷锋的网站在凌海国税局应运而生。它是传播雷锋精神的大型网站，宣传中注意舆论的有效引导，以正面报道为主导舆论，帮助人们从典型事迹及日常生活小事中辩明是非、识别善恶。自 2011 年 8 月 12 日创建以来，至今不过是一年多时间，就已累计了 130 多万的点击率，受到了全国网友的热切关注，用薛盛伟的话说，那些点击文章，在文章中对雷锋精神的赞誉，对周边学雷锋好事的歌颂，不断地激励着我们，向更高的思想境界飞升！

无论什么事总有它的过渡期，当把最难熬的那段日子走过后，就会发觉，其实所有的事都可以放下。2011 年 11 月 9 日，中华雷锋文化促进会总负责人冷宽（海军原副政委、海军中将）、华东方（中国雷锋研究会常务理事、沈阳市雷锋精神研究会副会长）等三位同志到凌海国税局调研，双方就贯彻中央十七届六中全会精神，深入开展学雷锋活动，传承雷锋文化等事宜进行了深入探讨。中华雷锋文化促进会、中国社会福利基金会学雷锋基金筹委会吸纳凌海国税局为单位会员。

在雷锋生前所在团首长及雷锋生前亲密战友乔安山等社会各界学雷锋人士广泛支持和大力帮助下，凌海国税局搜集、购买、整理与雷锋有关的图书 2000 多册，筹办了“雷锋书屋”。雷锋书屋一部分图书是从全国各地雷锋书籍收藏者手赠与的，一部分图书是广

大干部职工自发通过各种渠道在社会上搜集的，一部分图书是联系全国各地的古旧书店购买，图书年份从1963年至今，按内容分为记雷锋、忆雷锋、颂雷锋、论雷锋、学雷锋、做雷锋六类，堪称雷锋图书种类最全。“雷锋书屋”已面对社会开放，供广大读者借阅。

雷锋精神，来源于党的理论的哺育，来源于社会实践的铸就，也来源于中华民族优秀文化潜移默化的影响。观照雷锋精神，我们发现，它与中国古代所提倡的“己所不欲，勿施于人”“仁者爱人”的人道主义精神，“天下为公”的大同理想，“国家兴亡、匹夫有责”的爱国主义情操，“四海之内皆兄弟”的平等互助观念，“扶贫助困”的助人为乐风格，“自强不息”的坚强意志，“威武不屈”的浩然正气，以及勤俭节约、吃苦耐劳的优秀品德等等，都有着不可分割的联系。作为对中国历代劳动人民和英雄豪杰优秀思想品德的批判继承，雷锋精神是对民族精神一种新的飞跃和质的升华。因其具有浓郁的民族性，从而也就有了强烈的实践性。雷锋精神，已成为流淌在中国人血脉中的基因，只要有人群的地方，就有雷锋。

Education has for its object the formation of character. 教育的目的在于品德的培育。

——斯宾塞

凌海国税局在学雷锋方法上不断进行探索，开展了各种形式的学雷锋活动，思想政治教育紧跟时代的脉搏。恶是犁头，善是泥，善人常被恶人欺，铁打犁头年年坏，未见田中换烂泥。学雷锋教育，实际上是一种爱的教育和善的教育。

大力传承雷锋精神，凌海国税局先后邀请雷锋生前所在团副政委周道海作专题报告，邀请雷锋精神研究所所长翟元斌参加该局思想大讨论活动。

开展学习弘扬雷锋精神主题活动，2010年7月19日，组织全局149名干部职工到雷锋生前所在团，参观沈阳军区雷锋纪念馆、雷锋班宿舍、雷锋班展室。

2010年10月11日，与锦州老兵义务放映队开展了“学老兵放映队事迹，做当代雷锋式税官”活动，与队员们就学习弘扬雷锋精神进行了深入座谈。

乔安山，雷锋生前亲密战友。2010年12月2日，凌海国税局邀请雷锋生前亲密战友乔安山及原雷锋生前所在团副政委陈永库为全局干部作报告，干部们接受了雷锋精神的洗礼，报告会后乔安山、陈永库与干部代表一同座谈。

刘光建，职业学雷锋者。2011年宣传雷锋精神到锦州，专程赶赴凌海国税局，倾听凌海国税局青年干部青春雷锋精神演讲，并与凌海国税局雷锋式十佳标兵共同就学雷锋进行了交流。

2011年7月15日，在党的90华诞之际，凌海国税局举办了“走近省雷锋式税官献礼建党九十周年”系列活动。王海光、马巍、吴竞、陈兴杰、王道军、赵铁君六位省“雷锋式税官”走进凌海国税局为全局干部作报告。

为了贯彻落实中共中央办公厅《关于深入开展学雷锋活动的意见》，深入开展学雷锋活动，推动学雷锋活动常态化，大力弘扬雷锋精神，丰富学雷锋活动内涵，增强学国税干部雷锋活动的紧迫感、责任感，提醒国税干部时时刻刻学雷锋，凌海国税局举办了纪念毛泽东为雷锋同志题词50周年倒计时300天、200天、100天活动。

举办了纪念毛泽东为雷锋同志题词50周年倒计时300天活动暨学雷锋倒计时揭牌仪式。

举办了纪念毛泽东为雷锋同志题词50周年倒计时200天活动，8月16日凌海局举办了“传雷锋情　做雷锋事　当雷锋人”系列活动。雷锋生前亲密战友乔安山；雷锋生前所在团副政委王军、雷锋班第二十三任班长，现任道路一连排长薛步瑞、雷锋班第二十四任班长黄邦维；

中国人民解放军八一电影制片厂著名导演高山、杨栋梁等参加了该活动。雷锋生前亲密战友乔安山肯定了凌海市局多年来学习弘扬雷锋精神的成绩，并希望可以打造更好的学雷锋平台，将雷锋精神推广到全国。雷锋生前所在团王军副政委提出了三个变，要把学习弘扬雷锋精神变动态为常态，变高尚为时尚，变追求为需求，以达到引导人立足本职岗位学雷锋，让雷锋就在身边，就在眼前的社会氛围。

举办了纪念毛泽东为雷锋同志题词50周年倒计时100天暨“雷锋颂”全国税务系统书画作品展览交流会。在全国税务系统进行征稿，以雷锋精神为主题，用书法、绘画的形式，表达对雷锋的敬意。经过艺术家的初评和复评，作品最终评出书法类一等奖3名、二等奖5名、三等奖10名。薛盛伟局长表示“这次活动，在发展、交流书画心得的同时，弘扬雷锋精神。既是为纪念毛泽东为雷锋同志题词50周年倒计时100天，也意在将学雷锋、树新风活动进一步推向大众化、常态化。”

对自己抠门对别人大方，攒钱捐给灾区，送给有困难的战友，时常义务劳动，在火车上帮旅客端茶送水……雷锋带来的“温暖”，纯洁而又透明，简单而又平凡，却抵达人心。他爱照相，曾在天安门前骑摩托留影；他爱美，穿皮夹克，留过“刘海”；他有一块手表，是新潮物件；他爱生活，会采摘野花插在玻璃瓶里装点房间……还原历史的本色，雷锋就是一个平常的样子，他也过平常的生活。雷锋为灾区捐款，为同事家里寄款，都是在其力所能及的情况下去做。我们不赞成为了学习雷锋，抛弃一切全然不顾，不顾家庭责任、社会责任而一门心思做所谓的好事。而且学习雷锋不能越学越穷，学习雷锋的人也应该过一种温馨的日子。

学雷锋不能越学越穷。学雷锋不能只对外，不对内，对同志们要像春天一般的温暖，切切实实地为干部职工办好事，让干部们在一定的基础上学雷锋，不能让干部感到越学越穷。薛盛伟对他的班子说。衣食住行，住是困扰中国老百姓最大的难题，刚到凌海工作时，薛盛伟与干部谈心，征求干部的意见，有些干部反映，自己房子比较旧，比较小，想换一个大一点的，可没钱换房。于是薛盛伟几经协调，集资建住宅楼，改善干部居住环境，住宅楼宽敞明亮、整齐美观，干部们发自内心地笑了。一位退休老干部原来一直在农村居住，他说：我没想到还能住上这么宽敞的楼，也享受到了暖气，用上了自来水，冬天不用生炉子了，我和老伴安度晚年了，真是多亏薛局长了。这只是一个侧面，薛盛伟还把更多的真情给了他的团队。干部及干部子女结婚，薛盛伟会亲自参加，送去祝福；干部的双方父母去世他也会亲自到场，寄托哀思；干部的生日，他提议食堂给干部做生日面，送生日蛋糕；他建议开设廉政灶，解决干部早、中午就餐问题；他关心干部身体健康，定期联系医院组织干部进行健康体检。他春节时走访慰问老干部，离休干部陈宝莲重病卧床10多年，神智已经不太清楚了，当薛盛伟走进他家时候，他的老伴淌着泪对他说："老头子，你看看，局长来看你了。"陈宝莲居然把目光投在薛盛伟身上，眼角滴出了一滴泪水。当薛盛伟来到凌海工作时得知：干部唐振东的儿子因为出生时羊水堵塞呼吸道，导致大脑瘫痪，生活不能自理，却不舍不弃，每天伺候患病的儿子，后来妻子也得了不治之症，老唐在从未影响工作的情况下，同时承担着伺候两个重病号的义务，老唐医治的妻子的钱不够。薛盛伟带头为唐振东捐款，帮助老唐。这催人泪下的事实，让薛盛伟常常感念不已，他多次将老唐这样的事迹在自己的团队中宣传，并且使其成为雷锋式和善仁爱标兵。颁奖的那天，当站在台上的唐振东用质朴的语言表述感人细节之时，台下的人们，个个热泪盈眶。老唐的颁奖辞是薛盛伟亲自起草的："不离不弃，三十一年光阴，不变的是款款真情。他用双手，抱起儿子越长越重的身体；他用双手，搀扶妻子越来越弱的身躯；他用双手，托住生命的重量；他用双手，传递了大爱无声的力量。他背负31年的艰难，用一双饱含仁爱的手彰显了中华民族的美德与道义。"人们在流泪的过程中，大厅几百个跳动的心早已凝聚成这样一个信念，我们的学雷锋团队为有这样的典型而自豪。古诗云，春风潜入夜，润物细无声，这动人的事迹、真诚的泪水恰如雨露，滋润着会场上每位倾听者的心田。这一副爱的素描，将成为一片遮挡风雨的绿荫大树。

天行健，君子以自强不息。镜破不改光，兰死不改香。雷锋利用新年假期到农村帮社员劳动，还掏出5元钱、脱下自己的一套衣服送给一家贫困户；深夜11点下大雨，发动20多个小伙子紧急抢险，使7200袋水泥避免雨水浸泡；把省下来的100元支援给望花区人民公社；又捐了100元给辽阳市委，支援洪水的灾民；春节期间拿着铁锹到外地拣粪，约有300多斤，送给抚顺望花区工农人民公社。雷锋心怀广阔，心想他人之所急。

土扶可城墙，积德为厚地。薛盛伟用自己的行动和自己的团队，拓展了一片雷锋精神的崭新天地。在这样的精神文化的陶冶下，人们的心胸更开阔了，思想的境界更崇高了，同整个国家命脉联系的更紧密了。古时人们追崇的“风声、雨声、读书声，声声入耳；家事、国事、天下事、事事关心”的境界在他们这里，得到了新的升华和诠释。2008年5月12日的四川汶川大地震，那是一个让全中国人民都悲痛和心悸的日子。薛盛伟和他团队的所有人员同全国人民一样，沉浸在无比的悲痛之中。那些日子，他们更是以勤勉的工作、扎实的行动将抗震救灾的工作做的有声有色，积极捐款捐物、解囊相助。捐一次感觉不能表达心意，干部职工们又自发地再捐款一次，离退休老干部找到单位领导，说：作为老党员，人民有了这么大的灾难，我们也要捐款，于是白发苍苍的老干部颤颤巍巍地拄着拐杖来了。薛盛伟对参加5月19日全国举行统一哀悼作了周密安排，干部整齐地站立在办公楼前的广场上，所有有车的同志都坐在驾驶室里，当默哀的笛声一响，车中的干部都按动着汽车的喇叭，广场干部们静静地低下了头。那时，路过的所有行人、汽车，都停下了自己行进的步伐。一时间，脚步停止、人车聚集，那情那景，至今让叙述者潸然泪下。他们痛惜同胞的不幸，然而在不幸的痛惜中，心头会升腾出一股神圣无比的悲壮力量。正是这样的力量，能够凝聚成一个民族强大的自豪感和凝聚力。

企业文化是企业灵魂，一个企业没有文化等于没有灵魂。有人说，一年企业靠运气，十年企业靠经营，百年企业靠文化。企业文化是企业的软实力，核心竞争力。一个团队，无论是企业团队还是行政团队，好的文化都将带来和谐的氛围，高效的团队，规范的行为，理想的业绩以及良好的形象。理念决定行为，行为决定结果，千人同心，则得千人力，万人异心，则无一人之用。

在凌海市国税局，文化和精神的相辅相成、珠联璧合，创造出一个激发出个人潜能的、更宽松的平台。精神文化、制度文化、物态文化、行为文化，雷锋精神文化作为精髓融入了薛盛伟的治队理念中，他总是挖掘干部的闪光点，开展各种丰富的团体活动，登山比赛、气排球比赛、举办春节联欢会、走近雷锋一日兵等活动，增加团队的凝聚力和向心力，凌海国税局也被辽宁省国税局确立为税务文化建设示范点。

在新中国成立六十周年前夕，在承载希望与收获的季节里，凌海国税局在吴楚庄园开展了拓展训练活动。进行了破冰、举办了晚会、干部们挥舞着国旗，全体干部共唱“五星红旗迎风飘扬，胜利的歌声多么响亮，歌唱我们亲爱的祖国，从今走向繁荣富强”，干部们爱国情怀不言而喻，歌声久久地回荡着。台上表演火，唱得欢，逗人乐；台下鼓掌忙，拍得响，小旗飘；尽管秋风萧瑟，寒意侵身，却没有一个人提前离场。信任背摔、断桥、电网、攀岩、铁索桥、空中抓杠 CS 对抗。大家一起，用激情点燃梦想，用和谐诠释友爱，用奉献凝聚合力，用歌声唱响祝福，用真情放飞希冀……一对对紧握的手，一副承担重任的肩，一双双真诚的眼睛，一个个可以信任人，是你，是我，是他。

在拓展训练过程中，队友们互相鼓励，互相加油，检查装备，保护安全。很多人，在做保护的过程中，手因长期拽保护绳红肿了，很多人身上大汗淋漓，很多身体高大的人无私地自觉地承担重任，没人去分配，没谁去命令，只是为了这个团队，和谐的团队，默默奉献，甘当人梯！

仓廪实则知礼节，衣食足则知荣辱。——管子

操千曲而后晓声，观千剑而后识器。——刘勰

先进的企业文化把职工凝聚在一起，众志成城，合力攻坚，取得骄人业绩。企业文化成为增长力的源泉，更是企业快速发展的沃土。

凌海局的各项文体活动就开展得红红火火，干部的业余文化生活比较丰富，尤其是部分干部热爱文学创作，纷纷在各级媒体上刊发稿件。2003年，凌海国税局印制了一本小集子《税苑》，2003～2005年，凌海国税局内部印有凌海信息，其中有一个专栏叫文学窗，集中刊登干部的作品。干部的文学创作积极性很高，为了能更好地调动、发挥文学骨干的作用，2006年1月18日，薛盛伟支持干部成立九华文学社。九华文学社是大力弘扬国税文化，以文化兴税为目标而立。其出发点是想通过会员之间的文化文学交流，丰富税务文化底蕴，创造良好税务文化氛围，提高干部文化文学素养，促进税收工作的健康发展，努力打造文化和谐、集体和谐、税收和谐的良好局面。凌海国税局正确引导、精心扶持文学社工作。2008年12月，文学社会员为纪念改革开放三十年创作了大量作品，定为《春风颂》。2009年为喜迎建国六十周年，文学社会员又用笔抒发对祖国、对税收、对工作、对生活的热爱，该书起名为《歌唱祖国》。2009年11月，原锦州市国税局戴一光局长建议将九华文学社更名为韭花诗社。自2006年韭花诗社成立至今，共结成了《税海浪花》、《血脉相连　我们在一起》、《春风颂》、《歌唱祖国》、《韭花集》、2011年和2012年与《关外文学》出版两本专刊，7本文集计600多篇文章，由于篇幅限制，还有300多作品未能入选。当干部看见小小创作变成了铅字，热爱税收工作的激情和热情都被点燃了。文学社举办了“文化凝聚人心，和谐促进发展”、“喜迎建国六十周年”、“韭花诗社作品交流”等11场大型座谈会。2011年，为激励诗社会员创作积极性，提高创作技巧，总结几年来创作成果，开展了“韭花诗社作品评选会”，并为获奖作

品颁发了精神食粮：莫言的《蛙》、张炜的《你在高原》、《推拿》等。文化的力量，精神的力量是无所不在，无所不有的，当雷锋的精神多年来成为薛盛伟和他团队自觉践行时，那社会上不良风气在这里还有市场吗?

真情是创作的根本。汶川大地震后，干部心中有一种悲情，总想找个突破口进行宣泄，薛盛伟及时发现了干部这种情绪，于是他建议诗社举办“血脉相连　我们在一起”文化交流会，仅仅两三天时间，会员们创作了40多篇作品。

李长福创作行香子：地裂天崩，触目心惊，问天公：怎恁无情？万家房毁，千栋楼倾，更一时晴、一时雨，一时风！全国震恸，总理疾行，入蜀川、亲视灾情，与民同济，众志成城，尽解民意、慰民苦，赈民生。

感叹大爱的谭千秋老师李长福又写下咏谭千秋：

一缕英魂托残柱，两条铁臂举断梁。
三尺台间浩然气，四方桌后侠骨肠。
举国同悲英灵逝，蜀水只恨道无常。
千秋虽是平常字，谭姓从今万古芳。

陈长青创作了河满子·汶川地震感：

簌簌巴山呜咽，
凄凄蜀水哀鸣。
一念一回心一痛，
苍天何故无情？
顷刻亲朋离散，
瞬间骨肉凋零。

抢险全民出力，
救灾众志成城。
大难袭来有大爱，
人间正义长生。
华夏迎风挺立，
巨龙破浪前行！

一首首诗抒发了大家内心的牵挂，悲切的哀伤，难言的苦痛，重建家园的祝愿。齐艳红写出了我们在一起

灾难突然来临

亲人一个个离去
痛苦撕裂了你的心肺
别哭
泪尽血续　有我们在一起

幸福快乐顷刻间颠覆
家园成了废墟
孤独缠绕了你的脚步
别怕
悲尽了情连　有我们在一起

健康财富转瞬间失去
身体有了残疾
活着更是一种艰辛
别放弃
血脉相依　有我们在一起

庇护和爱成了过去
音容茫然无息
未来面对许多风雨
别悲哀
生死不离　有我们在一起

热情是创作的动力。面对祖国日新月异的变化，面对家乡喜人的发展成果，面对税收工作蒸蒸日上的良好势态，诗社的会员内心翻涌着一种对祖国的爱，对家乡的爱，对工作的爱。董治刚创作瞭望海潮·锦州颂：

水流灵韵
山融佳气
襟喉自古金汤。

笔架伏波，
天桥探海，
千年古塔沧桑。
物阜毓神疆，
蕴民俗沃土，
果米之乡。
美酒迎宾，
道光陈酿饮清觞。

名州锦绣朝阳。
正花开遍野，
百业兴煌。
炉咏火红，
渔歌海碧，
南畴稻浪飘香。
吞吐港繁忙，
贸易通寰宇，
经济恒昌。
齐颂笙歌一曲，
唱岁稔时康。

激情是创作的源泉，韭花诗社举办了雷锋精神专题征文，因为局里学雷锋活动很多，大家都对雷锋有了特殊的感情，于是一篇篇饱含深情的作品产生了。刘俊君创作了雷锋水的知己。

雷锋，水的知己

你不曾留下什么豪言壮语，
你不曾做过什么惊天动地，
可是，你的同胞仍然记得你，

多年以后，我们还在寻找你。
哪里，哪里，
留下我一声声叹息，
你却狠心地不见踪迹。

直到有天，我读到这样一句，
大音希声，大象无形。
我微笑着叹息，
原来我一直不曾懂你。
这里，那里，
你早已充盈天地。
雷锋，平凡的战士，
初时，我只顾追寻，
你在世间匆匆的步履，
忘记了用心去接近你。
慢慢地，我欣喜地发现，
你竟是她的知己。
同道的你们，
无需照面也有灵犀。
也许我听到了你们互通的心意。

雷锋，水的知己。
朴素内敛，
善而不显，
阳光一照，
却璀璨耀眼。

我本纯净低调，
因你需我，

我便闪亮。
我可为虹霓，示你晴朗；
我可化雨露，润你干涸；
我可处低洼，共你生存；
我可入江海，成你开阔。
雷锋，水的知己。
我尝试着探索你们心中的真意。
水，因其空故能载万物。
你，用一颗无私的心，
承载起对党的感恩与忠诚，
承载起对人民与生活的爱，
承载起共产主义的高远理想，
承载起一味的奉献与不求回报。
不以其大而成其大，
以其少挂碍边界而成其大。

水，因其清故能以为镜。
昔唐太宗以魏征为镜，
今我们以雷锋为镜。
观其俭我们拒繁奢，
观其谦我们远骄慢，
观其勤我们断逸豫，
观其仁我们爱同胞，
观其德我们正自心。

水，因其净故能安低处。
你胸怀高远理想，
却埋下头来点滴实干。
好事，我也能做一两件，

却难在持之以恒任劳任怨。
理想，我也曾定得高远，
却在现实中焦躁不安。
你不争，所以不怨，
你不计较，所以不浮躁。
像你那样踏实清净，
是我的心愿。

水，因其柔故能慰疾苦。
你见人有难便伸手相助，
不求理解但想心安。
你不孤单，
你在我们的心念间；
你不遥远，
你是我们心中的善良与柔软。
一个人的力量毕竟有限，
团结起来便可汇成江河的浩瀚。

我愿如水一样，做你的知己。
哪里需要便去哪里，
去到哪里便融入哪里。
认清自己，
只是一颗小小的水滴，
想要去滋润一寸土地。

当然，我也可以，
与你和你的同伴一起，
化为雨露虹霓，
或是身处江河低地。

我喜欢这样的命运，
融入集体，
了无痕迹。
在无声中流转升华，
我们的欢乐生生不息。

这就是凌海市国家税务局，薛盛伟和他团队们的心胸和追求。这都是薛盛伟以自己的人格魅力、严谨作风、满腔热情所起到的榜样力量的效果。择善人而交，择善书而读，择善言而听，择善行而从。谦谦君子，卑以自牧，用雷锋的话说，一个人的能力有大小，但只要是为人民服务，他就是将有限的生命投入到了为人民服务的无限之中去。党的第十七届中央委员会第六次全体会议审议指出：要深入开展学雷锋活动，采取措施推动学习活动常态化，薛盛伟和他的团队已经这样做了。在凌海国税局，充盈着一种精神文化的神圣和自豪，充盈着一个团队为人民服务的崇高思想境界！

第二节　以雷锋精神治企建业

一、学什么

你是女娲补天炼下的一块五色玉石；
你是屈子行吟汨罗遗下的一颗心；
你是楚天潇湘全部芙蓉凝成的一点精魂；
你是北国辽东所有矿脉炼成的一锭纯金；
你是五千年深幽的古屋走出的鲜灵童子；
你是两千万腔碧血滋育出的一瓣香馨；
你是莱茵河畔那位先哲养在东方的幽兰
你是韶山冲走出的那位伟人栽种的灵芝。

（朱东惠《雷锋颂》）

西方企业管理模式的本质是个人本位下的“制度管理”西方文化认为人性本恶，形成了以法律保护个人权利的个人本位价值观。在人力资源管理中，表现为与个人本位取向相一致的“工作分析”、与薪酬系统挂钩的“岗位评价”，明确界定各个岗位的岗位职责与职位价值，这是组织分工的价值观依据，也是科学管理在西方的本意。

个人本位下如何实现合作？个人在群体、组织中形成合作的条件，体现为外在规章制度明文要求下形成的“他律”。即使表现在道德上也是如此，尽管康德说过：“使他敬畏的是头上的星空与心中的道德律令”，但是西方道德经过宗教改革后的含义，是指超越于个人之上的、只对上帝与法律负责的义务；激励力量主要来自个体成就感。

东方企业管理模式的本质是群体本位下的“文化管理”。东方文化认为人性善，形成了群体本位价值观。在企业管理中的成功经验是，集体奖励的激励制度、重视团队合作、更易出现员工公民行为等。

个人在群体、组织生活中的合作，是以人们信仰的强势企业文化为核心，根据各自所处位置与身份“自律”为主的控制方式。中国文化下的道德自律与西方的道德自律不同，是对群体中的他人负责，而不是对神（或者规章制度）负责；激励力量主要来自以个体在所属群体中的相对位置为标志的公平感和荣誉感。

中国企业管理模式属于群体主义文化下的文化管理。单个企业成功的例子是海尔管理模式，支持了海尔 20 几年的高速成长壮大，对海尔管理成功经验的具体分析，在《海尔企业文化的结构、功能分析与启示》一文中有所总结；温州企业之间自发形成的产业集群是供应链上企业联盟成功的例子；这些成功的例子，都是以群体主义价值观为文化支撑而形成的。

中国企业在企业管理中，应注重企业文化建设促进作用；重视以文化管理思路促进企业管理科学化的重要性，将群体本位价值观与人力资源管理制度结合在一起。将雷锋精神与企业文化糅合在一起，未尝不是一种良好的选择。

随着时间的推移，对雷锋精神的理解越来越平民化，雷锋不是

“高”“大”“全”的英雄，雷锋是一个有血有肉、有思想、有内涵的人。他的出身、他的经历、决定了他的努力和奋斗的方向，他的价值观、世界观在生活中不断校正，不断完善。从现在生活出发，去除标语和口号，理解雷锋精神又可以成为学习雷锋一辈子的奉献精神，学习雷锋一颗心的执著精神，学习雷锋一块砖的敬业精神，学习雷锋一颗钉的学习精神，学习雷锋一团火的助人精神，学习雷锋一滴水的团结精神，学习雷锋一把油的奋进精神，学习雷锋一线光宽容精神，学习雷锋一家人的鱼水精神，学习雷锋一分钱的节约精神。通过学习雷锋，我们看到雷锋身上有许多品质适合治理企业，按照雷锋模式管理企业、管理员工则将建立一定基业。企业学习雷锋，从雷锋思想、品质、性格、做人、做事等方面入手，轻松的学习雷锋。

(一) 学习雷锋树立明确的目标

目标的坚定是性格中最必要的力量源泉之一，也是成功的利器之一。没有它，天才也会在矛盾无定的迷径中，徒劳无功，查士德斐尔爵士说。雷锋在小学毕业典礼上的发言有这样的目标：我呢，决心做个好农民，争取驾驶拖拉机，耕耘祖国大地，建设社会主义新农村。将来，如果祖国需要，我就去做个好工人，为我国的社会主义工业化建设出把力。将来，如果祖国需要，我就参军做个好战士，用自己的鲜血和生命去保卫我们伟大的祖国。在祖国需要的前提下，雷锋制定了自己的一个个目标，最终也实现了一个个目标，先后成为一名优秀的好农民，好拖拉机手，好工人，好战士。在鞍山开推土机时，车间主任给雷锋一个任务，要他带 3 个学员，雷锋认为：自己的技术不高，又怎能教好学员呢？但是，雷锋想到这是党交给的任务，一定坚决完成。顺着这个目标，雷锋在驾驶和学习机器构造原理时，和学员们互相研究，不懂就去请教其他师傅，而后再告诉学员，学员们只用 4 个月就学会了开推土机。

企业怎样确立目标呢？一是企业要有明确清晰的目标；二是目标要切合实际，看得见，摸得着；三是目标不是孤立存在，员工的目标要和组织相关联；四是目标与计划密不可分；五是目标要进行分解落实；六

是领导要在目标管理中起到率先垂范作用；七是领导要关注目标的执行情况，为员工提供支持。

很久以前，曾经有三只小鸟，它们一起出生，一起长大，等到羽翼丰满的时候，一起寻找成家立业的地方。

它们飞过了很多高山、河流和丛林，飞到一座小山上。一只小鸟落到一棵树上说："这里真好，真高。你们看，那成群的鸡鸭牛羊，甚至大名鼎鼎的千里马都在羡慕地向我仰望呢。能够生活在这里，我们应该满足了。"它决定在这里停留，不再往前飞了。

另外两只小鸟却失望地摇了摇头说："你既然满足，就留在这里吧，我们还想到更高的地方去看看。"

这两只小鸟继续飞行，它们的翅膀变得更强壮了，终于飞到了五彩斑斓的云彩里。其中一只陶醉了，情不自禁地引吭高歌起来，它沾沾自喜地说："我不想再飞了，这辈子能飞上云端，便是最大的成就了，你不觉得已经十分了不起了吗?"

另一只鸟很难过地说："不，我坚信一定还有更高的境界。遗憾的是，现在我只能独自去追求了。"

说完，它振翅翱翔，向着云霄，向着太阳，执著地飞去……

最后，落在树上的小鸟成了麻雀，留在云端的成了大雁，飞向太阳的成了雄鹰。

你是3种员工中的哪一种呢？一个很明确的答案就是：它们对自我的要求不同。麻雀满足于树梢，所以它的世界只有几丈之高；大雁满足于云层，所以它永远都飞不出层层云雾的缠绕；雄鹰则不懈追求，力求最高，所以它的世界阔及宇宙。3只小鸟不同的生命追求，恰与企业中的三种人状况相似。

选定目标，咬住不放。成功最大的阻碍，就在放弃。

有人问企业家张国安成功的秘诀，他回答说："选定一件事，就咬住不放。世界上成功的人，不是那些脑筋好的人，而是对一个目标咬住不放的人。”

张国安的话中谈到了两件事，一是选定一个目标；二是咬住不放。有一位老师在讲台上谆谆勉励学生做事要专心，将来才会成就。

为了具体说明专心的重要，老师叫一名学生上台，双手各持一支粉笔，命其同时在黑板上右手画方，左手画圆，结果学生画得一团糟。

老师说：这两个图都画得不像，那是因为分心的缘故。追逐两兔，不如追一兔。一个人同时有两个目标的话，到头来一事无成。

这个小故事告诉我们，要成功，只能选定一个目标。

再说咬住不放，咬住不放是锲而不舍、坚持到底的意思。

日本有句俗话说：“再冷的石头，坐上三年也会暖。”

这句话主要在勉励我们，至少要三年咬定一个目标不放，全力以赴，才会有成。

目前许多刚从学校毕业的年轻人，胸怀大志，自信满满，也勤奋努力，但稍遇挫折就放弃了。爱迪生说过，全世界的失败，有百分之七十五只要继续下去，原都可成功；成功最大的阻碍，就在放弃。

所以，不论就业或创业，在选定一个目标之后，万万不可操之过急，必须愈挫愈奋，咬住不放，一定会成功。人生就像爬阶梯，必须一步一阶，丝毫取巧不得；只要一步一阶，终必抵达山顶。

目标是成功的一半，目标代表着对于所期望成就的事业的真正决心。没有目标，不可能发生任何事情，也不可能采取任何步骤。目标应该明确清晰，经过努力能够实现，不能过高过远，如水中镜中花不可得。

1952 年 7 月 4 日清晨，加利福尼亚海岸下起了浓雾。在海岸以西 21 英里的卡塔林纳岛上，一个 43 岁的女人准备从太平洋游向加州海岸。她叫费罗伦丝·查德威克。

那天早晨，雾很大，海水冻得她身体发麻，她几乎看不到护送他的船。时间一个小时一个小时的过去，千千万万人在电视上看着。有几次，鲨鱼靠近她了，被人开枪吓跑了。

15 小时之后，她又累，又冻得发麻。她知道自己不能再游了，就叫人拉她上船。她的母亲和教练在另一条船上。他们都告诉她海岸很近了，叫她不要放弃。但她朝加州海岸望去，除了浓雾什么也没看不到……

人们拉她上船的地点，离加州海岸只有半英里！后来她说，令她半途而废的不是疲劳，也不是寒冷，而是因为她在浓雾中看不到目标。查德威克小姐一生中就只有这一次没有坚持到底。

这个故事讲的是目标要看的见，够得着，才能成为一个有效的目标，才会形成动力，帮助人们获得自己想要的结果。

管理者在和下属制定目标的时候，经常会犯一个错误，就是认为目标定的越高越好，认为目标定的高了，即便员工只完成了 80% 也能超出自己的预期。实际上，这种思想是有问题的，持有这种思想的管理者过分依赖目标，认为只要目标制定了，员工就会去达成。

实际上，制定目标是一回事，达到目标又是另外一回事，制定目标是明确做什么，完成目标是明确如何做。与其用一个高目标给员工压力，不如制定一个合适的目标，并帮助员工制订行动计划，共同探讨障碍，并排除，帮助员工形成动力。

另外，目标不是唯一的激励手段，目标只有与激励机制相匹配，才会形成更有效的动力机制。所以，除了关注目标之外，管理者还要关注配套的激励措施。

最后，合适的目标是员工可以跳一跳能够得着的目标，当员工经过努力之后可以达到目标，目标才会对员工有吸引力，否则，员工宁可不做，也不愿意费了很大力气而没有完成！

（二）学习雷锋尊重领导服从安排

在工作上，雷锋能自觉服从上级的安排。到鞍钢的时候，雷锋本想去炼钢第一线，但领导考虑他以前开过拖拉机，分配他去洗煤车间去开推土机，雷锋明白了这个岗位的重要性，痛快地服从了；到部队，雷锋本想去作战部队，仍然是考虑到他以前有驾驶经验，组织把他分配到汽车连，雷锋同样是服从。不仅仅是在工作安排上服从上级的决定，对于上级说过的话，雷锋都能够用心领会，时刻铭记在心。这是雷锋一个宝贵的品质，也是他走向成功的重要因素。

雷锋在日记中这样写着：党和领导叫怎样去做，就不折不扣地按党的指示去做。党的声音，就是人民的声音。听党的话，就会开放出事业的花朵。

上级之所以处在上级位置上，一定有其过人之处，而且他的视野、阅历也非一般人可比。对于上级说过的话，不能当成耳边风。如果能够用心领会、悉心揣摩其中的真义，就一定会受到帮助和启发，对员工个人的发展有所助益。因为上级的动机和出发点是为了下属更好地成长，是为了引导和启发自己的下属。

（三）学习雷锋集体观念团队意识

个人和集体的关系，正像细胞和人的整个身体的关系一样。当人的身体受到损害的时候，身上的细胞就不可避免也要受到损害。雷锋自我鞭策：我要永远的记住：一滴水只有放进大海里才能永远不干，一个人只有当他把自己和集体融合一起的时候才能有力量。力量从团结来，智慧从劳动来，行动从思想来，荣誉从集体来。个人的单枪匹马总有人势孤的时候，一个人浑身是铁能碾几颗钉。雷锋也是由个人做好事，发展到和整个班里共同进步的过程，在这个过程雷锋逐渐有了团队意识。

雷锋喜欢一个人出去做好事，怕人家不高兴。但后来，连长找雷锋谈话，使雷锋懂得了一个人只有和集体结合一起才最有力量。雷锋发动全班同志打扫卫生，由于大家一齐动手，很快就把室内室外打扫得干干净净。雷锋决定今后无论做什么，一定要走群众路线，依靠群众，发动群众。

天容万物，海纳百川。一个人的力量毕竟是有限的，走不远，飞不高，好比一条条小渠，如果不入江河，永远也不能汹涌澎湃，一泻千里。什么是团队精神？每个人都自觉扮演好自己的角色，团队第一，个人第二，必要的时候个人退一步，即使水平很强，能力很高，但是有比你更适合的人在那个位置上，请你做一次幕后英雄。如果每个人都只想着表现自己，自己出成绩，或者只顾自己的得失，无视集体的利益，团队就无法保持和谐，就不能形成合力。

无数事实证明，加强团结犹如拧成一条绳，合成一股劲，不仅能凝聚成战斗力和生产力，同时还能做到众志成城，无坚不摧。日常工作中，教育员工站在全局的高度看待问题，思考问题和解决问题。在小局和大局发生矛盾的时候，要自觉摒弃小局观，做到坚定服从大局、服务大局。

（四）学习雷锋的给予和有所求

“雷锋”这两个字，在现在的中国，已经完全等同于“好人好事”的意思。后人流传说；“雷锋做了好事不留名。”事实上并非都如此，雷锋做过的一些好事，他自己会记录下来，写进日记里或者书信、报告材料中，而他的日记早在1960年就被《前进报》选摘过，因此他的日记并非是私密的，这里人们可以了解到雷锋做过的好人好事。雷锋到底做过哪些好人好事呢？

利用新年假期到农村帮社员劳动，还掏出5元钱、脱下自己的一套衣服送给一家贫困户（鞍钢时期，1958年）。

深夜11点下大雨，发动20多个小伙子为建筑焦炉工地抢救7200袋水泥（弓长岭矿焦化车间时期，1959年11月14日）。

推辞了工厂要给的36元带学员的师傅钱（弓长岭矿焦化车间时期，1959年11月20日）。

利用下班、上班、早晚以及星期日的休息时间，拾到大粪500来斤，送给姑嫂城公社职员农业生产（弓长岭矿焦化车间时期，1959年12月）。

在沈阳车站帮助一个来部队找儿子的老太太买好车票，并请她吃了饭（7343 部队期间，1960 年 6 月）。

把省下来的 100 元支援望花区人民公社；又捐了 100 元给辽阳市委，支援洪水的灾民。

听到一位战友说：没有笔记本了，手中无钱买。立即把自己一本新的日记本送给了他（7343 部队期间，1961 年 10 月 12 日）。

看到厕所的粪池满了，立即动手把大粪掏出来，牺牲了一个上午的休息时间（7343 部队期间，1961 年 10 月 17 日）。

因为昨天下了一场大雪，天气格外寒冷，到团里开会的路上看到一个 10 来岁的小孩，穿的衣服很单薄，冻得打哆嗦，立即脱下自己的棉裤送给了他（7343 部队期间，1962 年 4 月 3 日）。

给予，有时大有时小，有时保护了国家财产，有时支援了灾区的建设，有时解决了老人的难题，有时维护了公共环境卫生，有时给有小孩子带来温暖，每件事都不同，每件事又都相同，不同的是事件内容不同，相同的是事件性质相同，那就是给予。有人说雷锋做好事不求回报，这个观点不完全正确。雷锋做好事也求回报，在一个层面上讲，雷锋也求回报，他求的是组织上对他的栽培，使他更好地成长和实现人生价值，这无可厚非。1960 年 8 月 28 日雷锋在致中共辽阳市委的信中写道：今天我怀着万分高兴的心怀，将我节约的 100 元钱寄给你们，支援灾区人民公社发展生产。最后请市委对我多多培养，使我不断前进。1960 年 9 月 6 日，中共辽阳市委致部队首长的信中就专门感谢军队培养了雷锋这样的战士，和平人民公社亦于 1960 年 11 月 11 日致部队首长一封信。雷锋做的好事自然也被部队知晓，部队也进一步对雷锋进行培养。

一个员工在给予之后，也应该有所求，希望企业有所重用，有所培养，以便于有更好的发展空间，做出更大的业绩。整个社会就要高调学雷锋，使学雷锋的人得到应有的尊重。

（五）学习雷锋的不骄傲和不忘本

人怕出名，猪怕壮。人在未有名气之前低调做人很易，出名之后容易飘飘然，忘乎所以，不知道自己几斤几两的有多是。神童方仲永就是典型一例，由才思过人到泯然众人矣。雷锋是怎样做的呢？他不断告诫自己：雷锋呀，雷锋！我警告你牢记：千万不可以骄傲。你永远个能忘记，是党把你从虎门中拯救出来，是党给了你一切……至于你能做一点事情了，那是自己应尽的义务。你每一点微小的成绩和进步都应该归于党，要记在党的账上。骄傲的人，其实是无知的人。他不知道自己能吃几碗干饭，他不懂得自己只是沧海之一粟……这些人好比是一个瓶子装的水，一瓶子不满，半瓶子晃荡，可是还晃荡不出来。这有什么值得骄傲的呢？要记住：在工作上，要向积极性最高的同志看齐，在生活上，要向水平最低的同志看齐。

企业中忌员工取得成绩就沾沾自喜，目中无人。有了成绩就骄傲，杀伤力和破坏力很大，易在企业中形成一种怪圈和一种停滞不前氛围。有了成绩之后，躺在功劳簿上摆老资格，一讲话就是想当年，当年我如何如何。诚然企业不会忘记功臣，但企业是发展的，企业的过去因员工的付出而取得业绩，企业的今天需要员工有一种从头再来的干劲，企业的明天需要员工有一种迈步从头越的豪情。

雷锋在日记中多次回想起自己过去那种无依无靠到处流浪的苦日子，在他给沈阳师范学院的报告，在忆苦思甜、从一个孤儿成长为一名解决军等等讲话、报告、发言雷锋都提及自己的童年，自己一家人在旧社会的悲惨生活，乡亲对自己的帮助，党对他的照顾和培养。雷锋知道过去是怎样，现在是怎样，他不忘本，他倍加珍惜现在幸福生活，因此他活得精彩，过得有滋有味，有声有色。员工也是如此，骄傲是一种情绪，也要防微杜渐，员工从内心深处做好预防，内在真的很重要。

（六）学习雷锋工作中找准窍门

雷锋开的汽车，原是一辆耗油大王，战士们都不愿意开它，雷锋开了它之后，认真研究，找准窍门，使汽车成为节油汽车，他本人也成为节约标兵。

日本北海道大学进化生物研究小组对三个分别由30只蚂蚁组成的黑蚁群的活动进行了观察。结果发现。大部分蚂蚁都很勤快地寻找、搬运食物、少数蚂蚁却整日无所事事、东张西望，人们把这少数蚂蚁叫做“懒蚂蚁”。有趣的是，当生物学家在这些“懒蚂蚁”身上做上标记，并且断绝蚁群的食物来源时，那些平时工作很勤快的蚂蚁表现得一筹莫展，而“懒蚂蚁”们则“挺身而出”，带领众蚂蚁向它们早已侦察到的新的食物源转移。

原来“懒蚂蚁”们把大部分时间都花在了“侦察”和“研究”上了。它们能观察到组织的薄弱之处，同时保持对新的食物的探索状态，从而保证群体不断得到新的食物来源。这就是所谓的“懒蚂蚁效应”。

在蚁群中，“懒蚂蚁”很重要；而在企业中能够注意观察市场、研究市场、分析市场、把握市场的人也更重要。将“懒蚂蚁效应”引申为——企业在用人时，既要选择脚踏实地、任劳任怨的“勤蚂蚁”，也要任用运筹帷幄，对大事大方向有清晰头脑的“懒蚂蚁”。这些“懒蚂蚁”不被杂务缠身而长于辨别方向和指挥前进，能想大事、想全局、想未来，也可以理解为国内企业呼唤懒蚂蚁思维的企业家。

比如，国内很多企业都勤于外联，疏于服务；勤于开发新客户，疏于维护老客户；勤于销售老产品，疏于策划新产品；勤于发展，疏于管理；勤于人际关系，疏于家庭和谐等等，总之，如果每一个从业人员都能有些懒蚂蚁思维，那么就不会只耕地，不看前方——像一只牛，更像一只勤蚂蚁。

如果哪家企业的老板在自己企业里面发现了些许“懒蚂蚁”员工，那你就有的赚了！他们很好辨认，有共同特点：他们擅长学习充电，用智慧去观察，去分析，去寻找市场中新的发展机会；他们善于发现企业中存在的问题，找出企业管理的弊端，提出建设性意见，遵守规则并坚持原则；他们立足部门所辖业务，努力钻研业务，通过对各种新知识、新理念、新观念的学习，保持思路开阔，思想常新。

符合上述标准的懒蚂蚁员工，老板就要积极给予引导，方便的时候亲自指导一二，必要的时候可以提拔上来做经理。

大量的事实证明，古往今来，许多成功者既不是那些最勤奋的人，也不是那些知识最渊博的人，而是一些善于思考的人。一只苹果从树上掉下来，这是最平常的现象，但牛顿却感到好奇——苹果怎么会往地上掉呢？许多自以为聪明的人闻之哑然失笑，认为太荒唐了，但牛顿却偏要寻根究底，结果发现了万有引力，成为世界著名的科学家。

水开了，蒸汽便会将锅盖顶起，也许这是千百年来天天发生的事情，许多人熟视无睹，认为这是天经地义的事情，但英国人瓦特却偏要弄个明白——蒸汽怎么会冲起锅盖呢？结果他发明了蒸汽机，从而引发一场工业革命。

科学发明是这样，我们做其他任何事情也不例外。一个人如果不善于思考，不敢创新，可以肯定，不管他学识多么渊博，也不管他如何刻苦勤奋，他都不可能有什么大的成就。唯有那些眼光敏锐、思维活跃、具有独立性和创新精神的人，才有可能获得真正的成功。

发明大王爱迪生曾经说过：“天才，就是百分之一的灵感加上百分之九十九的汗水！”许多人片面理解了这句话的含义，认为成功只需要付出超常的勤奋，但却忽视了一点，如果没有百分之一的灵感（也就是那种带有爆发力的积极思维），百分之九十九的汗水都将自流。可见，财大气粗不见得就代表财富，心智才是更高一级的财富。很多成功企业家的故事告诉人们：赤手空拳一样赢得天下，关键是你拥有一双洞察先机的“火眼金睛”。

中国有句成语，叫做“三思而后行”，意思是说思考是我们工作和事业的指南。在生活中人们也经常会说：凡事多动动脑子想一想。其实要想第一次就将事情做对，最重要的一条就是做事时多动一动脑子，多想一想，不要一味蛮干，要想好了再干。懒于思考、不会思考的人，做事不可能成功；不会独立思考的人，往往随波逐流，一生也不会有多大的成就。

有句老话说得好“会者不忙，忙者不会”，还有句话是说“君闲臣忙国必兴，君忙臣闲国必衰”，一个道理。凡是像上面的勤蚂蚁一样忙得昏头昏脑的老板，一定是一个不懂管理的老板。如果一个管理者不懂得管理，他就永远不会发现问题的关键，可能会一次次延续错误的方法，这样的企业难以成功。

（七）学习雷锋主人翁意识与勤俭节俭

雷锋在部队生活期间，国家还处于困难时期。雷锋把自己放于国家主人之位置，处处为国家着想，事事精打细算，他认为，不能今朝有酒今朝醉，明日愁来明日忧。当司务长发给雷锋两套单军衣和两套衬衣时，雷锋只各领了一套，剩下那两件衣服交给了国家，以减少国家的开支，支援祖国的建设。

将节俭的观念，用于企业经营上，就能不断降低各种成本，提高经营绩效。只要是白手创业成功的企业家，大都有一个共同点——非常地节俭。

知名企业家王永庆与蔡万春两人，就是最好的例子。王永庆每天做毛巾操（一种以毛巾为道具的体操）所用的毛巾，一用就是二十九年，到今天还在用。他曾告诉工人说：你们所戴的工作手套，如果手掌磨破了，不妨翻过来，可换戴在另一只手上再用。蔡万春是国泰企业的创办人，他年轻时当推销员，为了省钱，请客户抽全支香烟，自己则抽半截的。当时，他买袜子总是若干双款式与颜色完全相同的，有人问他为何不多挑同种式样与颜色呢？他回答说：一双袜子穿久了总会破，可是往往不是两只几时破损。只破了一只就丢掉一双太浪费了。买同样款式与颜色的袜子，破一只就换一只，可省下不少钱。

内湖地区有个地主名叫颜庆，他虽然家财万贯，但很节俭。他为了要四个儿子养成刻苦节俭的习惯，要他们利用农闲时，四处去卖香。颜庆虽然要儿子长途跋涉去卖香，却不买草鞋给他们穿。他对儿子们说：丢在路旁的草鞋，一只当中总有一只是好的，只要找一两只被丢弃的草鞋，就可凑成一双了。

目前第二代的企业家，有人对第一代此种刻苦节俭的作风不太以为然，认为太迂腐，太刻薄自己了。殊不知，节俭的观念运用在现代企业经营上，就能不断地降低各种成本提高经营绩效，千万不能等闲视之。

俗语云：勤与俭乃创业之良图。节俭是穷人的财富，富人的智慧。企业家关于节俭的事例很多，企业的掌门人节俭，其职工也会争先效仿，企业会因此而省下大量的物耗、资金。

永丰馀关系企业董事长何传在中华民国七十六年一月四日度过他九十岁的生日，由于他个性内向含蓄，所以外界很难整理出他的一套经营哲学。

何传平常关心的不是公司的营运数字，而是员工做人做事是否秉承他节俭刻苦的精神。他认为，这些看不见的价值观——企业文化，比那些看得见的营运数字更重要，因为企业文化才是企业永续经营的基石。

他的事业起源于高雄，当年他经常搭火车来往于高雄与台北之间。为了节省时间，他从不在白天搭火车，而利用晚上搭乘火车的卧铺，一觉醒来时，刚好天亮，立刻就能工作了。平常何传巡视工作时，最注意垃圾堆，其目的在发现是否还有可用之物。他的儿子何寿川，大学毕业之前，从没乘过父亲的轿车，大学时代从没穿过西装。何传一直住在仁爱路一幢日式老房子，何应钦将军曾问他为什么不换个房子，何传解释，其目的让孩子们体验刻苦的生活，如果年轻时让儿女们享受舒适的生活，将来长大就很难适应困苦的生活了。

（八）学习雷锋防患未然，强化事前控制

在雷锋日记中多次提到保养车辆。如 1962 年 1 月 16 日中记载：今天下了大雪，刮着刺骨的北风，为了使车辆经常保持良好的技术状态，随时开得动，我和韩玉臣同志主动到车场保养车辆。双手拿着冰冷的工具，调整和修理铁的机器，的确冷得很，有时手拿着铁的机件，就把手和机件粘在一起了。特别是双手伸到汽油里去清洗机件，更把手指冰得好像针扎一样，我真想去烤烤火。1962 年 5 月 2 日写道：今天下午我在保养汽车，勤于保养为安全行车四千多公里提供了保障。

> 魏文王问名医扁鹊说："你们家兄弟三人，都精于医术，到底哪一位最好呢？"
>
> 扁鹊答："长兄最好，中兄次之，我最差。"
>
> 文王再问："那么为什么你最出名呢？"
>
> 扁鹊答："长兄治病，是治病于病情发作之前。由于一般人不知道他事先能铲除病因，所以他的名气无法传出去；中兄治病，是治病于病情初起时。一般人以为他只能治轻微的小病，所以他的名气只及本乡里。而我是治病于病情严重之时。一般人都看到我在经脉上穿针管放血、在皮肤上敷药等大手术，所以以为我的医术高明，名气因此响遍全国。"

事后控制不如事中控制，事中控制不如事前控制，广大的经营者要体会到这一点，不要等到错误的决策造成了重大的损失才寻求弥补。如果发生了重大决策失误，往往是即使请来了名气很大的"空降兵"，结果也将于事无补。

（九）学习雷锋的持之以恒的学习力

雷锋只有小学毕业，在今天看来学历很低。但雷锋的学习能力远远大于学历。读雷锋日记，可以看出雷锋的语言简练，富含一定的哲理。毛泽东主席读了几篇雷锋日记后说，雷锋懂点哲学。雷锋说我们要真正学到一点东西，就要虚心。譬如一个碗，如果已经装得满满的，哪怕再有好吃的东西，像海参、鱼翅之类，也装不进去，如果碗是空的，就能装很多东西。装知识的碗，就要像神话中的"宝碗"一样，永远也装不满。

雷锋有一个显著的特点，就是爱学习。雷锋在日记中多次告诫自己：不学无术在任何时候，对任何人，都无所帮助，也不会带来利益。雷锋一生与学习做伴，与书同行，通过学习窥望到无穷的世界，在那里获得了进入知识殿堂和真理之国的通行证。

有一个博士分到一家研究所，成为学历最高的一个人。

有一天他到单位后面的小池塘去钓鱼，正好正副所长在他的一左一右，也在钓鱼。

他只是微微点了点头，这两个本科生，有啥好聊的呢？

不一会儿，正所长放下钓竿，伸伸懒腰，蹭蹭蹭从水面上如飞地走到对面上厕所。

博士眼睛睁得都快掉下来了。水上漂？不会吧？这可是一个池塘啊。

正所长上完厕所回来的时候，同样也是蹭蹭蹭地从水上飘回来了。

怎么回事？博士生又不好去问，自己是博士生哪！

过一阵，副所长也站起来，走几步，蹭蹭蹭地飘过水面上厕所。这下子博士更是差点昏倒：不会吧，到了一个江湖高手集中的地方？

博士生也内急了。这个池塘两边有围墙，要到对面厕所非得绕十分钟的路，而回单位上又太远，怎么办？

博士生也不愿意去问两位所长，憋了半天后，也起身往水里跨：我就不信本科生能过的水面，我博士生不能过。

只听咚的一声，博士生栽到了水里。

两位所长将他拉了出来，问他为什么要下水，他问："为什么你们可以走过去呢？"

两所长相视一笑："这池塘里有两排木桩子，由于这两天下雨涨水正好在水面下。我们都知道这木桩的位置，所以可以踩着桩子过去。你怎么不问一声呢?”

学历代表过去，只有学习力才能代表将来。尊重经验的人，才能少走弯路。一个好的团队，也应该是学习型的团队。古人有言，书痴者文必工，艺痴者技必良。现今社会，知识更新很快，有一种说法是大学生在大学中学到的知识已经落后社会四五年，这种说法虽然不完全正确，但却反映了知识更新迅速性。企业也是如此，一项技术的研发、推广、更新时间也非常短暂，需要员工不断重新学习，拥有很强的学习能力，在学习中思考。思考是启迪智慧大门的钥匙，思考是穿破未知障碍的金箭，思考是通往成功的桥梁。思考与动手钻研结合起来，往往会迎来柳暗花明又一村的境地。

（十）学习雷锋的迎难而上

雷锋有一种不服输的精神。他面对困难时不退缩，想方设法克服困难。雷锋由刚入伍时什么都不懂，手拿着枪还心惊肉跳只怕走火。在连、排长的把着手教下，学会了射击，投弹也同样取得了优秀的成绩。汽车理论和实际驾驶学习，每次测验也都是5分。困难是拦路虎，问题是见虎而逃呢，还是遇虎而打。雷锋的性格是，哪儿有困难就到哪儿去——不但遇虎而打，而且进一步找虎而打。在管理中谴责，不如激将。

一九一二年，美国钢铁大王安德鲁·卡内基（Aharlis Schwab）以一百万年薪，聘请查理·瓦伯（Charles Schwab）为该公司第一任总裁时，全美企业界为之议论纷纷。

因为在当时，百万年薪已是全美国最高，斯瓦伯对钢铁并不十分内行，卡内基为何要付那么高的薪水呢？原来卡内基看上他激励部属的特殊才干。

斯瓦伯上任不久，他管辖下的一家钢铁厂产量落后，他问该厂厂长：“这是怎么一回事？为什么你们的产量老是落后呢?”

厂长回答：“说来惭愧，我好话与丑话都说尽了，甚至拿免职

来恐吓他们，没想到工人软硬都不吃，依然懒懒散散。”

那时正是日班快下班，即将要由夜班接班之时。斯瓦伯向厂长要了一支粉笔，问日班的领班说：“你们今日炼了几吨钢呢？”

领班回答：“六吨。”

斯瓦伯用粉笔在地上写了一个很大（6）字后，默不作声地离去。

夜班工人接班后，看到地上的（6）字，好奇地问是什么意思。日班工人说：“总裁今天过来了，问我们今天炼了几吨钢，领班告诉他六吨，他便在地上写了一个（6）字。”

次日早上，斯瓦伯又来工厂，他看到昨天地上的（6）已经被夜班工作改写为（7）字。

日班工人知道输给夜班工人，内心很不是滋味，他们决心给夜班工作一点颜色看看，大伙儿加倍努力，结果那一天炼出了10吨的钢。

在日夜班工人不断地竞赛之下，这座工厂的情况逐渐改善。不久之后，其产量竟跃居公司里所有钢铁厂之冠。斯瓦伯只用一支粉笔，就能鼓舞人们奋发向上的本领，这是他获得全美最高薪的主要原因。

人争一口气，佛争一炷香；不知多少人为了“那一口气”而付出一切。雷锋面对青春发出咏叹：青春啊！永远是美好的，可是真正的青春，只属于这些永远力争上游的人，永远忘我劳动的人，永远谦虚的人。

风平浪静的海面，所有的船只都可以并驱取胜，但当命运的铁掌击中要害时，却只有大智大勇的人方能处之泰然。风流不暂停，三山隐行舟。

二、怎样学雷锋

我们很多人

和雷锋都没见过面

只是从报纸和照片上
看见他金光闪闪
他的每一篇日记
都火辣辣地写进了我们的心坎
他握着方向盘
红心一颗笑容满面
走遍了万水千山

（柯原《灿烂的星辰》）

望大千世界，美无处不在，爱如影相随，只因心中充满希望。只有用心去聆听自然地和谐与相容，在生活中学会感恩，懂得奉献，才能将天地间美的真谛诠释得淋漓尽致。

（一）学习雷锋要倡导奉献精神

什么是奉献？在革命战争年代，不怕流血牺牲就是奉献；在和平建设时期，不计得失报酬就是奉献；在全面建设小康社会、构建和谐社会的今天，奉献是什么？

申纪兰对党无限忠诚和热爱，对于名利，她却看得很淡。“不转户口、不定级别、不领工资、不要住房、不调工作关系、不脱离生产劳动”，申纪兰耐得住寂寞，守得住清贫，受得起冷落，经受住各种诱惑的考验，树立“平民”意识，忠于“平凡”工作，保持“平静”心态，甘于“平淡”生活，以淡泊的情怀书写出高尚的人生。一位心地善良的普通农民，一位富有传奇色彩的老人……这一个个不同的身份，展示了申纪兰不同凡响的人生历程。这位带领广大乡亲脱贫致富的“领头羊”，这位人民代表大会制度的“见证人”，之所以能够创造出不平凡的业绩，正是在于她一生牢记党的宗旨，五十多年如一日，用行动践行了一名共产党员的誓言。申纪兰的可贵之处在于，50 多年倾心尽力做一件事，但却真正做好了这件事。她带领家乡人民从贫穷走向富裕。

一个人，要做到奉献，需要一点精神，一种境界，应超越私欲，与祖国共命运，与人民同呼吸。而这一切，源于一种对于祖国和人民的高度责任感，这便需要我们学会去感恩。休道路漫漫其修远兮。坎坷、挫折、磨难或许让你身心俱疲，你可以选择苟延残喘，但绝不可就此沉沦。山高月小，水落石出。造化注定给生命以劫难，又有谁能逃避得开？唯一的唯一，便是怀抱一颗感恩之心去面对重重困难，坚信不经历风雨无以见彩虹，不积小流无以成江海。

（二）学习雷锋要从自我做起

“一滴水只有放进大海里才永远不会干涸，一个人只有当他把自己和集体事业融合在一起的时候才能最有力量”“我活着就是要做一个对人民有用的人” “要把有限的生命投入到无限的为人民服务之中去”……1962 年 8 月 10 日，因公殉职 5 天前，雷锋在最后一篇日记中仍然写道：“今后，我要更加热爱人民和尊敬人民，永远做群众的小学生，做人民的勤务员。”

这些都是雷锋留下的感人至深的名言，更是他短暂人生不断践行的道德准则。翻开《雷锋日记》，朗诵这些脍炙人口的词句，我们感受到了一种崭新时代的道德向往，体悟出一种撼动人心的精神力量。

这是发生在英国的一个真实故事。

有位孤独的老人，无儿无女，又体弱多病。他决定搬到养老院去。老人宣布出售他漂亮的住宅。购买者闻讯蜂拥而至。住宅底价 8 万英镑，但人们很快就将它炒到了 10 万英镑。价钱还在不断攀升。老人深陷在沙发里，满目忧郁，是的，要不是健康情形不行，他是不会卖掉这栋陪他度过大半生的住宅的。

一个衣着朴素的青年来到老人眼前，弯下腰，低声说：“先生，我也好想买这栋住宅，可我只有 1 万英镑。可是，如果您把住宅卖给我，我保证会让您依旧生活在这里，和我一起喝茶，读报，散步，天天都快快乐乐的——相信我，我会用整颗心来照顾您！”

老人颔首微笑，把住宅以 1 万英镑的价钱卖给了他。

完成梦想，不一定非得要冷酷地厮杀和欺诈，有时，只要你拥有一颗爱人之心就可以了。雷锋17岁时就曾这样写下，在生活的仓库里，我们不应该只是个无穷尽的支付者。天地间，人所能得到最快乐、最自由的心境，莫达于爱别人和为别人奉献。

企业员工学习雷锋要从自己做起，从身边小事做起。雷锋这个词的含义已经超脱了雷锋个人的含义，雷锋是一个符号，一个称谓，他代表归属的一类人。有许多璀璨的群星撒在工业、农业、交通、财贸、基建、文教、卫生、科技、军队等各条战线，一个个随口报出的难忘人物艰苦奋斗的老模范孟泰、纺织女劳模郝建秀、大庆铁人王进喜、杨善洲、雷锋的传人郭明义。

（三）学习雷锋要知足常乐与常怀感恩之心

享受你的生活，不要与别人计较——康道塞。不让无穷的欲念攫取已心，“够用就好”的生活态度，才有快乐的人生。雷锋为了和人民群众同甘共苦，减轻人民的负担，共同克服目前的困难，只领了一套单军服，一双新胶鞋，其他用品也少领了。雷锋觉得就是现在穿一套打补丁的旧衣服，也比他过去穿的破烂衣服要好千万倍！雷锋在童年的生活是难以得到一箪食，一豆羹，是苦怜苦，穷帮穷的乡亲接济了他；新中国成立后是党照顾了他，新旧对比，今昔对比，知足二字就印在他的心中。雷锋精神的出发原动力是雷锋有一颗感恩的心。他感谢党，感谢毛主席：啊，我的心是多么激动！它一会儿也平静不下来。啊，伟大的党！伟大的毛主席！多亏了您我才开始了新的生活。当我挣扎在水深火热之中，挣扎在死亡线上的时候，是您救了我，给我饭吃，给我衣穿，还送我上学念书……在您的不断培养和教导下，我从一个穷孩子，终于成长为一名有知识有觉悟的共产主义战士。

有一个人在河边钓鱼，他钓了非常多的鱼，但每钓上一条鱼，就拿尺量一量。只要比尺大的鱼，他都丢回河里。其他钓客不解地问：“别人都希望钓大鱼，为什么只有你将大鱼都丢回河里？”这人轻松地回答：“因为我家的锅子只有尺这么长，太大的鱼装不下。”

企业员工的心态决定企业的精神面貌。在生活上，知足者常乐，少一些攀比，少一些奢靡，企业氛围和谐向上。摆正心态，心中常怀感恩之心。

（四）学习雷锋要激励与沟通

雷锋在党的培养下一天天成长起来，他逐渐到各地去做报告，做演讲，四面八方的人给予雷锋很多赞美之词，这些赞美促使雷锋更加努力为他人服务，健康向上。

> 某足球队教练将该队队员分成三个集训小组，并在训练时做了一个心理实验．教练对第一个小组队员的表现大加赞赏，说：“你们表现卓越，配合度非常高，太棒了！你们是一流的球员．”对第二小组则说：“你们也不错，如果你们运球速度快一点，步伐再稳一点，就更好了。”对第三小组则说：“你们怎么搞的，总是抓不到要领，靠你们，我什么时候才有出头之日呀！”其实这三个小成员的素质、能力都一样。但是经过这样一个实验之后，结果第一小组获得最好的成绩，第二小组次之，第三小组最差。

怎么样激发员工的工作热情呢？是指出他们的不足，然后让他们奋勇改变呢？还是用大量的赞美语言，让他们更加努力呢？其实很多时候赞美比批评更能激发一个人的潜能和积极配合的愿望。

除了激励外，一个管理者还要做好沟通工作。要把担任各项职务的人组织成为一个团队。做到这点的方法是：通过日常的工作实践，通过员工关系，通过有关报酬、安置和提升的“人事决定”，通过同其下级、上级和同级之间经常的相互信息交流和沟通。

（五）学习雷锋要关心关怀他人

> 一把坚实的大锁挂在大门上，一根铁杆费了九牛二虎之力，还

是无法将它撬开。

钥匙来了，他瘦小的身子钻进锁孔，只轻轻一转，大锁就“啪”地一声打开了。

铁杆奇怪地问：“为什么我费了那么大力气也打不开，而你却轻而易举地就把它打开了呢？”

钥匙说：“因为我最了解他的心。”

每个人的心，都像上了锁的大门，任你再粗的铁棒也撬不开。

唯有关怀，才能把自己变成一只细腻的钥匙，进入别人的心中，了解别人。做事和做人一样，必须求合理，方能收事半功倍的效果。排解员工的压力，解决员工的困难，同时也会给企业带来意想不到的效果。人的身边并不缺少雷锋，雷锋精神的旗帜也时刻飘扬在我们的周围。很多善行的开始，其实在一念之间，我们并不标榜崇高，只要怀揣一颗善良的心去做寻常事，关心他人，撒播爱意，尊重生命，当这些小爱慢慢扩散并传递的时候，大爱就会出现。

缩短工作时间已是目前工厂管理的一个明显的趋势，而且许多还借缩短工时来鼓舞士气，提高生产力。

过去有一个纺织厂，采用二班制，每班工作十二小时。轮到夜班者，每到深夜三、四点时，就有人打瞌睡。公司为了防患未然，严格规定瞌睡者要记大过一次，三次就得开除。

虽然规定很严，睡者照睡，甚至发现平常表现良好的员工，有一夜被发现连打瞌睡三次的情形。经过调查研究，每班工作十二小时，日班尚可忍耐，夜班则疲惫不堪，到了深夜三、四点，虽明知瞌睡会被重罚，但总心有余而力不足，一坐下就打起瞌睡。

为了解决因体力不支而不得不打瞌睡的问题，该公司以现有人员，由二班制改为三班制。每班工作时间由十二小时改为八小时，缩短四小时的工作时间。虽然缩短工时，但员工每月收入不变。

虽然缩短了工作时间，但因单位时间的工资增加，员工的收入

并未减少，所以三班制大受员工欢迎，工作更加卖力。

由于工作时间缩短，工作的精神旺盛，不但打瞌睡的情形几乎消失了，而且工作效率大为提高，使得生产力反而增加，总生产量较未采三班制之前提高了百分之二十，劳资双方均获其利。

存平等心，行方便事，则天下无事。怀慈悲心，做慈悲事，则心中太平。无论一个国家多么强大，总有危难时刻，需要人们挺身而出，无论一个企业多么优秀，总会遭遇到不同程度的困难，肯定需要员工的付出。在企业付出与员工付出之间，不存在必然的等价关系，不能用金钱来衡量。企业是为员工提供工资，解决员工的衣食住行，员工凭企业生存，而企业也凭员工的付出而发展、壮大。

1993 年，正当经济危机在美国蔓延的时候，哈里逊纺织公司因一场大火化为灰烬。3000 名员工悲观地回到家里，等待着董事长宣布破产和失业风暴的来临。在漫长而无望的等待中，他们终于接到了董事会的一封信：向全公司员工继续支薪一个月。在全国上下一片萧条的时候，能有这样的消息传来，员工们深感意外。他们惊喜万分，纷纷打电话或写信向董事长亚伦．傅斯表示感谢。一个月后，正当他们为了下个月的生活发愁时，他们又接到公司的第二封信，董事长宣布，再支付全体员工薪酬一个月。3000 名员工接到信后，不再是意外和惊喜，而是热泪盈眶。在失业席卷全国能得到如此照顾，谁不会感激万分呢？第二天，他们纷纷拥向公司，自发地清理废墟、擦洗机器，还有一些人主动去南方一些州联络被中断的货源。3 个月后，哈理逊公司重新运转了起来。当时的《基督教科学箴言报》是这样描述这一奇迹的：员工们使出浑身的解数，日夜不懈地卖力工作，恨不得一天干 25 小时，曾劝董事长傅斯领取保险公司赔款一走了之和批评他感情用事、缺乏商业精神的人开始服输。现在，哈理逊公司已成为美国最大的纺织品公司，分公司遍布五大洲 60 多个国家。

这个故事告诉了我们很多的道理。在遇到这样的困境时，要是换成了我们，会怎么做呢？拿到赔款，一走了之？还是从此一蹶不振？还是如文中的公司董事长？他失去了一个纺织厂，后来又得到了一个纺织厂和一群忠心耿耿的员工。后者才是最宝贵的财富。看看今天这个公司的成就，相信企业管理者都明白了自己该怎么做。对于最有能力的领航人风浪总是格外的汹涌。

（六）学习雷锋要学会宽容，学会理解

罗马人凯撒大帝，威震欧亚非三大陆，临终告诉侍者说：“请把我的双手放在棺材外面，让世人看看，伟大如我凯撒者，死后也是两手空空。”

雷锋的指导员找雷锋谈话，在肯定雷锋成绩的时候，指出有人反映雷锋和一位女同志谈情说爱。雷锋感到莫名其妙，不知风从何起。雷锋认为那没有任何根据，完全是误解。雷锋是怎样对待这件事的呢？雷锋认为对别人反映和意见不能拒绝，哪怕只有百分之零点五的正确，也要虚心接受。对待委屈，雷锋用一种平静的、理智的心去接受，没有急于澄清，没有急于叫冤，而是用时间、用宽容、去理解接受。

春秋时期，楚王请了很多臣子们来喝酒吃饭，席间歌舞妙曼，美酒佳肴，烛光摇曳。同时，楚王还命令两位他最宠爱的妃子许姬和麦姬轮流给他的属下敬酒。

忽然一阵狂风乱来，吹灭了所有的蜡烛，漆黑一片，席上一位官员乘机揩油亲泽，摸了许姬的玉手，许姬一甩手，扯了他的帽带，匆匆回到座位上并在楚王耳边悄声说：“刚才有人乘机调戏我，我扯断了他的帽带，你赶快叫人点起蜡烛来，看谁没有帽带，就知道是谁了。”

楚王听了，连忙命令手下先不要点燃蜡烛，却大声向各位臣子说：“我今天晚上，一定要与各位一醉方休，来，大家都把帽子脱了痛快饮一场。”

众人都没有戴帽子，也就看不出是谁的帽带断了。后来楚王攻打郑国，有一将领独自率领几百人，为三军开路，斩将过关，直通郑国的首都，而此人就是当年揩许姬油的那一位。他因楚王施恩于他，而发誓毕生忠于楚王。

在企业管理中，属下犯错是难免的，就是最优秀的人才也会有犯错的时候，面对属下的错误，特别是优秀人才的错误，管理者应该善待。通用电器公司的总裁在他的自传里说："当人们犯错的时候，他们最不愿意看到的就是惩罚。""人非圣贤，孰能无过。"很多时候，我们都需要宽容，宽容不仅是给别人机会，更是为自己创造机会。同样老板在面对下属的微小过失时，则应有所容忍和掩盖，这样做是为了保全他人的面子和企业的利益。

（七）学习雷锋要反躬自省

雷锋一天吃早饭时，看到炊事班的饭盆里有很多锅巴，便随手拿了一块吃。炊事员说："自觉点啊！"雷锋听了心里很难受，觉得吃一块锅巴有什么，赌气把那块锅巴放到饭盆，走了出去。后来想来想去，雷锋认识到自己不对，硬着头皮跑到炊事班，承认自己拿锅巴吃不对，并检查了自己的缺点。这件事，微不足道，在今天看来就像是一个故意编排出的小插曲，一块锅巴而已。不以恶小而为之，雷锋善于反躬自省，是不是我错了呢？错了后，怎么办？

狐狸在跨越篱笆时脚滑了一下，幸而抓住一株蔷薇才没有摔倒。可是脚却被蔷薇的刺扎伤了，流了许多血。受伤的狐狸就埋怨蔷薇说："你太不应该了，我是向你求救，你怎么反而伤害我呢？"蔷薇回答道："狐狸啊！你错了，我的本性就带刺，你自己不小心才被我刺到的啊！"

有句俗话："一个快淹死的人，连一根稻草也会赶紧去抓，但却常因选择不明，反而无济于事。"企业的经营、决策、管理不能百分之百完美无缺，遇到错误时，有没有人能够勇于站出来说，这是我的责任，是我把它弄错了呢？能够站出来承担责任的人不仅是有勇气，更是个会反躬自省能承担的人。怎么样对待他呢？是责任追究？还是给次机会继续留以任用？真的只在企业管理者的一念之间了。

（八）学习雷锋要合理用人

一定意义上说，管理者所从事的就是组织工作。他分析所需的各项活动、决策和关系，他对工作进行分类，把工作划分成各项可以管理的活动，又进一步把这些活动划分成各项可以管理的作业。他把这些单位和作业组合成为一个组织结构。

骨宜刚，气宜柔，志宜大，胆宜小，心宜虚，言宜实，慧宜增，福宜惜，虑不远，忧亦近。真正的领导人，不一定自己能力有多强，只要懂信任，懂放权，懂珍惜，就能团结比自己更强的力量，从而提升自己的身价。相反许多能力非常强的人却因为过于完美主义，事必躬亲，什么人都不如自己，最后只能做最好的攻关人员，销售代表，成不了优秀的领导人。

人们工作是出于不同的原因，有人为了金钱，有人为了社会地位，有人为了得到别人的欣赏，也有人是为了在工作中获得满足感和自我发展。作为管理者，一定要明晰这些人的需求以及不断变化，确保员工尽可能最有效地工作。简而言之，激励就是鼓舞和指导员工取得好绩效。管理者要培训员工，为他们提供有挑战性和有趣味的工作，激励他们在工作中追求优异。更为重要的是，身为管理者，一定要相信员工并公平地对待他们。

留个缺口给别人

一位著名企业家在作报告，一位听众问："你在事业上取得了巨大的成功，请问，对你来说，最重要的是什么？"

企业家没有直接回答，他拿起粉笔在黑板上画了一个圈，只是并没有画圆满，留下一个缺口。他反问道："这是什么？""零"、"圈"、"完成的事业"、"成功"，台下的听众七嘴八舌地答道。

他对这些回答未置可否："其实，这只是一个未画完整的句号。你们问我为什么会取得辉煌的业绩，道理很简单：我不会把事情做得很圆满，就像画个句号，一定要留个缺口，让我的下属去填满它。"

留个缺口给他人，并不说明自己的能力不强。实际上，这是一种管理的智慧，是一种更高层次上带有全局性的圆满。给猴子一棵树，让它不停地攀登；给老虎一座山，让它自由纵横。也许，这就是企业管理用人的最高境界。生命如自助餐厅，要吃什么菜自己选择。

人生如戏，生命是舞台，每个人就扮演着自己的角色，且让每个人都好好走过有意义的一趟。有心能知，有情能爱，有缘能聚，有梦能圆。

去过寺庙的人都知道，一进庙门，首先是弥勒佛，笑脸迎客，而在他的北面，则是黑口黑脸的韦驮。但相传在很久以前，他们并不在同上庙里，而分别掌管不同的寺庙。弥勒佛热情快乐，所以来的人非常多，但他什么都不在乎，丢三落四，没有好好地管理账务，所以依然入不敷出。而韦驮虽然管账是一把好手，但成天阴着个脸，太过严肃，搞得人越来越少，最后香火断绝。佛祖在查香火的时候发现了这个上问题，就将他们俩放在同一个庙里，由弥勒佛负责公关，笑迎八方客，于是香火大旺。而韦驮铁面无私，锱铢必较，佛祖就让他负责财务，严格把关。在两人的分工合作下，庙里呈现出一派欣欣向荣的景象。

没有一个人是全才。所以管理者就要充分挖掘每个人的潜力，知道每个人的长处和短处，然后再分别加以运用。其实在用人大师的眼里，没有一个人会是废人，正如武功高手，不需名贵宝剑，摘花飞叶即可伤人，关键看如何使用他们。管理者最重要的工作就是培养人。这种培养的方向决定着人——既作为人，又作为一种资源——能否变得更富活力，或最终完全失去活力。这一点不仅适用于被管理的人，而且适用于管理者自身。管理者是否按正确的方向来培养其下属，是否帮助他们成长并成为更高大和更丰富的人，将直接决定着他本人是否得到发展，是成长还是萎缩，是更丰富还是更贫乏，是进步还是退步。

一位挑水夫，有两个水桶，分别吊在扁担的两头，其中一个桶有裂缝，另一个则完好无缺。在每趟长途的挑运之后，完好无缺的桶，总能将满满一桶水从溪边送到主人家中，但是有裂缝的桶到达主人家时，却只剩下半桶水。两年来，挑水夫就这样每天挑一桶半的水到主人家。当然了，好桶对自己能够送满整桶水很感自傲。破桶呢？对于自己的缺陷则非常羞愧，它饱尝了两年失败的苦楚，终于忍不住了，在小溪旁边对挑水夫说："我很惭愧，必须向你道歉。""为什么呢？"挑水夫问道："你为什么觉得惭愧？""过去两年，因为水从我这边一路的漏，我只能送半桶水到你主人家，我的缺陷，使你作了全部的工，却只收到一半的成果。"破桶说。挑水夫替破桶感到难过，他很有爱心地说："我们回到主人家的路上，我要你留意路旁盛开的花朵。"果真，他们走在山坡上，破桶眼前一亮，看到缤纷的花朵，开满路一旁，沐浴在温暖的阳光之下，这景象使它开心很多！但是，走到小路的尽头，它又难受了，因为一半的水又在路上漏掉了！破桶再次向挑水夫道歉，挑水夫说："你有没有注意到小路两旁，只有你的那一边有花，好桶的那边却没有开花呢？我明白你有缺陷，因此我善加利用，在你那边的路旁撒了花种，每回我从溪边来，你就替我一路浇了花！两年来，这些美丽的花朵装饰了主人的餐桌。如果你不是这个样子，主人的桌上也没有这么好看的花朵了！"

挑水夫为发扬破桶的自身特点，在路上撒下花种，恰好使破桶漏出来的水作为浇灌之用。这种处理方法非常合理。在企业中，要想每个员工都完美无缺是不可能的。人无完人，每个人都有他自身的弱点。管理

者就要懂得怎样去发挥员工的长处，对他的短处不要过多地苛责。如果宽容地来看，不难发现，很多时候员工的弱点也可以是一种长处。

企业不能依赖于天才。因为天才稀少如凤毛麟角。考察一个企业是否优秀，要看其能否使平常人取得比他们看来所能取得的更好的绩效，能否使其成员的长处都发挥出来，并利用每个人的长处来帮助其他人取得绩效。企业的任务还在于使其成员的缺点相抵消。

（九）学习雷锋要建立合适的制度

不知从什么时候开始，企业建立啥样的制度成了一种时髦，各种管理模式此起彼伏盛行一时——路边的小店在追求企业文化，家族在建立现代企业制度，个体小厂在幻想天上掉下一个职业经理人。

于是，我们羡慕跨国集团企业微小的细节，津津乐道于麦当劳连洗手都有规范……我们开始认真梳理每一项制度，大到公司治理结构，小到清洁工行为规范；对各种体系认证推崇备至，对现代企业制度定理膜拜；我们迷恋“海归派”的职业经理人，开始模仿每一个跨国企业的经典案例。

但南橘北枳的现实让我们迷惑不解，植入了“现代理念”的企业不但没有骤现勃勃生机，反而给企业燃烧的火焰浇上了一盆冷水，给员工奔放的思维套上了重重的锁链。小企业没有了进退自如的灵性，大的企业则没有了所向无敌的霸气。面对潮水一样涌来的跨国公司，我们感到害怕，感到害怕，感到劳累不堪，企业感到前所未有的“沉重”和“迷茫”。

当我们把所有的目光聚集到“制度”的时候，我们也许会忘了：发展才是硬道理。对企业而言，只有不断地赚钱才会形成真正的合力。小有小的规矩，大有大的章法，商业的真理是适者生存，而制度的精髓事实实事求是。

没有一个经济定律能解决企业的所有问题，制度也不是王。缺乏了自立独行的企业文化、管理、技术、核心竞争力，影响了企业赚钱的基本功能，制度就成了一种樊篱。也许企业尚小，但它并不因为没有制度的铁索会使它更加激情飞扬；也许企业没有了董事会，没有了权力的羁绊却使老板的决策更加驾轻就熟；也许企业没有时髦的职业经理人，少了指令层层传递的家族管理却能使它获得最快速的发展……

不追求最完美的制度，只追求最适合自己的制度

> 一个人养了一盆银心吊兰，枝条婆娑的，狭长的叶子中银白色的线条，甚是珍爱。
>
> 因为忙于公司事务，没有回去照顾，所以，就交给家里那些不会养花的女人们去养了。无巧不成书，恰巧在那时，他的岳母要清理抽油烟机，于是，抽油烟机下面收烟油的塑料碗中的油成了他岳母打主意的对象了，他岳母的逻辑是：油，是比较有营养的东西，人都需要，花施上一些总也是有利而无害的吧，况且，也听说过在乡下人们种西瓜用饼肥（一种压榨植物油而得到的残渣）可以增加西瓜的甜度也可以增加土地的肥效，所以，他岳母就把油碗里的植物油浇在了银心吊兰的花盆里。原以为，这盆花很快会长出嫩油油的新苗和叶子来，却不想一段时间以后，银心吊兰的叶子和枝条都枯死了。其实植物和动物所需要的营养是不一样的，所以，没经过转化的油不但没能来预期的效果，反而，使本来良好的状况变得一团糟。

这就像企业管理中存在的一些类似的人和事件：比如一些企业不根据自身企业的情况，把其他经营状况良好，管理上了一定的水平，有一定知名度的企业的文化和管理方式不加任何转化的照搬照抄，结果，不仅没有实现企业管理的预期，而且，还让本来运营良好的企业变成了一团糟。而在企业的内部制定奖励和惩罚等绩效考核时，不做具体的调查和分析，在完全不能了解员工的价值观的情况下，只是想当然地把自己认为的利也看成员工的利；把自己一位的“害”也看成员工的“害”，结果推行以后不但没有收到明显的效果，反而，搞得上上下下怨声载道。所以，作为企业的管理人员，一定要了解企业自身的情况，或者员

工的需求情况来制定企业的具体规章和建立企业的激励机制，切不可像上面养花的女人一样，办事情想当然，结果不但不能实现预期，反而，把局面弄得无法控制。

制度的力量

这是历史上一个制度建设的著名例证。18 世纪末期，英国政府决定把犯了罪的英国人统统发配到澳洲去。

一些私人船主承包从英国往澳洲大规模地运送犯人的工作。英国政府实行的办法是以上船的犯人数支付船主费用。当时那些运送犯人的船只大多是一些很破旧的货船改装的，船上设备简陋，没有什么医疗药品，更没有医生，船主为了牟取暴利，尽可能地多装人，使船上条件十分恶劣。一旦船只离开了岸，船主按人数拿到了政府的钱，对于这些人能否能远涉重洋活着到达澳洲就不管不问了。有些船主为了降低费用，甚至故意断水断食。3 年以后，英国政府发现：运往澳洲的犯人在船上的死亡率达 12 %，其中最严重的一艘船上 424 个犯人死了 158 个，死亡率高达 37 %。英国政府费了大笔资金，却没能达到大批移民的目的。

英国政府想了很多办法。每一艘船上都派一名政府官员监督，再派一名医生负责犯人和医疗卫生，同时对犯人在船上的生活标准做了硬性的规定。但是，死亡率不仅没有降下来，有的船上的监督官员和医生竟然也不明不白地死了。原来一些船主为了贪图暴利，贿赂官员，如果官员不同流合污就被扔到大海里喂鱼了。政府支出了监督费用，却照常死人。

政府又采取新办法，把船主都召集起来进行教育培训，教育他们要珍惜生命，要理解去澳洲去开发是为了英国的长远大计，不要把金钱看得比生命还重要但是情况依然没有好转，死亡率一直居高不下。

一位英国议员认为是那些私人船主钻了制度的空子。而制度的缺陷在于政府给予船主报酬是以上船人数来计算的。他提出从改变制度开始：政府以到澳洲上岸的人数为准计算报酬，不论你在英国上船装多少人，到了澳洲上岸的时候再清点人数支付报酬。

问题迎刃而解。船主主动请医生跟船，在船上准备药品，改善生活，尽可能地让步每一个上船的人都健康地到达澳洲。一个人就意味着一份收入。自从实行上岸计数的办法以后，船上的死亡率降到了1％以下。有些运载几百人的船只经过几个月的航行竟然没有一个人死亡。

绩效考核和激励应是基于流程管理的考核和激励。就是考核谁，考核什么，考核到什么程度，什么时间来考核都要有流程上的依据。流程管理思想跟功能管理不一样的地方在于，功能管理往往强调情本身，做这个事情往往就是目的，但是流程管理的目的是为了战略的实施，为了公司获得更大的效益，否则就宁愿不惩罚你，宁愿不考核你！

只有一只手表，可以知道是几点，拥有两只或两只以上的手表，却无法确定是几点；两只手表并不能告诉一个人更准确的时间，反而会让看表的人失去对准确时间的信心。

对一个企业，不能同时采用两种不同的管理方法，不能同时设置两个不同的目标，否则将使这个企业无所适从；一个人不能由两个以上的人来指挥，否则将使这个人无所适从；不能同时选择两种不同的价值观，否则，他的行为将陷于混乱。

一个企业的“士气”并不意味着“人们在一起相处得是否好”，其检验标准应该是绩效。如果人际关系不以达成出色绩效为目标，那么实际上就是不良的人际关系，是互相迁就，并会导致士气萎靡。

（十）学习雷锋要内化成习惯和行动

社会需要一个大众化的雷锋。他可以是你，也可以是我，可以是每个人。有时，他叫“雷锋车队”、“雷锋超市”、“雷锋银行”……有

时，他在搀扶盲人过马路；有时，他在为穷孩子送去哪怕是几块钱的温暖，可没有人知道他的名字……

时代需要个性化的雷锋。在时代发展中，他在希望工程中，托起失学孩子求知的梦想；他在“母亲水窖”活动里，燃起西部缺水母亲的希望……或者，他叫“志愿者”、“义工”。公共场所，他服务在民众身旁；废墟里，他冲在救灾一线；福利院里，他四处奔忙……

企业需要朴素化的雷锋。在企业他可能是一个电工，可能是一个车工，他检查了每一个线路，认真排除障碍；他认真做好一个个零件，不少雕琢一下；他只是把本职工作干好，采访他没有豪言壮语，只有憨厚一笑，他说这只是他的习惯，这是他的职责，这是他应该做的。他可能是瞬间的雷锋，也可能是一辈子的雷锋，他可能是一个人的雷锋，也可能是一群人的雷锋……

生命像一面镜子，对着它皱眉，它回我们皱眉；当我们对它微笑的时候，它回我们微笑！明天是世上增值最快的一块土地，因它充满了希望。这世上的一切都借希望而完成。

凌海电力集团是辽西地区大型民营企业，也是全国精神文明建设先进单位和五一劳动奖状获得单位，现有固定资产总值55亿元人民币，集团公司现辖八大子公司，经营项目涵盖电力供应、电力安装、输变电制造、特钢冶炼、白酒酿造、房地产开发、百货商贸、餐饮服务八大行业。

董事长张占宇同志以作风正、能力强、懂经营、善管理被誉为全国电力系统追星赶月人，荣获全国电力系统劳动模范、全国模范军转干部、全国劳动模范，连续当选第十、第十届全国人大代表、多次受到江泽民、胡锦涛等党和国家领导人的亲切接见。

小上五旗村位于凌海市最东端，原是清朝的皇家牧场，后来演化成自然村落，距今已有300多年的历史，原是一个远近闻名的后进村，为了改变家乡面貌，张占宇将户口迁回村里，2000年任村党支部、村委会主任以来，带领村民艰苦创业，人均收入逐年提高，村容村貌发生了根本性变化，农兄弟也过上了城里人的日子，2010 年小上五旗村被辽宁省人民政府评为新农村建设示范村，2011 年小上五旗村被评为全国文明村。

幸福所需要的美德是节制，而厄运所需要的美德是坚忍：后者比前者更为难能可贵。幸福和厄运，各人令人难忘之处，不管我们得到的是什么，都不必张狂与沉沦。灵魂在耕耘中净化，信念在耕耘中升腾。转首回望，耕耘后是一片清新的天地，一个绚丽的人生。只有启程，才会到达理想的目的地；只有拼搏，才会获得辉煌的成功；只有播种，才能有收获；只有奋斗，才能品味幸福的人生。

第四章

雷锋特色企业文化案例

雷锋精神作为一种文化力，是可以被企业借鉴吸收的宝贵精神财富，是创建企业文化模式难得的素材资源库。雷锋身上体现的热爱党、热爱祖国、热爱社会主义的崇高理想和坚定信念，服务人民、助人为乐的奉献精神，干一行爱一行、专一行精一行的敬业精神，锐意进取、自强不息的创新精神，艰苦奋斗、勤俭节约的创业精神，与中国特色社会主义企业文化的价值追求是完全一致的。如企业遵循的诚信原则及优质服务与雷锋精神的“忠诚”“利他”等特征相一致；企业的和谐共生及团队精神与雷锋精神的集体主义精神相一致；企业的成效激励原则与雷锋精神的奋发进取精神相一致；企业崇尚的爱岗敬业与雷锋的螺丝钉精神相一致；学习型企业与雷锋的钉子精神相一致等等。

本章分别从行政部门、事业单位、国有企业、私营企业四个方向搜集了一些案例，介绍这些企业如何把雷锋精神引入企业文化建设及取得的成效。从中我们可以看出，雷锋精神与企业文化的有机融合，能锤炼出一支有崇高追求且有战斗力的员工队伍，为企业的发展提供强劲动力和文化支持，提升企业核心竞争力和知名度美誉度，净化社会风气，促进社会和谐。

第一节　行政部门文化建设案例

一、延安市工商局以延安精神积极推进工商文化建设

“感受着延安精神的力量、展示着人民公仆的形象，我们是革命圣地的工商……”

——《延安工商之歌》

这是一首让延安工商人引以为豪的歌曲。

近年来，延安市工商局不断创新工作思路，积极开展工商文化建设，通过举办各种活动，进一步增强队伍的凝聚力、创造力和执行力，推动了延安工商事业的跨越式发展。

（一）开展丰富多彩的文艺活动，打造具有圣地特色的文化品牌

找准载体，是工商文化建设的关键。延安市工商局组织成立了“红盾艺术团”，利用群众和干部职工喜闻乐见的形式，广泛开展丰富多彩的文艺活动。他们自编、自导、自演的节目精彩纷呈，深受广大干部职工和群众的喜爱。2011 年，该局红盾艺术团完成了庆“七一”、迎国庆、庆元旦三次大型文艺演出，还进行了慰问演出，2012 年 1 月 18 日，红盾艺术团向国家工商总局来延安市指导工作的领导进行了专场汇报演出。艺术团通过大家喜闻乐见的文艺节目，围绕发生在身边的人和事，热情讴歌了工商行政管理服务百姓生活、服务经济发展、服务市场主体过程中的典型事迹，受到了总局、省局和延安市委、市政府领导的充分肯定。

（二）举办形式多样的文化活动，提升干部队伍的文化素养

2009 年，全系统正式提出了“艰苦奋进、务实创新、和谐有为、勇争一流”的十六字延安工商精神。为了认真践行以延安工商精神为核心内容的工商价值观，延安市局一方面加强宣传教育，另一方面加快

推进工商核心价值观的确立，通过树立典型，形成人人比践行的良好氛围。延安市局连续两年组织开展了“十佳办案能手”、“十佳服务标兵”和“星级工商所”的评选活动，通过宣传典型的先进事迹来引导教育广大干部职工，在全系统形成崇尚先进，学习先进，追赶先进的良好风气。

2012年，延安市工商局又在全系统组织开展“五个一”活动。即：践行一种精神，唱响一首主题歌，读一本好书，熟知一百句警句格言，撰写一篇文章。践行一种精神，就是践行“红盾精神”和“延安工商精神”；唱响一首主题歌，就是唱响“用延安精神建设延安工商”主题歌。这是国家工商总局周伯华局长对延安工商的题词，也是对延安工商的殷切希望。读一本好书，就是要求全系统广大干部职工要树立终身学习、崇尚学习的良好风气。

延安市工商局还完善了阅览室、健身室、娱乐室和室外文化体育设施建设，让干部职工在工作之余放松身心、陶冶情操。

（三）规范各种制度文化构建工商文化建设长效机制

在不断开展工商文化建设活动的同时，延安市工商局更加注重完善各项规章制度，以国家工商总局的规范化建设为契机，从统一规范工商标志、门头色调、牌匾名称、车辆装备标志、桌签、公示内容、文化墙等做起，把工商元素、符号渗透到工商行政管理的每一个角落，形成一种特有的文化现象。2009年，延安市工商局组织印制了《圣地工商文化风采》和《回望2009》宣传画册，其中体现了丰富的工商文化元素，形成富有工商特色的形象文化，提高了社会公众的认知度、认可度。另一方面创新管理文化，倡导人性化的管理理念，按照中国传统文化习俗和新时期工商形象建设要求，制定明确的工商职业道德标准、职业守则、行为准则和礼仪规范。为了避免基层文化建设搞成一阵风，延安市工商局在文化建设体系上做文章，努力构建工商文化建设长效机制。制定了《延安市工商行政管理局红盾艺术团章程》，对组织机构、演员组成、权利与义务等方面都做了明确的规定。召开延安精神与文化建设研讨会，组织编写以工商形象、红盾精神等为主要内容的工商文化丛书。

形成一批抓手，扩展工商文化建设内容，使全系统的工商文化建设更加正规化、规范化、常态化。建立工商文化考核机制，把工商文化工作列入干部日常工作内容，将工商文化建设情况与年度工作一并考核，努力构建“党组统一领导，人教组织协调，科所密切配合，干部积极参与”的工商文化建设大格局。

春风化雨，润物无声。经过努力，延安市工商局的工商文化建设取得了丰硕的成果。2011 年，延安市工商局先后被评为全省行风建设先进单位、全省工商系统完成目标任务优秀单位、全市精神文明建设标兵单位、被延安精神研究会推荐为“弘扬延安精神”先进单位，延安工商已经迈进了前所未有、和谐发展的新时代。

二、锦州地税加强地税文化建设，文化春风满地税

锦州市地税局打造富有锦州地税特色的文化理念，他们坚持以人为本，发挥团队作用，通过组织丰富多彩、健康文明、积极向上的文体活动、集体活动和学习教育活动，在地税干部心中树立起正确的理想、信念、价值和行为准则，引导干部积极投身于为国聚财、依法治税的洪流之中，使地税文化成为支持与保障税收事业健康发展的坚强支撑，并将地税文化的影响力转变为全面提升税收工作水平和服务地方经济发展的现实战斗力。

（一）打造特色型精品文化品牌，弘扬时代主旋律

在锦州的地税干部中间，活跃着两支合唱队伍：一支是由市局机关、直属单位和城区局 100 余名干部组成的锦州地税合唱团，另一支是由 10 余名热爱声乐的地税系统文艺骨干组成的男声小合唱队。在合唱队伍组建之初，市地税局立足高起点，提出要通过持之以恒的训练和演出活动，使这两支队伍成为弘扬时代主旋律和彰显锦州地税精神的践行者和宣传队。他们聘请全市最优秀的合唱指挥打造这两个团队，经过刻苦的日常训练和集中训练，使合唱队伍的演出水平实现了飞跃。近几年这两支合唱队在全省地税系统和锦州市直机关不断露脸、名声远播，在全省地税系统纪念新中国成立 60 周年歌唱比赛中，锦州地税合唱团以

宛如天籁的优美歌声和气壮山河的雄伟气势获得了二等奖；在辽宁省民间文化节活动中，在庆祝建党 90 周年的舞台上，在全市群众文化活动精品晚会上，地税的两支合唱队伍都唱出了他们对党、对祖国、对地税事业的忠诚与热爱，使时代主旋律成为荡涤干部心扉、陶冶干部思想情操的最强音。而合唱艺术的核心精神“合唱团里没有我，只有我们”也植根于每名地税干部的心中，时刻拨动着大家发扬团队精神、争创集体荣誉的心弦，成为增强队伍凝聚力和向心力的思想精髓。

学习锦州老兵义务电影放映队精神，与老兵义务放映队合作开展机关文化建设，是锦州地税文化的又一亮丽品牌。4 年前，市地税局与之结成了文化共建对子，市地税局党组号召全体地税人学习老兵放映队不辞辛苦、无私奉献、全心全意为贫困山区、为基层群众服务的崇高精神，并把这种精神衍化为立足本职、尽心尽力为纳税人服务的精神。他们邀请老兵放映队为地税干部放映了《建国伟业》、《建党伟业》、《忠诚与背叛》等多部富有教育意义的影片，地税干部多次与老兵放映队一道深入贫困山区、偏远农村、基层社区义务放映电影，一路上他们扶贫助学、宣传税法，把党的温暖和国家最新税收政策带到群众身边，播撒着弘扬时代精神和诚信纳税的种子。

（二）开展经常性廉政文化教育，增强干部自制力

锦州市地税一直把廉政文化建设作为加强干部党纪、政纪修养，提高廉洁自律意识的核心内容来抓，通过廉政文化建设引导干部思想，规范干部行为，增强干部拒腐防变和抵御风险能力。他们坚持每月廉政教育学习日制度，在广大地税干部中深入开展“人该怎样做、法该怎样执、权该怎样用”的大讨论。举办税收廉政大讲堂，邀请检察官前来做反渎职犯罪知识讲解，组织地税干部到监狱聆听职务犯罪分子现身说法，开展以“珍惜工作岗位、珍惜荣誉形象、珍惜个人前途、珍惜家庭幸福”为主要内容的学习教育活动。各基层局、基层所普遍建立了廉政文化走廊，系统内所有干部办公微机上均安装了廉政警示屏保，全方位、多角度营造浓厚的廉政文化氛围，收到了警钟长鸣、防微杜渐的效果。他们开展廉政文化进家庭活动，向地税干部家属发出了“廉政

建设倡议书”，算好“政治、人生、家庭、经济”四笔账，号召家庭成员与干部共同拒绝诱惑，珍惜来之不易的幸福生活，使廉政文化教育的效果进一步凸显。

（三）组织多样性文体活动，提高团队凝聚力

在锦州市地税局党组的号召下，部分热爱锻炼的地税干部自发地组织起来，每天清晨和中午通过羽毛球运动增强身体素质，提高工作活力，多年如一日，风雨无阻。在他们的带动下，很多过去不喜爱运动的干部也参与其中，成为羽毛球运动的爱好者。局里就此因势利导，除了帮助联系体育场馆、提供后勤支持外，每年都要举行一次全系统羽毛球赛，并不定期地组织小型对抗赛。一时间，羽毛球运动在锦州地税系统蔚然成风，形成了群众体育运动的小气候。与此同时，还依托群团组织成立了登山协会、自行车协会、篮球和乒乓球协会，吸引更多地干部利用业余时间参加到团队体育活动中来，在运动中体会集体的温暖、感受合作的力量。为了提高体育运动的群众参与度，市局机关在每个工作日的早晨7时50分都组织全体机关干部做广播体操，地税干部整齐划一的动作和优美的身姿成为市府路上一道亮丽的风景线，展示了地税机关良好的工作风貌。他们还每年组织3—5次全员参加的集体登山活动，让干部在锻炼身体的同时，领略家乡山河的壮美，增强作为家乡建设者的自豪感，提高奉献锦州经济建设的主观能动性。

在重视群众性体育活动的同时，地税部门还注重组织群众广泛参与的文化活动和义务劳动。各基层局纷纷成立了书法、摄影协会，建立了书法活动室，组织摄影爱好者户外采风活动，定期举办书法、绘画、摄影艺术展，为广大地税干部发挥聪明才智，展示艺术才华搭建了平台。从市局到基层地税所，大部分地税机关都在楼前屋后建立了小菜园，在工作之余，地税干部都要到小菜园参加义务劳动。春天播下菜籽，夏季施肥除虫，秋天收获果实，入冬平整土地，在丰富机关食堂蔬菜品种的同时，也让全体干部体验到了劳动的乐趣，增强了互助合作的意识，增进了队伍的团结，提高了队伍的凝聚力和向心力。

形式多样、内容丰富的地税文化建设活动，有力地推动了全市地税

干部精神面貌和工作生活状态的转变。文化建设推动了队伍建设，干部队伍的风清气正也带动了事业的迅速发展，地方税费收入连年高速增长，为全市经济发展提供了有力的财政支持。税收征管、依法行政、软环境建设和纳税服务工作亦得到了全社会的认可。

三、锦州交警支队文化引领警务，警心凝聚和谐

“宁愿我们受苦受累，不让群众流血流泪”

“让习惯服从制度，让制度成为习惯”

“用脑袋行走做思考的实践者，用脚板研究做实践的思考者”

走进锦州交警支队的机关大楼和所属基层所队，一股股浓郁的文化气息扑面而来，各个门厅、走廊、楼梯间等处都被这样一句句、一幅幅蕴含法治理念、激励警示以及人文关怀的名言警句装点一新，鲜活、新颖、靓丽、令人耳目一新的“走廊文化”，多次受到省公安厅、省公安局、锦州市委、政法委等领导莅临指导及多家兄弟单位的参观指导，锦州交警的警营“走廊文化”已经成为锦州交警不可或缺的一道文化风景。

文化是凝聚一个民族、一个国家、一个集体的精神动力。锦州交警支队为把“执法为民”理念根植于每一个民警心中，在加大对民警管理和考核力度、强化社会监督的同时，结合地区丰富的文化底蕴，融合地方特色文化，以大力开展“文化育警”为突破，以构建和谐警营为目标，着力加强文化自觉和文化自信，把“文化引领警务，警心凝聚和谐”作为支队文化育警的核心理念和执著追求。积极破解制约公安交通管理工作难题，探索科学发展之路，构筑以创立锦州交警精神、建立推优树典机制、树立交警良好形象为主线的队伍建设体系，营造浓厚的文化氛围，让先进的、健康的文化占领民警的思想阵地，让民警在浓厚的文化氛围熏陶，在潜移默化中坚定“执法为民”的信念，真正做到“心有所求，心有所戒，性有所止，警钟长鸣”。探索出一条具有时代特征和职业特色的文化育警之路，极大地增强了队伍的凝聚力和战斗

力，锻造了一支高素质的交警队伍，为全市公安交通管理工作的发展进步注入持续新鲜的动力。

几年来，锦州市交通安全形势持续稳定，交通事故死亡人数连年下降，创下了连续32个月无重大交通事故的记录。支队先后被评为“省级文明单位”、“全省公安交警系统正规化建设先进支队”、“全省预防道路交通事故先进单位”和“全省春运工作先进集体”，被市委、市政府评为“人民满意政法单位”。

（一）一种精神——夯实发展之基，不断提升警营文化保障水平

“爱岗敬业、奋发有为、拼搏进取、敢为人先”锦州交警精神构成锦州交警文化的核心内涵。

“任何一个成功团体都有自己独特的文化。对于交警队伍来讲，加强文化建设能够有效增强民警对集体的信任感、归属感和荣誉感，进而对整个公安交通管理工作产生持久的推动力。”交警文化表现为交通民警的内在精神和外在形象，渗透到队伍建设和业务工作的方方面面，其核心是塑造一种积极向上的精神元素。支队长李印廷经过深入调查研究，客观审视交警队伍现状，提出了锦州交警精神，高度概括交通管理工作的根本要求和实践经验。“爱岗敬业”体现了交通民警牢记使命、忠于职守的职业特征，是锦州交警铸魂的核心理念；“奋发有为”体现了交警队伍求真务实、建功立业的昂扬状态，是锦州交警精神的奋斗目标；“拼搏进取”体现了交通民警迎难而上、严格执法的决心和魄力，是锦州交警精神的鲜明标志；“敢为人先”体现了交警队伍破旧立新、敢于超越的勇气和信心，是锦州交警精神的价值追求。同时，通过有力的组织、人才的培养、经费的保障等，确保了警营文化工作的顺利开展。

1. 凝结共识，加强组织领导。在每年初政治工作计划中加大了警营文化建设的侧重，提出了“创新文化，特色警营”的工作思路，先后制定完善了《交警支队育才工作方案》、《交警支队文体活动计划》等指导性文件10余个，有效地激发了大队全体民警参与警营文化建设的积极性。

2. 以人为本，营造文化氛围。加大了对警营文化建设的经费投入，先后斥资新建宣教室、活动室和荣誉室，购置了娱乐、健身器材 20 件，统一设计样式新颖、内容丰富、图文并茂的警营文化走廊。特别是支队机关办公楼，每个楼层走廊为重点集中展示一种文化，分别在 5 个楼层的走廊内设置了爱岗敬业的精神文化、拒腐防变的廉政文化、和谐奋进的管理文化、执法为民的行为文化和务本求实的传统文化五种文化展示。全面完成了“三室两栏一活动”建设，即荣誉室、活动室、宣教室，警务公开栏、网页警营文化专栏和警营开放日活动，提高了全队警营文化整体水平，促进了队伍正规化建设，提高了全队民警的向心力、战斗力，有效缓解了民警工作压力。

3. 攻坚克难，自觉争先创优。2012 年，支队信息化建设考核排名全省第一；交通安全宣传和工作道路交通事故处理工作始终保持全省前列；民警警衔培训全省排名第一，无一退训，受到省厅和市局的通报表彰；在今年全省交警系统岗位练兵比武中，支队 9 名同志被评为各类业务能手，进入名次的能手总数位居全省第一，被评为优胜单位；在去年全省交警系统岗位技能比武竞赛中，支队 12 名参赛民警夺得团体第四名，2 人位居全省第二名、第三名，7 人被评为“全省交警系统岗位标兵”。

（二）一个标准——实现文化强警，积极拓建警营文化发展平台

将标准建警、规范言行的管理文化纳入锦州交警文化建设范畴，提高民警执法能力和水平。

为更好地服务、宣传公安交通管理及队伍建设工作，锦州交警支队不断拓展自身的传媒阵地，充分发挥公安宣传“第二警力”作用，积极与各主流媒体沟通协作，有效借助现代传媒手段，充分利用报纸、广播、影视、网站等媒介实现互动，进一步拓宽了文明交通宣传教育的覆盖面，全面营造了全民参与文明交通的良好氛围。加强与锦州电台、电视台和锦州日报等主要新闻媒体的合作，积极引导人民群众关心、关注交通工作；组织新闻媒体及各级信息员大篇幅、全方位、多视角的报道宣传了我市的交通管理工作，从而提高了全民的交通安全意识；与电

台、电视台联合制作了以“交警直播室”、“定点路况播报”、“新视点交通曝光台”等文明交通行动计划为主题的广播、电视节目，采取民警每天做客直播间、电话连线等形式，播报路况、出行提示，介绍交管工作，解答听众疑问，讲解交通事故案例，在腾讯网站率先开通公安官方微博，在公安信息平台上发布各类交管工作和交通安全防范信息，赢得了广大群众的好评。支队在锦州交管信息网开设“文明交通我参与”专栏，积极传播安全驾驶、安全乘车和交通事故自救常识，组织民警利用官方微博和工作博客开展网络互动。春运、两会、五一、中秋、十一等节日期间，支队均与广播电台及电视台联合开设特别节目，加强警民互动。三年以来，支队在国家级媒体刊发稿件 29 篇，省部级媒体刊发稿件 132 篇，市级媒体刊发稿件 1700 余篇。

以制度建设为主要内容的管理文化是交警文化的内在动力和重要范畴，通过加强制度建设、实施标准建警，使民警在工作的每一个环节都有法可依、有规可循。近年来，支队以《人民警察法》、《人民警察内务条令》为基础，修订完善了由队伍、业务、后勤三大系列组成的 20 余项规章制度，建立了锦州市交通秩序管理评价指标体系、事故案件处理工作规范以及服务型车管所建设标准，对每个岗位、每名民警的一言一行做出明确规范。2012 年以来，全市交警部门查纠交通违法案件 20 余万件，办理交通事故案件 5000 余起，无一复议或诉讼；办理机动车业务 15 万余件，驾驶证业务 20 万余件，无一错办。

绩效考核是支队实施标准建警的一项重要措施。为切实解决“岗位不明，权责不清，干与不干一个样，干好干坏一个样”的问题，支队党委经过多次调研和反复论证，制定和实施了《锦州市公安局交通警察支队民警工作绩效考核办法》，把民警每天在岗时间与工作效率结合起来，实施科学衡量，督促每名民警认真落实岗位责任，主动提高办事效率和工作能力。为了保证考核的严密性、有效性，支队利用网上考核软件，按照“日上报、月评定、半年通报、年终总评”的程序进行考核，民警每天记录当日工作情况，报所在单位领导审核，单位领导班子每月以工作绩效相关数据为基础对民警进行评定打分。在此基础上，

每半年对全体民警工作进行一次汇总排名，对位居前列的民警进行通报表扬，对处于末位的进行警示谈话。年终时对每月得分进行汇总，计算出当年绩效考核成绩。同时，结合“推优树典”机制建设，将考核结果作为民警提拔任用、评先选优、立功受奖的直接依据。对成绩突出的，作为先进人物重点培养，提拔时优先考虑；对居于末位的，实行“退训制”，由政工部门进行培训后实行双向选择，重新上岗；对没有开展工作或工作量极少而又不积极争取的岗位及其人员进行整合分流。交警支队政委李维民介绍说，绩效考核带给支队民警的变化可以用“三多三少”来概括：主动钻研业务的多了，不愿学习的少了，工作效率高的多了、消极怠工的少了，想方设法找工作干的多了，无所事事的少了。

支队还十分注重日常教育，长年坚持每周一例会讲评、每周五政治学习，每天四次指纹考勤，每周一次警务督察，每月一次明察暗访，每季度一次谈心交流，每半年一次工作总结，以推动民警日常行为的标准化，久而久之，支队民警自然而然地养成了工作时间离岗填写人员去向卡、统一按规定着装等良好习惯，整支队伍形成了令行禁止，纪律严明的优良作风。

（三）一个氛围——打造特色警营，全力推行警营文化创新思路

“推优树典”、“潜移默化”，良好的工作氛围成为锦州交警文化建设的有效载体。

用先进的文化引导人、培育人、塑造人，就是要营造建功立业的成才氛围。为此，交警支队始终把贴近人的价值取向、满足人的精神诉求作为队伍管理一个重要原则，深入开展“推优树典”活动，大力选树各岗位中的先进典型，有意识地将有工作能力的优秀年轻民警培养成交警队伍的中坚力量，制定了《全市公安交警系统开展争先创优活动实施方案》和《全市公安交警系统先进典型宣传工作方案》。特别是今年，交警支队逐步加大典型选树力度，结合岗位特点培养推荐各类先进典型，逐人进行调查建档；建立先进典型储备库，并列入年终目标管理考核；在支队信息网主页、市级新闻媒体上开辟“交警支队先进事迹

简介”专栏，利用各种媒体对先进典型人物进行宣传报道，扩大影响力，为民警成长创造良好环境。除此之外，支队还积极沟通，最大限度争取科级领导指教，创造各种机会提高民警政治、业务素质和综合能力，使民警尽可能的有为、有位、有威，在队伍中形成了正气，激发了活力，争先创优成为带动锦州交警成长的无形力量。

走廊文化是促进民警政治、业务能力提升的有效载体，而在警营中营造一种潜移默化的文化氛围是丰富民警内涵、提高队伍整体素质的有效途径。支队以翻新办公场所为契机，大力加强“两室一廊”建设，筹建了交通管理工作荣誉室，以文字、图片、实物和视频的形式，记录和反映支队发展历程及工作成就，以史为鉴，体现传承。在支队办公区建设了警营文化长廊，收集悬挂统一样式的对民警成长进步有影响的勤政、廉政、励志、生活名言警句，书画摄影作品等100余幅，满足民警求知、求美的心理需求，使大家在轻松愉快的环境下接受教育、陶冶情操，进一步增强集体荣誉感和职业认同感。健全完善“民警心理训练、咨询服务和危机干预”三位一体的工作体系，促进民警身心健康。依托现有公安网络资源，专门派出警力普及心理健康知识，构建民警心理沟通平台，定期组织开展心理应急训练、消除紧张训练、人际交往训练、普及心理疏导基本知识，通过科学的心理训练，锤炼广大民警忠诚果敢、坚毅沉稳、不屈不挠、乐观豁达的优良心理品质。

1. 营造氛围精细化。交警支队在把握警营文化大方向的同时，紧抓“小环境”的影响，在办公室和宿舍分别悬挂领导职责和民警职责。统一为全体民警定制了姓名牌和人生格言标签，时刻提醒广大民警要爱岗敬业，认真实践“忠诚可靠，服务人民，竭诚奉献”的精神。

2. 文体活动大型化。交警支队注重以文化建设提高部队战斗力，集体的团结合作正是战斗力的有力保证，在进行警营文化建设中，积极组织民警排练大型活动。为迎接第十二届全运会和2013中国锦州世界园林博览会的到来、喜迎祖国63岁华诞和党的十八大盛会，9月21日，交警支队组织来自全市城区交警大队以及四个县市交警大队共计14个赛队42名选手，隆重举办了“全市交警首届乒乓球比赛”。同时，将其他篮球、羽毛球运动的赛事也提到议程。通过与驻地共建单位举行比赛，增进警民关系，树立支队形象，使警营文化影响力广泛化。

（四）一种形象——铸牢服务意识，自觉形成警营文化成果转化

以群众的满意度作为评判工作的首要标准，将锦州交警良好形象作为锦州交警文化建设的重要目标。“锦州交警干的怎么样，评判权在百姓手里”，在建设锦州交警文化的实践中，站在局部想全局，立足全局抓局部，积极开展“擦亮窗口，从我做起；立足岗位，树交警形象”活动，带领广大民警积极主动地为群众做好事、办实事、解难事，努力把工作做到老百姓的心坎上，构建起和谐的警民鱼水情。

注重执法效果，树立公平正义的交警形象。推行窗口单位敞开式办公，实时播放驾驶人考试和机动车查验视频监控录像，增加执法工作的透明度，本着老百姓最痛恨什么就打击什么、老百姓反映什么问题最突出就集中整治什么问题的原则，近年来，支队每年都联合武警、刑警、防暴警对无牌无证、假牌假证等违法行为实施专项打击，今年又集中进行了为期 3 个月的酒后驾驶违法行为整治行动，查处无证驾驶 3000 余人，醉酒驾驶 300 人，查处酒后驾驶 530 余人，查处假牌、套牌车辆 1200 余辆，面对面教育交通违法行为人近 30 余万人次。在党的十八大安保期间，全力开展了交通肇事逃逸案件集中攻坚侦破活动，对发生的交通肇事案全部侦破，及时消除了一大批交通安全隐患，增强了人民群众的安全感。同时，坚持人性化执法，准确把握当前社会心理的变化和执法对象的感受，确立了“三不处罚”原则，即：轻微首次违法不处罚，有争议的不处罚，证据不充分、不确凿的不处罚，实现了执法工作的社会效果和法律效果的有机统一。

以群众需要为出发点，树立紧贴民心的交警形象。支队以新车管所的建成启用为契机，全面推行“一窗式”办理和“一站式”服务，并加快网上车管所建设，将能减免的环节一律减免，能代办的业务努力代办。以各大运输企业、村居等为基础，积极建立交通安全联络员，定期统计相关区域内需办理的业务的情况，由支队相关部门上门为群众办理业务。同时，在违法处理办公室设立咨询台，为群众提供交通违法查询

服务，把交通管理工作的成效更多、更直接地体现在服务社会、惠及百姓上，从群众身边走进群众心里，树立亲近平和的交警形象。积极开展大走访爱民实践活动，组织广大民警走进千家万户，全力为其排忧解难，做人民群众的贴心人。积极开展警营开放日、“双述双评”活动，加强警民之间的沟通交流。在一线执勤岗位开展创建服务街、服务巷、服务单位活动，努力建立良性互动的新型警民关系。充分理解当事人的心理和感受，高度关注在执法中与交警产生对立情绪的群体，提出“献出百分爱，换取一片心”口号，主动与他们进行沟通，给予他们应有的重视和尊重，从而使其由抵触转变为支持交管工作。

通过“树交警形象”运行机制的建立和执法为民理念的根植，支队广大民警深入群众、扎根基层，“警爱民，民拥警”的和谐景象已经形成，在今年开门评警爱民大走访活动的调查中，锦州群众对交警工作满意率达到97.17%。

四、偶像的力量——武警8674部队一连坚持49年学雷锋纪事

黄土高原，六盘山下，驻守着武警8674部队一连。49年来，雷锋精神的光芒始终在这里闪耀。

“雷锋是全连官兵心中永远的偶像!”连队所在师政委雷万军说。该连“学雷锋展览馆”珍藏有一本1963年版《雷锋的故事》。历经23位团支部书记的呵护传承，至今完好如新，曾两次在军事博物馆展出。

与《雷锋的故事》同时在连队代代相传的是雷锋精神。该连曾随部队7次移防，4次变更隶属关系，但一茬茬官兵践行雷锋精神，争当雷锋传人，辐射雷锋效应，先后12次被各级表彰为“学雷锋先进集体”，连续21年保持“基层建设标兵连”荣誉，荣立集体一等功一次，二等功4次，被群众誉为“六盘山下践行社会主义荣辱观的一面旗”。

学雷锋49年不断线，无私善举塑造官兵心灵

战士李晓桥入伍前，他的爱心曾受过伤。读初二那年，面对街

边一个“无腿残疾人”伸来的手，李晓桥把身上所带的25元生活费全掏出来给了他。下午放学后，他饿着肚子往家走，却意外看到那位“残疾人”正扛着“道具”健步前行……

顿时，李晓桥感到全身的血都往头上涌。他发誓：再也不帮助任何一个陌生人！

2010年入伍来到一连，李晓桥和其他新兵一道参观“学雷锋展览馆”，唱《学习雷锋好榜样》，读《雷锋的故事》，听雷锋精神教育课。

“现在都啥年月了，还把雷锋奉为精神偶像？”李晓桥暗自思忖。

那天，李晓桥随班长桂文上街办事，见路边跪着个中年男子，地上铺了一张纸，上书“孩子患白血病无钱医治请好心人帮忙”。见班长桂文要掏钱，李晓桥连忙阻止：“这个骗人的把戏也太没技术含量了吧！”可是，班长还是掏出10元钱递了过去。

“的确有可能是骗人的。可是你想过吗，万一要是真的，难道不该帮帮他？”桂文对李晓桥说，“记住，咱连的兵个个是雷锋。人家有难处，能帮就帮一把。即便有假，爱心对他也会有触动！”

班长一番话，让李晓桥肃然起敬。回到连队，他独自跑到“学雷锋展览馆”补课。墙上的奖状、奖牌和老照片，记载着连队近半个世纪学雷锋的光荣轨迹。即便是在“十年动乱”的特殊年月里，连队党支部仍作出《发扬老传统，坚持学雷锋》的决议。这份在军博展出过的珍贵决议书，今天仍挂在连队荣誉室的墙上。

展品中有一台破旧的补鞋机，那是1963年，连队官兵响应毛泽东同志“向雷锋同志学习”号召凑钱购买的。几十年来，战士们曾用它为近10万人义务补过鞋。驻地医务工作者张晓自幼丧父，母女生活困窘，她保存了一个“恩人本”，在本子上面记载了十几年来连队接力扶助过她的恩人们。如今，长大成人的张晓将恩人的爱心“回馈”给社会——她无私助人，被表彰为“全国道德模范”。

在展柜中，李晓桥发现了一条绶带，是现任连长谢二亮参加英模表彰会时佩戴过的——“我这才知道，我们连长曾经见义勇为，为解救群众身中数刀，是位徐洪刚式的英雄!”李晓桥深受震撼。他庄重地立下誓言：“争当雷锋式的好战士!”

和李晓桥一样，战士鲁大宁刚入伍时，思想境界也被雷锋精神照亮。

2008年3月下旬，部队在西藏那曲荣布镇执行任务。一天晚上，连队得知藏族村民措加拔牙后血流不止，急需救助。时任连长马国栋叫上卫生员付志珂、新兵鲁大宁和温治民，迅即向地处偏僻的村庄出发。风寒雪大，山高路滑，车辆难行，几个人手脚并用爬过两道大雪坡，摸黑找到措加的小屋。谁知屋内人并不配合。原来，措加的一个亲属犯了错误，村里人以为武警来抓人。面对冷言冷语冷面孔，马国栋没有介意，他耐心地敲开门，卫生员为措加止住血。哪知回连队没一会儿，电话又响了——措加意外碰破了创口，牙龈再度血流如注，人已接近昏迷。马国栋他们从热被窝里一跃而起，再次冲进风雪中。

措加得救了。他妻子取出了家里最值钱的东西——一把虫草，一个劲儿往马国栋手里塞。战士们谢绝了藏族同胞的好意。

这件事让鲁大宁印象深刻。连长和卫生员的爱心、耐心以及措加一家人态度的转变，让他真切感受到善举的力量，学雷锋的信念在胸中固化。如今，鲁大宁已成长为一名优秀班长。

49年来，连队如同一座以雷锋精神为燃料的火热熔炉，李晓桥、鲁大宁这样一代代年轻战士经过炉火锤炼，成长为意志坚定的雷锋传人。该连共涌现出216名“学雷锋标兵”，19人被评为“雷锋式的好干部”，270人成长为师“训练标兵”和“技术能手”。

从不埋怨毫不懈怠，用真诚和善举温暖人心

“一个人做点好事并不难，难的是一辈子做好事，不做坏事”，毛泽东同志的这句话，连队官兵一直视为对自己的鼓励。即便学雷

锋遭遇尴尬和误解，他们仍信念笃定，矢志不渝。

1992 年，当了 10 多年兵的王学生退役，回到宁夏老家，被安排在乡水管站工作。亲朋好友纷纷鸣不平：“他 1979 年参军，被团中央授予‘边陲优秀儿女’银质奖章，退役回地方，咋让去看水管子?”

可王学生没怨言：“我是雷锋精神培养的革命战士，组织安排到啥岗位，我都会做一颗永不生锈的螺丝钉!”艰苦劳作之余，他坚持照料孤寡老人王奶奶。老人的房子破败不堪，王学生自己掏钱买材料，亲手整修。2002 年冬天，水管站精简人员，王学生面临下岗。他仍无怨言，坚持站好最后一班岗。

生活的坎坷，并没有磨平王学生学雷锋的信念。尽管经济拮据，他仍旧力所能及地行善。当地小学的图书室里，收藏着他捐赠的 200 册图书。逢年过节，他为村民拉二胡，第一个曲目就是《学习雷锋好榜样》……

和王学生当兵的时代相比，现今社会的道德状况更加复杂。老人倒下扶还是不扶？路有拾遗是交还是不交？一些原本无需思考的问题，有时竟成了“两难选择”。面对社会上出现的新情况，学雷锋做好事不仅要有王学生那样坚定的信念，更要有不怕误解、敢于担当的勇气。在这方面，连队指导员于佳经历的一件事很有代表性。

那次，于佳请假外出，去银行取钱办点事。ATM 机前，一位老大娘拿着张银行卡，四处求人帮助取款。于佳主动帮忙。老人要取 350 元，可机器只提供 100 元面值的纸币。取出来 300 元，刚要退卡，老人非要再取 50 元。于佳耐心解释，可老人听不明白。不料因操作超时，卡被机器“吞”了。这下老人更急了，又吵又闹，说于佳骗她的钱。面对围观的人群，于佳百口莫辩，汗珠子从头上滚落。他马上掏出 50 元补给老大娘，又请银行工作人员帮助退卡，前后折腾了近两个小时……

归队的路上，于佳愤愤不平。可冷静下来后，他还是想通了。

在连队教育课上，他向战士们讲述自己的经历，亮出观点——“老大娘确实需要帮助。我如果不帮，别人帮她也可能遇到同样的麻烦。”于佳说，“好事没做好，说明我做好事的本领不够精，今后还要努力！”

教育和引导，让战士们学雷锋时面对两难选择从不犹豫，总以质朴之心从容应对。去年 5 月 12 日，战士董先锋和班长易磊请假结伴去看病。从医院出来，他们发现人行道上一个下水道井盖不见了，路中央一张黑洞洞的“大嘴”，威胁行人安全。

“人掉下去可不得了！”易磊让董先锋在井旁守候，自己去找公用电话报告城管部门。一番查找，他几乎打光了电话卡里的钱。两个小时后，维修车辆才到来。

归队时两人已超假，在营门口被哨兵拦下。警务股让连里派干部来领人。一位排长闻声而来。他不明就里，劈头盖脸把两人批了一通。董先锋想解释，易磊用眼神制止了他。

事后，董先锋埋怨易磊做好事挨批还不吭气，太窝囊了。可是易磊的几句话让他醍醐灌顶：“排长当时在气头上，想一下解释清楚并不容易，有话可以回连队慢慢说。再者，咱连的兵学雷锋做好事历来不是为了受表扬，问心无愧就好！”

播撒爱心服务社会，让雷锋精神传播四方

有人说，小小的善行积累起来就能改变世界，这话不假。

多年来，连队转战南北。走到哪里，他们就把雷锋精神传播到哪里，让驻地群众受益。

2002 年，连队参与广州海关监管值勤，驻扎在广州老火车站附近的王圣堂小区。这是一个社会环境相对复杂的地方，刑事案件频发。刚到小区，连队按老传统上街摆摊学雷锋，可是理发员举着推子在马路边站了一整天，居然无人问津；义务修鞋机没碰过一双鞋。连长指导员走访街道和企业联系义务劳动，一位小老板直言不

讳："你们是不是想赚点钱?"让人啼笑皆非。

党支部研究后认为，由于种种原因，让这里的许多居民不再相信善行。要唤起人们的公德心，只有用行动去感化。他们竖起"学雷锋，树新风"大幅展板，在街道上列队，将《接过雷锋的枪》等红歌唱得震天响，还请学生和居民到营区参观内务和队列训练。

每天下午，战士义务上街清扫垃圾。开始的时候，他们前脚刚走，小商小贩就又搞得满地狼藉。战士们不吭气，转回头再扫一遍。渐渐地，居民们不好意思乱扔垃圾了，有几个小伙子还蹬着三轮车，主动帮助清运脏土。战士们业余时间协助疏导交通，帮片儿警捉小偷、处理打架斗殴事件。很快，小区治安形势明显好转……

在连队的帮建下，仅一年时间，王圣堂小区面貌一新，挂上了白云区颁发的"精神文明建设和卫生治理先进单位"奖牌；连队则被市委宣传部等5部门联合表彰为"雷锋号志愿服务先进集体"，获得一面红艳艳的锦旗。

连队驻在王圣堂小区一年，留下一块奖牌，带走一面锦旗，一时传为佳话。

学雷锋能改变环境，更能辐射爱心

被称为"雷锋精神火种"的连队退伍战士李宝学，回到甘肃武威老家后，靠在部队学到的温棚蔬菜种植技术干出了名堂。但他没只顾自己闷头发财，而是主动带领村民集体致富，被当地党委表彰为"星火带头人"。

在连队学雷锋事迹感召下，天津科技大学一名女大学生来信，请求加入连队匿名资助贫困学生的行列。如今，受她资助的一名学生已考上了大学。

两年来，连队开设了"雷锋精神永放光芒"网站，捐款建立了"雷锋助人基金"。官兵们学雷锋的爱心和善举，正在不断向远方延伸。

让道德的光芒更灿烂

武警8674部队一连49年如一日坚持学雷锋，使雷锋精神内化为连队质量、外化为社会力量，使道德光芒照耀官兵前行、温暖百姓心灵。

如果说这个连是一座熔炉，那么“燃料”就是雷锋精神；如果说这个连是一座灯塔，那么“能量”就是道德情操。春风化雨，每一茬官兵都把道德追求融入自身血液；润物无声，每一茬官兵都把道德践行化为自觉行动。那一项项荣誉，既是对连队官兵嘉言懿行的褒奖，更是对雷锋精神薪火相传的见证。

心灵可以温暖心灵，爱心可以催生爱心，感动可以传递感动。一连的官兵坚信，只要人们的道德理想信念不灭，沉睡的道德情感就会被唤醒，潜在的道德力量就会被激发，整个社会的道德水平就会得到提升。因此，连队开设的“雷锋精神永放光芒”网站，捐款建立的“雷锋助人基金”才如此红红火火。

现在，人们的价值观念日益多元，社会道德状况日趋复杂，道德滑坡现象令人忧虑。一连官兵的实践证明：无论时代怎样发展、环境怎样变化，道德的光芒都不会被遮住。每一个善举都是对道德堤坝的加固，每一次善行都是对道德滑坡的阻止。让我们少一些利弊得失的权衡，多一些义无反顾的善举，用自己的言行凝聚起向善的道德力量，使道德的光芒越来越灿烂！

第二节　事业单位文化建设案例

一、处处做患者贴心人：解放军第三〇二医院医护人员学雷锋纪实

解放军第302医院坐落在北京西部，是一所全国最大、全军唯一的

大型现代化研究型传染病医院。它从革命圣地西柏坡走来，医护人员对党对人民对军队有着无比深厚的感情，以弘扬雷锋精神为己任，将学雷锋工作化、制度化、常态化。

（一）患者的“知心人”

皇甫玉珊，年逾八旬，“一代名师”，一级教授，长期扎根在302医院传染病临床一线。在她那里，病人没有高低贵贱。每检查完一位病人，她坚持做到洗手消毒后再接待下一位病人。医院护士送药时都要备好温水，做到“送药到手、看服入口、服后再走”。

302医院医护人员以雷锋为榜样，把病人当做自己的亲人，力求做到在老年患者面前，像他们的儿女；在同龄患者面前，像他们的兄弟姐妹；在低龄患者面前，像他们的父母。

一次，医院医疗队在内蒙古某边防部队巡诊时，心理学专家储芳感到有双眼睛在默默注视着自己，她抬头看过去，发现战士小韩欲言又止。储芳把小韩叫到一旁，可他用鞋踢着地上的石子，仍低头不语。

“有什么话，别藏在心里，跟我说说。”

“话憋在心里时间长了会生病的，正好我也是湖南人，咱俩交流没问题，有什么话就和我说。”

经过储芳几番开导，小韩终于打开心扉。原来，小韩是湖南人，说话口音重，而他所在连队北方人居多，自己说话别人听不懂，连队又地处戈壁，荒无人烟，想找个说话的人都没有，长此以往，小韩的性格变得越来越孤僻，常常一个人闷在宿舍想心事。

打那以后，储芳在内蒙古边防部队就多了个弟弟，她经常打电话、写信鼓励小韩多跟身边的战友沟通交流。3个月不到，小韩不仅卸下心理包袱，性格开朗了很多，而且普通话水平也提高了不少。从那时起，医院专门开设心理门诊，并安装了边防热线电话，许多专家成了边防官兵的“知心人”。

（二）“八个一”免费服务

2011年底，当医院第5次捧回“全军为部队服务先进医院”的奖牌时，吕吉云院长心潮澎湃，感慨万千。他说：“这不仅仅是一份沉甸甸的荣誉，更是一份厚重的责任。为部队服务，这是军队医院的使命所系、职责所在，无论何时何地，姓‘军’为兵服务的方向都不能偏离。”

北京军区某边防部队三级士官小吴，在一次野外巡逻时，突然出现头晕、恶心、乏力等症状，来到302医院时，已陷入深度昏迷，不省人事，生命垂危。

军人肝病诊疗中心主任张文瑾凭借丰富的临床经验，很快作出正确诊断：病毒性肝炎乙型急性重型、肝功能衰竭（晚期），并发重度肝昏迷和脑水肿，此类疾病死亡率近乎100%。但经过医院不惜一切代价的抢救和多学科专家63个日夜争分夺秒的接力救治，小吴终于起死回生，迎来生命奇迹。

这件事让医院党委认识到，边防部队点多线长，卫勤保障难度大，战士患病很容易错过最佳治疗期，于是，决定派临床经验丰富的医疗专家，常年深入偏远艰苦的边防一线部队送医送药、传播健康知识。

2006年以来，医院开展“健康军营行”、“中医中药军营行”、“边防军营行”等活动，奔赴吉林、黑龙江、福建、广西、青海、西藏、新疆、内蒙古等边防部队，巡诊百余次，累计行程两万余公里，发放药品价值数百万元，接诊官兵万余人次。

302医院对官兵的服务，超出了一个医院应有的服务范围。医院为官兵提供免费为住院官兵订阅报纸和杂志；为他们免费提供一套洗漱用品，免费每天供应一个鸡蛋、一杯牛奶等“八个一”服务。医护人员对官兵更是关怀备至，战士小罗驻地偏僻，出院时仍需继续用药，但这种药物需要低温保存，病区领导就主动与小罗所在连队联系，协调连队专门为小罗买了一台小冰箱；空军某部四级士官钟世才因病行动不便，住院期间，医护人员细心周到地照料他，在他出院的那天，还筹资为他买来一辆崭新的轮椅。

对驻地群众，302医院的医护人员同样怀着一颗火热的心。他们经常利用周末时间深入北京丰台区、海淀区、石景山区和门头沟区开展“健康社区行，服务为人民”便民义诊活动。据不完全统计，近3年来，已有1240多人次的医护人员投身这一活动，累计接诊4万多人次，免费发放药品药具价值达40多万元，捐赠健康宣传图书和手册9万多册。

（三）帮“穷亲戚”脱困

从2001年起，302医院开始对口支援宁夏彭阳县人民医院，当时的彭阳县医疗技术水平比较落后，医疗资源有限，一些传染病尤其是肝炎、痢疾等发病率比较高。医院党委看在眼里，急在心里，决定竭尽全力帮助这个“穷亲戚”摆脱传染病防治的困境。

医院医疗队走村串户，宣传医学科普知识，从思想上让群众掌握医学知识，增强健康理念；他们将授“鱼”与授“渔”结合起来，几年间，帮助彭阳县建起传染病防治服务中心和农村三级卫生服务网络、培训了一批医疗和传染病防治骨干、进行了全方位的传染病普查、组织了大范围的乙肝疫苗接种，把彭阳县传染病防治工作提高到一个新的水平。

春去秋来，尽管医院和彭阳县人民医院领导换了好几茬，但对口帮扶工作仍在延续。2008年，医院被总后和国家卫生部评为“军队医院支援西部地区医院工作先进单位”。

302医院还与西部42家医院建立了协作关系，遍及宁夏、新疆、甘肃、四川、山西、内蒙古等地。2011年9月，新疆首个感染性疾病血液净化中心在新疆维吾尔自治区传染病医院成立，就是医院与新疆维吾尔自治区传染病医院协作的喜人成果。这个中心的建立标志着新疆感染性血液透析患者将得到规范统一收治，意味着新疆血液透析患者交叉感染肝炎、艾滋病病毒的隐患将得到有效解决。

二、湘潭大学雷锋公司

雷锋公司成立于1998年，至今已有15年历史，公司最初是由6人创立的仅提供为失主与拾主搭建平台的“失物招领公司”，发展到以湘潭大学为服务中心并向周边扩展的大学生爱心公益组织。目前，公司设有办公室、市场营销部、人力资源部等七个总部，失物招领分公司、环保协会、旧物交流分公司、数码服务中心、太阳红分公司、社区卫生保健服务中心、爱心基地、家教服务分公司、家政服务分公司、能源工程学院雷锋分公司10个分公司，每年招收新成员600余人，累计人数达9100人。

15年以来，雷锋公司秉承“心系大众，服务永远”的宗旨，以4万湘大师生及周边地区的老人、儿童、弱势群体为服务为对象，开展了失物招领、爱心雨伞、白鸽信使送信、雷锋班级等活动，在校内，先后为失主找到失物7312件，成功传送地址不详信件6340余封，回收并捐赠军训服15000多套，旧物交流代受金11315.5元；爱心雨伞借用63624万次；连续2年成功帮助16000名大一新生顺利完成体检；帮助1000名学生接受身体健康检查；艾滋病日宣传影响共10000人。在校外，开展义务家教3010人次，资助失学儿童489名，成功处理法律案件800多起，为敬老院汇演及为上青小学义务支教长达12年；开展的家政、家教服务活动为湘大1353名贫困学生提供兼职工作1420份。自2008年起，每年开展暑期“三下乡”活动，累计招募爱心教员105人，支教学生达1560人，捐赠4000余本书籍、2000余件衣物。

发展中有传承，前进中求创新。公司响应新时代要求，结合时代元素，推出了环保行为艺术、寝室垃圾分类回收等一系列创新公益活动，深受学生、群众的喜爱，得到了社会各界的好评。

雷锋环保卫士在环保之路上不断探索，阐述着当代大学生对新雷锋精神的理解。近年来广泛开展环保活动，共建351个绿色寝室，累计回收2310斤废旧纸张，啤酒瓶、易拉罐六千余个，共募集绿色资金4120.8元；累计开展“环保进课堂”小学宣教课程110次，受益学生达3100余名；发放环保调研问卷3000份。先后获得了“中华环境基金保护会‘第三批小额资助’”、“留住一桶水——全国优秀绿之队奖、优秀项目奖”、“‘低碳潇湘　绿色生活’暑期大学生环保调研活动优秀奖”、“青国青城·环保心观察　图文观察优秀奖”等多个国家级奖项。

为加强雷锋公司组织建设，号召更多的学生参与雷锋活动，2011年湘潭大学雷锋公司将志愿者服务融入班级当中，开展了一系列以班级为单位的志愿服务活动。在这一年里，来自全校20个学院54个班级共开展了300余项志愿者服务活动。公司更在湘潭多所敬老院、特殊学校、孤儿院等地建立14个长期“雷锋服务基地”。

2012年，湘潭大学雷锋公司将借助腾讯微博打造“雷锋通告”，整合校内外公益资源，打造全新湘潭公益信息交流平台；开展“雷锋在身边”微公益创意征集活动，号召大学生用创意改善身边事，用细节温暖身边人；他们还将不定期邀请新时代涌现的“新雷锋”代表，开展以“公益、爱心、励志”为主题的“雷锋大讲堂”系列讲座。

多年来雷锋公司活动的顺利开展，得到了广大师生、领导和社会的好评。自2002年以来，中央电视台、光明日报、湖南卫视、湖南经视、中国青年报媒体对雷锋公司的先进事迹进行广泛深入的专题报道，产生了良好的社会效益和人才培养效益。三年来，雷锋公司再创佳绩，各类活动先后在中国共青团网、湖南共青团网、西部网、红网、金鹰网、新民网、湘西青年在线等七家媒体发表了工作报道。公司也先后被评为湘潭大学、湘潭市、湖南省“十佳大学生社团”，湖南省“雷锋家乡学雷锋活动先进集体”，“湘潭大学五星级社团”，“湘潭大学优秀学生社团”“芙蓉学子道德风尚奖”等11项荣誉称号。

三、石家庄市成立全国职业学校首所“雷锋中学”

“石家庄市雷锋中学”是全国普通中学第五所、全国职业学校第一所，也是河北省第一所雷锋中学。该校将成为石家庄市弘扬雷锋精神、培养“四有”新人的重要阵地。

该校是石家庄市一所国家级重点职业学校，也是石家庄市雷锋小学“学雷锋、手拉手”姊妹学校。多年来，该校以“学习雷锋精神，志愿奉献社会”为宗旨，广泛、深入、持久地开展学雷锋志愿者活动，并注重将雷锋精神融入学校的德育常态教育中，使“学习雷锋、服务社会、助人为乐”成为全校师生的一种自觉行动。

目前，该校共有学生志愿服务小分队和党员教师志愿者服务队45支。从1989年至今，该校参加学雷锋志愿者活动约116400人次，服务时间共计约349200小时，服务小区及志愿者基地约200个，活动内容涉及助老、助残、助困、护幼、小区服务等方面。该校坚持开展“爱心接力”活动，连续8年帮扶石家庄市启智学校残疾儿童，把特殊的爱献给特殊的孩子们，接收培养四川平武地震灾区79名职中学生等事迹引起良好的社会反响。

该校注重把推进职业教育与弘扬雷锋精神相融合，着力培养雷锋式的服务人员和管理者，在雷锋事迹的鼓舞和雷锋精神的感召下，该校的实习生们爱岗敬业、磨炼意志，陶冶情操，净化灵魂。北至渤海湾，南至广东羊城的实习基地，到处涌现出他们拾金不昧的先进事迹和立足本职岗位争先创优的先进典型。

该校教师也常年坚持把雷锋精神融入日常的教育教学中，时刻用雷锋精神激励自己，真正做到干一行爱一行、专一行精一行，并在各自岗位上取得了累累硕果。近年来该校教师在评优课、课件、论文等各项比赛中获奖达60人次。指导饭店、烹饪、导游三个专业共28名学生在国家、省、市等各级各类技能大赛摘金夺银。由于学雷锋志愿服务活动突出，该校先后获得“河北省十佳志愿者服务集体”和“河北省特别贡献奖”、“河北省对口支持平武县地震灾后恢复重建工作先进集体”、“石家庄市十大杰出志愿服务集体”等荣誉称号。

第三节　国有企业文化建设案例

一、雷锋文化照亮抚顺供电

中国的学雷锋活动历经四十余载，人们创造了许许多多新形式，使学雷锋活动常学常新。然而，在构建社会主义和谐社会大背景下，学雷锋活动该寻求怎样一种突破与超越？

当今，经济与文化融为一体的发展趋势越来越明显。不断提高文化的附加力，已成为企业核心竞争能力的重要内容。中国企业将如何应对这种文化的看似无形却有形的竞争？企业家将如何从企业文化的层面来更新各自的管理理念、产品文化？

在这样两个看似不搭界的问题的交汇点上，抚顺供电公司的领导者们以包容历史与传统的胸怀，开拓创新的胆识，科学扬弃的睿智，开辟了一条借助地域雷锋文化优势，把雷锋文化导入企业文化，构建以浓郁雷锋文化为底蕴的抚顺供电新型企业文化的新路。

这是怎样的一条新路？这样的探索给抚顺供电公司企业发展带来了什么？他们的努力给历史留下了怎样的答卷？

（一）一个思路

进入新世纪以来，随着电力体制改革的不断深化，国家对电网建设持续大力投入，以及抚顺老工业基地振兴，地方经济迅速发展和人民生活水平不断提高，这都对电力供应及服务质量提出更高的要求。抚顺供电公司无论在服务地方经济发展，还是企业自身建设上，都面临着新的机遇和挑战：构建和谐社会目标，对公司承担社会责任、自身发展和职工队伍思想建设提出了新要求；国网公司制定的集团化运作、集约化发展、精细化管理和标准化建设，实现“一强三优”现代公司发展战略，为抚顺供电公司做强做大，提供了方向指导和政策支持；国家不断加强电网建设，抚顺老工业基地振兴，为抚顺供电公司创造了更加广阔的电力市场空间，带来了重要的发展契机；长期形成的行业优越感，导致员工思想观念相对滞后，创新意识、危机意识、发展意识不强的现状急需改变；公司现有企业品牌和企业文化不能满足现代供电公司发展要求。

如何抓住机遇，应对挑战，在新时期有所作为，成为抚顺供电公司领导者们思考的问题。在经过反复总结和客观分析之后，他们达成一个共识：在新形势下，要想把公司建设的更好，需要的不仅是政策支持、资金投入，更重要的是需要一种凝聚公司员工齐心合力发展企业的精神力量、一种激励职工忠诚企业、立足岗位建功立业的斗志、是一种实现员工事业理想、增进企业人文和谐的先进企业文化。

当抚顺供电公司的领导者们在选择建构一种什么特色的新型企业文化时，不约而同地把目光聚焦在具有浓郁地域特色的雷锋文化上。究其原因，这不仅仅在于抚顺供电公司地处雷锋第二故乡，雷锋精神发祥地得天独厚地域优势，浓郁的雷锋文化氛围，以及公司几十年学雷锋优良传统培育起广大员工对雷锋精神强烈的认同感，使得建构雷锋文化内涵的新型企业文化获得深厚的根基，也不仅仅在于雷锋文化所体现的对党对国家对人民无限忠诚，全心全意为人民服务的内涵，与供电公司的企业发展战略如何高度契合。十分清楚，这都与供电公司领导者们内心深处的雷锋情结息息相关。

于是，一个新概念产生。

于是，一个大思路形成。

一个新概念——雷锋工程。所谓雷锋工程，就是抚顺供电公司党委以创建“一强三优”现代公司，更好服务老工业基地振兴为目标，根据新形势下企业自身发展需求，借助驻地抚顺雷锋第二故乡得天独厚雷锋文化资源优势，在总结梳理公司以往经验基础上，将雷锋文化导入企业文化，同国网公司企业文化对接，策划启动的一项旨在创新供电企业思想政治工作，构建新型企业文化的系统工程。

一个大思路，就是以落实国网、省公司“企业文化发展战略”，以创建“一强三优”现代公司为核心目标，以国网公司“努力超越，追求卓越”企业精神为精髓，引入雷锋文化资源，将雷锋文化与公司现有企业文化对接，培育新的，具有雷锋精神内涵的企业核心理念，构建以浓郁雷锋文化为底蕴的抚顺供电新型企业文化。用特色企业文化，内强素质，外塑企业形象，凝聚队伍，开拓局面，谋求发展，打造抚顺供电品牌，推进公司成长和促进社会和谐发展。

（二）两个理念

正如一个人要有自己的信仰或精神依托一样，一个成功的企业也必须有自己的“灵魂”。这个“灵魂”就是企业的价值观或基本信念。在确定企业价值观时，领导者们要立足于自身企业的经营特点，根据目的、环境、习惯和组成方式进行选择与定义。只有在认真分析研究各种相关因素的基础上．才能选择、确定既体现企业特质，又为全体企业员工和社会所接受的价值观。

抚顺供电公司的领导者们是清醒的，他们深知在编织新型企业文化的蓝图上，有三个要件是绕不过去的。这就是规定的国网公司企业理念、确定的雷锋文化的精髓，既定的抚顺供电企业的内外环境。他们所能做的，所要做的就是准确评估和把握三个方面的实质，寻找出三者的一致性、关联性，在提炼、扬弃和继承原有文化的基础上，审视和定位新的企业文化，提出新型企业文化价值观新命题。

国网公司企业文化理念是“追求卓越，努力超越”，雷锋文化的精髓是“奉献”、“服务”、“进取”，这两者之间的相通性是不言而喻的。那么，抚顺公司又具有什么样的特征？从一般意义上讲，抚顺公司具有供电企业社会公用事业和特殊服务业的特点。其运营特征所呈现基础性的特点，赋予其强烈的社会责任；公益性的特点，要求优先考虑社会效益；独占性的特点，要求把优质服务作为行业宗旨；区域性的特点，要求必须加强与地方的联系，通过优质服务塑造良好的形象。供电企业上述特征及其对供电企业自身行为的要求，使雷锋文化与供电企业的文化本质具有一致性、相通性。从特殊意义上看，抚顺供电公司地处雷锋第二故乡，公司是多年学雷锋先进单位，员工对雷锋文化有着强烈的认同感，这是把雷锋文化导入公司企业文化，构建以雷锋文化为底蕴的新型企业文化的基础。

在抚顺供电人看来，引入雷锋文化，构建抚顺供电特色企业文化，实质就是引入雷锋文化资源，补充、完善、提升现有的供电企业文化，使其更具时代性，科学性和行业特色。因此，在新型企业文化核心理念确定上，他们以国网公司企业理念为母体，针对抚顺供电公司情况，把雷锋文化的内涵、实质，纳入到特色企业文化建设框架，提炼出二个极富抚顺地域文化特色的核心理念。八字核心理念：“忠诚、守纪、进取、奉献”。三做理念：即“像雷锋那样做人；像雷锋那样做事；用雷锋精神做强企业”。

（三）三个支撑

理念确定之后，制度化的支撑便显得尤为重要。制度化是企业价值观落地的前奏，因为，当组织开始制度化后，它就有了自己的生命力，独立于组织建立者和任何组织成员之外。组织的制度化运作，使组织成员对于恰当的、基本的、有意义的行为有了共同的理解和遵循。

抚顺供电公司的制度化支撑有三个方面：

第一，确定基本原则——创新、稳妥、服务实践。在抚顺供电人看来，把雷锋文化与企业文化对接，构造以国网母体企业文化为精髓，以雷锋文化为底蕴的抚顺供电新型企业文化，是没有先例的创新性实践。它不是对当前公司管理模式和现有企业文化的否定，不是在公司现有框架外再行一套文化模式，而是在公司现有整体管理架构下，把雷锋文化内涵融入现有企业文化中，丰富企业文化内涵，使之更具特色、更具实用性，实现企业文化的升级换代。它也区别于传统意义上的企业学雷锋活动。传统意义上的企业学雷锋活动带有阶段性、局部性、公益性、动员性、与企业生产经营管理平行性特征。构建以雷锋文化为底蕴的新型企业文化，是将着力点打在企业文化上，更具效用性、根本性、全局性、长期性。

他们也深知，实施“雷锋工程”，是公司企业文化建设的一种新尝试、新探索，必然是一个不断调整、修正和完善的过程。只有以顽强的意志，开放的心态、必胜的信心，不懈的努力，才能获取新型企业文化建设的成功。

实施“雷锋工程”，构建以雷锋文化为底蕴的新型企业文化，态度上要积极，要勇于创新，但在实施步骤上要科学稳妥。要统筹安排，注重细节，精心设计，充分论证，尽量避免走弯路，把企业文化建设成本控制在合理的范围。

实施“雷锋工程”，构建以雷锋文化为底蕴的新型企业文化，始终要服从、服务和贴近企业经营活动实践，在促进企业发展的过程中提升企业文化。实现“雷锋工程”与各项工作的良性互动。

第二，确立支撑体系。一是建立二个机制、三个体系。为保证活动的顺利开展，他们建立相应长效教育实践机制，考评激励机制，雷锋精神核心理念体系、雷锋工程实施体系和雷锋工程组织保障体系，为“雷锋工程”提供支持和保证。二是邀请抚顺市雷锋精神研究所等专业

部门全程提供理论支持与智力支持。

第三，落实考评制度。一个是对基层单位参加构建活动进行严格考核；二是对职能部室落实工作职责，发挥职能作用情况严格考核。将考核纳入到公司“基层、机关创一流季度工作考核”之中，同业绩评定挂钩、同奖金挂钩。

（四）四项工程

企业文化的审视和策划，只是实现文化力整合的基础，用优秀的文化统一职工的思想意志，影响职工的行为方式，还需要通过不同的工具和途径方法，将已经设计出来的企业理念、核心价值观等有针对性、计划性地呈现出来，这样才能为企业职工了解、认同、接受并身体力行。

为确保雷锋特色企业文化能够全面系统开展，抚顺供电公司将雷锋工程分解为四项子工程分头推进，即理念梳理工程，理念确立工程，制度建设工程，形象塑造工程。

第一，在理念梳理工程中，他们把以往学雷锋成果，精神文明建设成果进一步梳理整合，纳入到国网公司企业文化框架下，引入雷锋文化，把雷锋文化同国网公司企业文化对接，最终确定雷锋文化为底蕴的特色企业文化创建战略和实施步骤，并提出八字核心理念和“三做”理念。

第二，在理念确立工程里，他们开展了一系列思想引导、主题教育和岗位践行雷锋精神活动。并且，围绕企业生产经营中心，进行特色企业文化的六种子文化建设。即：“建设平安抚顺供电”为核心内涵的安全生产文化、“真诚服务，奉献社会”为核心内涵的营销服务文化、“科学管理，精细创新”为核心内涵的企业管理文化、“刻苦钻研，勤奋学习”为核心内涵的学习文化、“团结友爱，和谐合作”为核心内涵的团队文化、“忠诚企业，廉洁自律”为核心内涵的廉洁文化、“建设幸福小家，支持企业大家”为核心内涵的员工家庭文化等。

第三，在制度建设工程中，他们进行一般制度和特色制度两种制度建设。在一般制度建设上，按照“一强三优”供电企业管理标准和建立健全现代供电企业制度要求，将八字企业核心理念融入公司现行各项规章制度中，全面整理、修订、完善公司制度，实现制度的升级换代。在特色制度建设上，增设新奖项，在公司双文明单位和劳动模范荣誉基础上，增设了基层单位、班组两级雷锋号，雷锋奖章先进个人荣誉称号，强化雷锋工程的影响力。

第四，在形象塑造工程，他们对公司雷锋文化理念宣传和国网企业文化氛围进行了统一规划、统一建设，统一布局。一方面，自行设计制作了体现雷锋文化和国网公司企业文化高度共溶的理念展示牌，安放在公司本部、营销系统服务窗口、生产系统工作区。公司从本部，到各基层单位，共设置了反映"雷锋工程"、"八字"核心理念、"三做"理念的宣示图板 87 块，反映安全生产、优质服务、企业管理、国网公司企业文化内容的理念展板 131 块，营造了浓郁的特色企业文化氛围。另一方面，加强了公司物态设施建设力度。新建开发区供电分公司、东洲供电分公司营业场所；改造了望花、平山分公司营业场所；完备了营业区域规范设施；建设了电费结算中心、客户服务中心、计量检测中心。使这些窗口服务区域更具便捷服务功能，体现人文和谐，整洁美化有序，从而营造较为浓郁的雷锋文化内涵的特色企业文化氛围。

（五）五个载体

在雷锋工程具体实施以来，为了避免出现形式化，与企业发展实际需求脱节，抚顺公司结合公司自身实际，精心设计了五个实践载体，即生产系统各单位以电网维护、建设和改造、安全生产管理、实施"平安工程"活动等为实践载体，营销系统各单位要以加强营销现代化管理、规范电力市场、深化优质服务，打造服务品牌为实践载体，公司机关各部室要以创建服务型机关为实践载体，后勤辅业系统各单位要以提供后勤保障、服务一线为实践载体，人力资源系统要以三支人才队伍建设和打造学习型团队为实践载体，依托这些载体，引导教育职工进一步理解雷锋精神，实践"忠诚、守纪、进取、奉献"八字核心理念，"像雷锋那样做人，像雷锋那样做事，用雷锋精神做强企业"三做理念，推进特色企业文化扎实开展。

（六）六大成效

雷锋工程实施一年来，抚顺供电公司特色企业文化建设取得阶段性成果，彰显出巨大的文化影响力。

第一，企业文化搭建新框架。特色企业文化框架初步成型。随着国网公司企业文化手册下发，他们正积极寻求省公司政工部、市精神文明办、思想政治工作研究会、雷锋精神研究所等部门和专家的支持，研究抚顺公司特色企业文化和国网公司企业文化无缝对接，坚持以国网公司企业文化为母体，雷锋文化为底蕴的原则，完善和规范抚顺供电特色企业文化。

第二，企业获得新美誉。抚顺供电公司“雷锋工程”阶段性成果电视片，在省公司2007年供电学组会和省公司有线电视台上被选用播放交流；公司党委书记李和志撰写的《引入雷锋文化，建设抚顺供电特色企业文化》论文、公司“雷锋工程”事迹图片，在国内唯一一家雷锋精神研究专业杂志《雷锋精神研究》上发表；省《明报》以“新‘雷锋故事’”为题，介绍了抚顺公司“雷锋工程”经验；《辽宁电业》杂志以《电业雷锋融进了小区》为题，介绍了城东供电分公司实施“雷锋工程”的典型事迹。抚顺日报、抚顺电台对公司“雷锋工程”实施情况进行了专访宣传。据统计，国家电网报、东北电力报、辽宁电力报、抚顺日报、晚报、辽宁电视台、抚顺电视台、电台等媒体，宣传报导抚顺公司发展、服务社会事迹达200篇之多。

第三，职工队伍呈现新风貌。八字核心理念更加深入人心，像雷锋那样做人，像雷锋那样做事，用雷锋精神做强企业日益成为公司员工的行为指南。职工忠诚企业、遵章守纪、岗位奉献意识逐步增强；热爱企业、热爱岗位、热爱生活成为新风尚；员工人生观、价值观得到提升。

第四，催生一批新典型。城东供电分公司、东洲供电分公司、抚顺县农电局章党供电所先后被授予省、市雷锋号，望花供电分公司也申报了市“雷锋号”。抚顺县农电局章党供电所长董志刚被授予省级“雷锋奖章”。公司各基层单位涌现了许多立足岗位，践行雷锋精神的先进典型。如：抚顺市“学雷锋标兵”，“抚顺市优秀市民”，“辽宁省百名服务明星”邵志强；真诚服务小区百姓的抄表员杨传仁，“辽宁省电力行业用户满意服务明星”王明珠；市“五一”劳动奖章获得者李太平；抚顺市“巾帼建功标兵”唐颖。

第五，完善管理新模式。特色企业文化建设促进了管理模式上的创新，以“四化”为目标的企业管理模式逐步形成。一是安全管理标准化。公司从“安全教育到位”、“安全管理到位”、“安全监督到位”的三到位原则出发，致力于“三个安全”的“三个深入”，形成覆盖全公司的安全生产监察体系，建立了危险点预控和安全性评价常态机制。将安全生产规范化管理，标准化作业落实到每个岗位、每个作业点，实现了安全生产全过程、全方位的监督、管理、考核。二是营销管理现代化。一方面，对营销管理信息系统进行国网系统优秀级达标；投运负荷控制管理系统、预付费电能表综合管理系统、居民售电系统，实现了营业管理现代化升级。三是科技管理领先化。电网设备红外线测试装置、输电线路小神探巡检系统、雷电定位系统、省内首家24小时服务ATM自动售电机等先进技术，先后应用到电网管理和供电服务中，城市负荷中心电缆供电网络及其自动控制系统的研究与应用、大型变电站主设备安全在线监测技术研究与应用，获得省部级科技进步奖，2006年，公司荣获“辽宁省科技工作者之家”称号。四是管理考核体系化。抚顺供电公司出台了《抚顺供电公司创一流工作质量考核管理办法》，将生产经营管理指针和工作任务，分解成四个部分198个考核项，同时将机关部室职能量化分解，采取月分析、季考核，基层、机关互查互评，考核结果与奖金挂钩的方法，加强了生产经营的过程管理考核

第六，取得服务地方建设新成就。抚顺公司从承担社会责任，服务地方经济建设发展和满足百姓生活用电需求出发，统筹考虑，超前谋划，不断发展壮大地方电网规模。几年来，对城市、县区电网改造、老旧设备更新投资达21亿元。实现了“结构更趋合理，供电更加可靠，承受突发事故能力更加坚强”的电网建设目标，为抚顺经济发展提供了强大的电力供应支撑。

与此同时，他们将“优质、方便、规范、真诚”服务方针同雷锋

文化中的“全心全意为人民服务”精神相结合，提出了“公司围着客户转，生产围着营销转，机关围着基层转”、“把供电优质服务化做客户发展软资源”等创新服务理念。成功推出了11233服务举措，即组建一个中心（组建了客户服务中心，开展报装接电、客户故障报修一站式服务）；健全一个机制（健全行风建设常态管理、监督、考评、奖惩机制）；实现两个区域化管理（实行变电、配电网运行维护区域化管理）；开展三项服务业务（全市各大商业中心增设售电业务，开通银行电费代缴业务，电话提示缴费业务）；建立三个制度（客户用电监督员制度、大客户走访制度、客户用电需求恳谈例会制度）。11233服务举措优化了整个服务流程，提升了服务质量，提高了服务能力，使公司优质服务水平有了一个质的飞跃。另外，抚顺供电公司还对影响地区经济发展和国计民生的重要活动，从讲政治的高度，做到了“三个保证”。即保证提早介入，保证主动介入，保证全程介入。在8.13抗洪抢险、3.4特大暴风雪灾、满族风情旅游节、2006抚顺国际经贸洽谈会，中央首长视察棚户区，以及每年的“两节”、“两会”，均圆满完成了保供电任务，赢得了社会各界的广泛赞誉。2000年以来，抚顺供电公司先后荣获“国家电力公司一流供电企业”、“国家电力公司双文明单位”、“辽宁省文明单位”、“辽宁省先进党委”、“辽宁省思想政治工作先进单位”、“辽宁省精神文明建设先进单位”、“辽宁省电力行风建设‘十连冠’突出贡献单位”、“辽宁省电力有限公司安全生产先进单位”、“抚顺市为经济建设服务最佳单位”、“抚顺市最受尊重企业”、“抚顺市红旗党委”等称号。

（七）七面旗帜

树立典型以引导、启迪职工，是抚顺供电公司建设新型企业文化过程中采取的重要方法。文化的力量是无形的，为了使企业职工在无形中感到有形，在抽象中把握具体，增强企业文化的可信性和感召力，抚顺供电公司树立了本企业七面旗帜，利用人们的“从众心理”，造成一种人人学先进、赶先进的氛围，使企业文化在互相学习中深化，在互相竞争中升华。

旗帜一：城东供电分公司。几年来一直坚持开展“诚信服务进小区，共创‘六无’活动”。实施“雷锋工程”后，该分公司把“六无”进小区活动融入雷锋工程之中，既为“六无”进小区活动找到了理论支撑，同时也通过这个优势载体促进“雷锋工程”的实施，培育特有的“电业雷锋”。

旗帜二：东洲供电分公司。为客户提供优质服务，履行社会责任，是开展“雷锋工程”，打造供电企业品牌、促进社会和谐发展的基本要求。他们按照“雷锋工程”六项子文化建设部署，重点开展了服务文化建设，通过落实“三个十条”，坚持“四个服务”，不断提升优质服务水平。“3.4”暴风雪期间，分公司干部员工连续奋战两天两夜，处理供电故障40余件，出色完成所辖地区保供电任务。

旗帜三：望花供电分公司。建立健全一整套以岗位责任制为主体，包括工作标准和管理标准在内的企业标准化体系，实现各项工作的标准化、科学化、规范化，全面夯实基础管理工作。开展了文明服务大厅、文明职工及文明家庭创建活动，加强了物态文化建设。侧重于提高服务质量，牺牲小我，实现大我，为地方政府分忧解难，为地区经济发展和社会稳定作贡献

旗帜四：变电——工区。用雷锋工程带动安全文化建设，重新修订各岗位安全生产工作责任制，开展“四零”创建及“保障职工平安，建设和谐环境”为主题的反违章活动等等，形成“人人讲安全、人人懂安全、人人抓安全”的良好氛围。自2011年9月以来，工区先后完成了共52项新建工程和老旧设备改造工程，为公司电网建设工程和辖区电网安全可靠运行作出了贡献。

旗帜五：电力发展公司。打造精品工程，提升企业形象是这个公司的一大亮点。发展公司工程量大，生产任务繁重，每年现场施工任务多达七、八十项，工期至少要10个月。在这些工程施工过程中，他们时刻遵循“雷锋工程”理念——奉献，关爱，服务，真诚付出，通过打造精品工程，提高职工的岗位责任意识、团队意识、服务意识、奉献意识，提升企业形象。棚户区改造工程在时间紧、任务重、工期短的特殊

情况下按期完工，多次受到市里表扬；小区配套工程等用户工程受到用户好评。

旗帜六：电业110邵志强。他是平山供电分公司一名营业所长。为了方便用户，他在人员少，地区远，用户分散，交通不便的情况下，自购摩托车，并公开自用手机号，开展了24小时热线服务。凡用户遇到用电疑难，他都随叫随到。细心人为做过这样一个统计：他在3年多的时间里，几乎没休息过一天，带领全所同志，为用户办理临时用电300余件，新装、换表5000多块。他那辆摩托车行程超过18000多公里，自已支付手机费8000多元。他心系用户，凭借着一颗爱心和无私奉献的精神，树立起了一面旗帜，被用户亲切的称为电业“110”。

旗帜七：服务小区百姓明星——杨传仁。他是城东供电分公司一名普通的抄表员。遵循公司企业文化中的“三做”理念，他把最普通的工作搞得有声有色。他以严谨的工作态度在所服务的小区实行了“一网、二板、三措施、四记录”的科学化管理。热心地帮助用户解决用电中实际问题，获得小区上上下下一片好评。为了帮助生活困难的独居烈属老人用上电，他自掏腰包付电费整整四年。城东供电分公司举办的“六无”活动中，他所管辖的小区被树立为标杆小区。

（八）八方评说

辽宁省供电公司总经理助理王显吉：雷锋工程的实施，初步形成了具有抚顺特色企业文化建设的宝贵经验，这种创新意识体现了抚顺公司党政领导对企业、对社会高度的责任感和使命感。抚顺公司雷锋工程的实施，组织的严密、务实，能够紧密结合生产经营实际，为服务企业提供了强大的助力。抚顺公司雷锋工程的实施要处理好雷锋文化与国网公司企业文化的对接。既要坚持母体文化地位，又要坚持特色企业文化。在实施雷锋工程过程中，要持之以恒，使之成为长期的系统工作，保持蓬勃向上的精力和旺盛的生命力。在取得成绩的同时，要继续总结经验，选树典型，通过雷锋工程的深入发展，涌现出更多雷锋式的典型人物。希望抚顺公司雷锋工程的实施真正打造成为精品工程、希望工程、民心工程。祝愿抚顺公司雷锋工程实施进展顺利，健康发展，在企业建设中发挥更大的作用。

抚顺市精神文明办主任周淑泉："抚顺供电公司的'雷锋工程'，把雷锋文化引入企业，提出了'八字'核心理念和'三做'理念，解决了学雷锋和企业工作结合的问题，为全市创新学雷锋活动，开辟了崭新的道路"。

"雷锋工程"的实施展示了供电人服务抚顺百万人民的重大意义。"雷锋工程"的实施，主题鲜明，氛围浓厚；扎实有效，形式多样；强力推进，彰显成效。"雷锋工程"的实施要继续发挥学雷锋优势，增强社会的感召力和凝聚力；继续发挥供电公司在全市典型的示范作用，进一步探索雷锋文化内涵，结合企业文化，取得实效。

辽宁省《友报》财富周刊记者李敏：抚顺供电公司作为服务老百姓的窗口企业，引入雷锋精神提高自己的服务意识和服务水平，为学雷锋赋予了新的含义，并且上升到企业文化的高度，受益的不仅仅是本公司这一个体，而且对社会精神文明建设都很有意义。

抚顺供电公司党委书记李和志：供电行业，作为社会公益性企业，无论是服务地方经济发展，参与和谐社会构建，还是企业自身做强做大，都需要有一种先进的文化，一种优秀的精神力量来支撑，而雷锋精神，特别是它所包含的全心全意为人民服务精神、螺丝钉精神、钉子精神、都是我们建设企业，服务社会所迫切需要的。

抚顺是雷锋的第二故乡，有着深厚的雷锋文化底蕴，抚顺供电公司也有着在几十年实践中积淀的、丰硕的学雷锋成果。这些，都为我们今天做好抚顺供电公司的党建、思想政治工作、精神文明建设、企业文化建设，提供了宝贵的资源。

正是基于这样几点思考，抚顺供电公司党委才决定把雷锋第二故乡的得天独厚地域优势，深厚的雷锋文化优势利用起来，将雷锋文化引入公司，同国网公司企业文化对接，构建雷锋文化内涵的新型企业文化。用雷锋精神带队伍，用雷锋精神开拓局面，谋求发展，用雷锋精神打造抚顺供电品牌，推进公司成长和促进社会和谐发展，为抚顺公司思想政治工作和精神文明建设工作探索一条新途径，创建一个新的载体。

抚顺供电公司职员王明珠：在社会经济飞速发展的今天，一个企业不仅仅是追求经济效益，更关注职工的思想状态和企业的文化氛围，把雷锋工程作为一项长期、全面的系统工程，同时不搞形式、不搞花架，全力打造实效工程、民心工程。这是一种怎样的社会责任感？

“雷锋工程”的内涵是丰富的、全面的，它营造了积极向上的企业文化氛围，增强了广大职工的企业荣誉感。在活动中，我们看到了身边许许多多的“活雷锋”，他们立足岗位，从身边做起，从点滴做起，用行动践行雷锋精神，成为广大职工的楷模。

然而雷锋工程不仅于此，它还需要更多强劲、持续的动力，需要我们全体职工齐心协力，以“忠诚、守纪、进取、奉献”的精神，共建抚顺供电公司辉煌的明天。

抚顺市顺城区站东小区居民王拥：抚顺供电公司营造雷锋企业文化，给我们用户带来了实惠。服务态度好了，用电方便了，解决问题及时了。而且，作为一个企业，弘扬了雷锋精神，对全市、乃至全国的学雷锋活动都作出了贡献，我们尊敬这样的企业。

抚顺供电公司职工常雁家属郭伟：公司提倡雷锋文化内涵的家庭文化，体现了公司的人性化管理意识，建设和谐企业意识，小家幸福稳定了，职工才能全力以赴的建设大家。同时，倡导职工像雷锋那样做人，做事，就是教育职工做好人，做好事，对职工自己，对职工家庭，对社会都是作出了贡献。

抚顺雷锋精神研究所所长翟元斌：抚顺供电人构建以雷锋文化为底蕴的特色企业文化建设的意义，在于实现了理论上的一个突破，实践中的一个创新。

一般人以为，与人类处于“交易”、“拿来”两种存活系统相对应，社会同时存在两种并立的、泾渭分明的道德系统：商业道德系统和监护道德系统。前者崇尚自愿协议，尊重契约，讲究诚信。后者则崇尚权威，讲究忠诚，注重影响力和控制力的投入。独立而又并行运作的商业和监护这两套系统，对于社会的存活和发展来说都是必要的。维持每个系统的本来面貌，使之独立地运行，可能带来社会和谐。如果让商业系统和监护系统和谐共存于某种统一的道德体系中，那是不可能的。把这个意思更直白的表述出来，即是说要把以奉献为本质的雷锋文化，植入到以追求利益最大化的企业经营中是无法想象的。

抚顺供电人顺应时代发展，对雷锋文化作了新的解读，对供电企业的特殊性进行深入分析，对抚顺供电公司学雷锋的传统积淀进行客观评估，找到了将两者统一的基点，提炼出“八字”理念和“三做”理念，并且在实际应用中获得可喜成效，这是理论上的一个突破，这种突破，反映出抚顺供电人的不懈追求和高度智慧。

学雷锋活动中经历了上街做好事，参与社会公益活动，到立足岗位学雷锋的发展过程。实事求是地说，无论参与社会公益活动，还是立足岗位学雷锋，从活动主体上看都是个体的行为，从时间上看都是一时的，从空间上看都是一事的。抚顺供电人把雷锋文化导入企业文化建设中，构建以雷锋文化为底蕴的新型企业文化，则是一种创新实践。从活动主体上看是群体意识表达，时间上是长期的，空间上涉及企业经营管理方方面面，更为重要的是，这是一种制度安排。抚顺供电人的实践开辟了传承红色文化的新领域，创造了构建社会主义核心价值体系的新载体。

二、济南供电段将雷锋精神融入企业文化助力生产

济南铁路局济南供电段始终把落实“三点共识”、“三个重中之重”作为出发点和立足点，将企业文化引入雷锋精神，深入开展“践行雷锋精神，立足岗位奉献”活动，把“像雷锋那样做人做事”的理念根植于职工思想深处，用“三种精神”引领职工在平凡岗位上建功立业，成为促进企业安全发展的“助推器”。

（一）发扬“钉子”精神，勤学善钻提升技能

随着铁路电气化建设的深入推进，各种新技术、新设备不断投入使用，确保牵引供电安全必须有一支思想、技术双过硬的职工队伍。该段党委开展了“践行雷锋精神，立足岗位奉献”等系列活动，要求广大职工学习雷锋的“钉子”精神，面对新设备、新技术、新工艺，思想

上与时俱进，行动上迎难而上，在学习技术上善于挤、善于钻，不达目的绝不罢休。各党总支、支部通过专题学习会、主题演讲、读书征文等多种形式开展学雷锋活动，帮助职工更好地了解雷锋、崇尚雷锋、学习雷锋，扩大学雷锋活动的影响，激发广大职工学雷锋的热情。

在雷锋精神的感召下，全段学习钻研业务热潮迭起，拼搏进取蔚然成风。“85后”的迟军从事电力工作6年，为了适应牵引供电发展的形势要求，他毅然转型，一边学电化，一边学管理，即便工区离家仅3分钟脚程，他仍然吃住在工区，省下时间学习，成为牵引供电方面的业务“大拿”，被段安排到桃村网工区担任副工长一职，成为全段最年轻的工长之一。

为了激发职工学习动力，该段采取多种形式，为职工成才提供平台。他们开设“网络在线培训系统”，职工在工区里就可以选择合适的题库自我演练。选拔技术能手为兼职教师，为职工开设“业务讲堂”。开展“每周两题、每月一考、每季一赛”活动，提升职工的现场实战能力。实行内聘技师制度，一年有效期的淘汰制打破了岗位“铁饭碗”的做法，让职工们有更多机会进阶。福山接触网工区的孙伟国，以前是一名电力工，后来苦学电化技能，不仅成功聘为技师，还成为职工信服的接触网工区工长。目前，全段已有39名职工被内聘为工人技师。

（二）发扬“砖头”精神，哪里需要就在哪里发光发热

3000多人的职工队伍，有1000人在跑通勤，按每个月平均30天算，只能在家待8天。在铁路改革发展的大形势下，越来越多的职工到异地工作，开始了常年通勤之路。

该段党委以学雷锋活动为载体，讲形势、讲任务、讲要求，大力宣传雷锋的“砖头”精神，哪里需要就在哪里发光发热，激励职工在本职岗位上踏实工作，有所作为。面对历史赋予的重任，很多职工远离亲人，奔赴异地他乡。新分配来段的复转军人，绝大多数分配到蓝烟线，远离家乡。济宁供电车间副主任李凯的家在青岛，目前却在济宁工作，每次上班差不多要在山东省绕个圈，把胶济、京沪与菏兖日线“串”起来。像李凯这样的例子还有很多很多，通勤已经成为供电人的一种工

作常态和生活习惯。他们在艰苦的环境里甘于寂寞，苦练硬功，用双脚丈量了蓝烟线的每一寸线路，守卫着电化长龙的安全。他们说：作为供电人，哪里需要我们，哪里就是我们的家，哪里就有可靠的供电保障。

铁路电气化带来了岗位工种的变化，广大职工顾全大局，以服从命令为己任，主动适应工作调整。两年来，先后有1000多人进行了至少一次的工作岗位调整，不断在新的岗位开拓新的成绩。纪伟师就是其中的典型代表，先后从事电力和接触网工作，被人称为“供电一块砖”。当年，他响应组织召唤，从胶济线来到京九线，走进聊北接触网工区大门，由一名电力工转岗为接触网工；菏兖日线接管号角吹响后，他又从京九转战到日照接触网工区，担负起菏兖日线接触网的检查验收工作；蓝烟线电气化接管战役打响后，他再次转战到莱阳接触网工区担任工长，带领着刚刚参加工作的复转新职工，顺利完成了接管任务。转变的过程是痛苦的，但完成转变又是令人喜悦的。每进入一个新的环境，他都有几分彷徨，但从来没有敲退堂鼓。

（三）发扬“铺路石”精神，肩负使命无私奉献

在铁路这个“大联动机”里，每一名职工就像是一个个“铺路石”，虽然很渺小，但是责任重大，只有每个“铺路石”踏踏实实的努力工作，铁路才能正常运转。只有每名职工甘于寂寞，严格履行岗位职责，认真按章作业，才能保证运输安全。该段党委把学雷锋活动与“推进铁路科学发展”大宣讲紧密结合，通过专题宣讲会、面对面谈心、先进典型宣传等形式，引导职工学习“铺路石”精神，在平凡的岗位上耐得住寂寞，像“铺路石”一样尽忠职守，发挥应有的作用，为铁路科学发展贡献自己的力量。

该段各牵引供电工区大多在铁路沿线，地处偏僻，交通不便，工作环境艰苦，但是广大职工把“像雷锋那样做人做事”理念和“高铁精神”牢记于心，在工区小院扎根，苦练技能，忘我工作，以百倍的信念，为安全生产保驾护航。颜磊是兖州供电车间南陶洛接触网工区副工长、班组党支部书记。在菏兖日线电气化开通后，他把主要精力用在了提升自身业务素质上，每天除了完成凌晨的天窗检修作业外，他在下午

还跟随巡视职工一同巡视设备状况，目的是尽快掌握工区管辖设备的基本状况。为了能够及时记录下学到的知识点，颜磊准备了一个小小的笔记本，随身携带，随时记录。一有时间就翻看记录本，“咀嚼、消化”记录的内容。在作业过程中，他带头执行作业标准化，并要求每名职工严格执行呼唤应答制度，每当看到职工出现标准化执行不到位、用语不准确的时候，他就及时提醒，更正职工的操作方法，按标准作业成了他的“习惯动作”，“眼勤、腿勤、手勤、口勤”成为他的工作方法。颜磊经常说：“既然选择了铁路、选择了供电，就要爱铁路、爱岗位、爱供电，无怨无悔的付出自己的青春和力量。”在颜磊的心里，没有那么伟大的设想和精明的构想，唯有的是踏实的干好自己的分内工作，它就像一颗恪尽职守的螺丝钉默默地奉献着自己。

济南供电段自2010年开展“践行雷锋精神、立足岗位奉献”主题实践活动以来，涌现了一大批“雷锋”式的先进人物，“践行雷锋精神，岗位实践梦想，甘于吃苦奉献，确保供电安全”。这成为供电人的真实写照。

三、山东电力设备公司创新企业文化载体弘扬雷锋精神

山东设备公司创新企业文化建设载体，积极开展将雷锋精神融入企业文化工作，创建了可以储存员工好人好事的“道德银行”，启动了“一天一角钱，天天献爱心”道德基金，开展了“慈心一日捐”活动，掀起了“日行三善”学习雷锋做好事，打造企业软实力的热潮。

（一）日行三善　厚德载物

为鼓励广大员工不断提升道德修养，从身边小事做起，学习雷锋、学做雷锋，该公司经全面策划，精心改进，推出了道德银行活动，并提出“日行三善”的工作和生活理念。

道德银行模拟银行的基本工作模式，储存的不是钱，而是虚拟的“道德币”，用来积累员工的日常道德实践行为。道德银行以公司党委为“总行”，以公司党支部为“分行”，并设立行长、副行长、分行行长，操作员和监督员等。该公司各部门均设立“道德储蓄记录表”，用

存取“道德币”的方式记录员工道德行为，增强员工做好事的意识。存储方式为随做随存，即员工每做一件好事，就可以向“操作员”申请储存等值的道德币，并详细记录好事信息。所储存的道德币将作为公司表彰先进、评选标兵模范等评先树优工作的基础数据支撑。

当前已经超过820余名员工参与到道德银行的储存活动中，有的员工已经获得130余枚道德币，银行共储存道德币2200余枚，记录好事1800余次。该项活动营造了浓厚的学习雷锋做好事、提升修养讲道德的氛围。

（二）汇集力量　奉献爱心

山东设备公司团委积极开展青年志愿者学习雷锋活动，并发出“弘扬传统文化，争做雷锋式好青年”的倡议，在青年员工中大力弘扬无私奉献精神、爱岗敬业精神和刻苦钻研精神，并组成“爱心服务队”、“雷锋小组”等，用实际行动帮助员工维修小家电，检修自行车等。

随着活动的不断深入开展，将爱心献给更多需要帮助的人，将爱心推向社会的呼声越来越高，广大员工普遍认为可以将手上的零钱存在一起，建立一个基金，汇集大家的力量奉献爱心。面对青年员工的一片赤诚之心，该公司团委决定建立“一天一角钱，天天献爱心”道德基金，并设立了组织机构、管理办法和使用形式等，以强化管理，规范使用，确保基金起到应有的作用。

道德基金活动开展以来，青年员工纷纷将自己的零钱存入，虽然捐款不多，但表现出来的却是滚烫的心意。今年的母亲节，团委组织开展了“母亲节”系列活动，启用了第一笔道德基金，购买了牛奶和鲜花，与公司青年员工代表组成的青年志愿者，一起到济南市康乐老年公寓，为这里的“母亲”们献上爱心和祝福。目前，该公司团委已对下一步学雷锋、献爱心工作进行了全面策划，并号召更多的员工参与进来。

（三）慈善精神　蔚然成风

根据济南慈善总会相关活动精神和贯彻落实国家电网公司深入推进雷锋精神融入企业文化精神，该公司开展了“慈心一日捐”活动。公司领导和党团员带头，广大员工积极参与，纷纷慷慨解囊。有的员工在外出差，或重病住院，就委托在家的同志垫付，生怕错过机会。身患重病的老员工阎怡民正在医院接受治疗，但是，得知消息后，马上给公司工会打电话咨询。工会工作人员表示他治病已经花了很多钱，家庭情况本就困难，而且很快就要退休了，就不用捐款了。阎怡民却不干，非要表达自己的心意。

该公司已连续三年开展该项活动，共有3500余人次参加，筹集善款20余万元，展现了公司员工良好的精神面貌和慈善意识。

山东电力设备公司作为一个具有五十多年历史的国有企业，有着优良的文化传统，在国家电网公司“五统一”的企业文化引领下，焕发出勃勃生机。该公司以实干精神践行企业文化，以创新精神传播企业文化，使特高压产品研制、产业基地建设、市场开拓等重点工作拥有了强劲的动力支持。当前，企业文化正在融进具体工作，雷锋精神逐渐融入日常行为，必将为公司不断一次性成功研制出特高压产品，振兴民主装备制造业形成重要保障。

四、国酒飘香　雷锋精神闪亮——茅台集团学雷锋纪实

茅台集团举行“学习弘扬雷锋精神共建共育”活动。在再创新一轮产业辉煌、再攀新一座5年计划高峰的征程中，把雷锋精神作为顺利实现目标宝贵的精神养料和强大动力，不断丰富“爱我茅台、为国争光”的企业精神内涵，进一步铸造国酒人的崭新形象，激发推动“努力做强股份公司，迅速做大集团公司”的强大内动力。

茅台集团长期以来注重员工高尚心灵塑造和企业文化建设，坚持广泛、深入宣传学雷锋活动，涌现出了大量先进事迹和先进人物。在不断前行的艰辛路上，茅台人辛勤耕耘，上演了“文革”期间从未停产的传奇故事；在改革开放的进程中，茅台人埋头苦干、奋勇争先，摘掉了16年的亏损帽子；在来势汹涌的亚洲金融风暴中，茅台人齐心协力、共渡难关，成功转型，华丽转身，并最终成长为市场经济大潮中的弄潮儿；走进新世纪，茅台人顽强拼搏、开拓创新，打造了中国白酒行业的

“茅台奇迹”。一路走来，茅台也造就了许多可歌可泣的“茅台雷锋”。茅台集团要求：对国酒人身边所熟识的“雷锋”，要进行大力的宣传和广泛的传颂；要以员工喜闻乐见的方式，把学雷锋活动融入员工群众的日常生活中，使广大员工的眼睛随时看到雷锋的身影，耳朵随时听到“雷锋之歌”。

茅台集团一贯坚持社会主义核心价值体系与员工操守有机融合，在各种活动中灌输企业文化理念，帮助员工树立正确的世界观、人生观、价值观，组织员工广泛开展劳动竞赛、合理化建议、革新创新等活动来激发职工的劳动热情、创新激情，帮助员工树立爱岗敬业、诚实守信、奉献社会的良好职业道德和职业风尚。

茅台集团是具有拥军传统的国有企业，从 1935 年红军长征经过茅台镇时，茅台人民的慰劳红军活动，到去年茅台首创性地开展了“军企共建”活动，创新“创先争优”的模式，丰富了“创先争优”载体。茅台精神又与伟大的工农红军长征精神、共和国人民子弟兵奋勇争先精神一脉相承；军人的严苛精神来管理企业生产质量，严格实施茅台酒的酿造工艺水准。如今，和平年代最具社会主流价值的“雷锋精神”，与茅台完成了又一次深刻的精神交流和灵魂塑造，赋予了茅台精神更为深刻的丰富的精神文化内涵。

近年来，集团公司党委围绕“立足国酒，奉献社会，成就自我，完美人生”的员工价值观，教育和引导员工身体力行，关爱社会、自觉承担社会责任、努力为促进社会和谐作贡献，高度重视并积极平衡各利益相关方的利益诉求，不断提升企业道德水准。“十一五”期间，公司累计向社会捐助 3.9 亿元；各基层组织自发开展的捐资助学、党建扶贫、修水池建饮水工程、“城乡支部手挽手”帮扶活动有 500 多次、捐款捐物 2300 多万元；几个月前，茅台集团捐资 1575 万元，为全国西部贫困地区 150 万名农村小学生每人购买 1 本《新华字典》；捐赠 1900 万元用于在贵州省部分农村小学建设 100 所“希望食堂”……彰显了国酒人强烈的社会责任感和博爱情怀。同时，加大工业反哺农业力度，引导仁怀市及周边地区发展特色农业，带动地方经济发展，使当地农民每年人均增收400多元。

茅台集团把雷锋精神与“努力做强股份公司，迅速做大集团公司”的新要求有机结合起来，全力打造“一心一意谋发展”的“同心”环境。

五、鞍钢打造独具企业特色的雷锋文化

打造雷锋文化是建设“一流现代企业”的必然选择。雷锋高尚的思想境界和道德情操，熏陶和影响了一代又一代鞍钢人的成长，成为企业发展的宝贵精神财富。鞍钢确定企业发展目标是创建一流现代焦化企业，实现这一目标，必须发扬光大雷锋精神，打造独具特色的雷锋文化。每年厂党委下发的第一个文件就是学雷锋文件，做的第一件事情就是制订学雷锋规划，新春后开的第一个会议就是学雷锋纪念大会。企业逐步形成了“立足岗位学雷锋、面向厂区学雷锋、走向社会学雷锋、与时俱进学雷锋”的工作机制。为全力打造雷锋文化，鞍钢积极为企业员工营造了努力学习的氛围、追赶先进的氛围、严格管理的氛围、务实创新的氛围。全力搭建科技创新、优用庸下和绩效管理的平台，激活了企业发展的活力，调动了广大员工为创建一流焦化企业的积极性、主动性和创造性。广大干部像雷锋那样，工作向高标准看齐，焕发出了艰苦奋斗、励精图治的创业精神，勇于进取、追赶先进的拼搏精神，严格管理、爱岗敬业的奉献精神，刻苦学习、追求卓越的创新精神，居安思危、争创一流的争先精神，为企业又好又快发展提供强大的精神动力。

打造雷锋文化是培养“高素质职工”的客观需要。教育员工发扬雷锋“钉子”精神，挤时间学习，钻研业务，形成了学习工作化、工作学习化的浓厚氛围。发扬雷锋的“螺丝钉”精神，教育引导员工立足本职岗位，干一行、爱一行、钻一行。在员工培训时，既引导员工学会本岗位的操作技能，又组织员工学习相关岗位的操作技能，着力培养“一专多能”的复合型员工队伍。全厂形成了总厂是“学校”、作业区是“班级”、班组是“学习小组”的学习格局。大力营造尊重劳动、尊重知识、尊重人才、尊重创新的氛围。选拔大学本科生到作业区、部室

的领导岗位任职。设立50万元创新创效奖励基金，激励全厂员工进行技术、管理创新，积极创造拴心留人的工作环境。通过学雷锋，争做勤学善钻、专业精业的学习型员工，做善于发现问题和解决问题的创新型员工，做敢于向困难和问题开炮的开拓型员工，做相互支撑、共同向上的阳光型员工。如今鞍钢工人学习技术、钻研创新已经蔚然成风。

打造雷锋文化是发挥典型作用的有效途径。鞍钢历史上涌现出了孟泰、王崇伦、郭明义、李晏家等多个典型，他们是鞍钢产业工人的杰出代表，在不同时期都发挥过“领头雁”的作用。坚持用先进典型作为弘扬雷锋精神的“活教材”，提升了雷锋文化的凝聚力，也增强了员工的昂扬向上的进取意识。通过评选表彰学雷锋先进集体和我身边的雷锋、编写反映学雷锋先进事迹的书籍或录像片，采集、编发学雷锋新风貌专刊等形式，扩大了典型的影响力和感召力。全厂有18支学雷锋小分队围绕生产经营、改革改造、便民服务等内容开展奉献活动，引导员工树立正确的价值观，形成了“员工爱岗敬业、管理规范有序、工作务实创新”的新一代“厂风”。在先进典型的感召下，如今，学雷锋光荣的理念已经深深地扎根于员工的脑海里，转化在行动上，“愿意学雷锋，主动学雷锋”已成为企业员工的精神追求和自觉行动。

打造雷锋文化是建设先进的企业文化重要内容。把弘扬雷锋精神作为化工文化建设的灵魂，倾心打造卓越的企业文化。以弘扬雷锋精神为主线，着力打造规范文化、诚信文化、创新文化、和谐文化。广泛进行“让追求卓越成为习惯”的总体工作理念和“与时俱进，追求卓越”的化工精神宣传教育工作，征集学雷锋春联和“我们的理念追求”100条名句，发动员工作词、作曲、创作厂歌，设置企业精神语句展示图版和创建文化长廊，四次修建雷锋纪念馆，大力开展职业道德教育和“塑企业形象，做文明职工”活动，制定《岗位工作规范》和《员工行为规范》，使员工在潜移默化的熏陶中，提升素质，超越自我，取得显著效果。鞍钢先后被评为全国企业文化先进单位，全国百家环保企业，全国模范职工之家，国资委先进党委、省文明单位标兵、省花园式工厂，市、公司先进单位等荣誉称号。

六、雷锋从这里走向世界——锦州银行学雷锋纪实

对锦州银行而言，从成立那天起，他们就开始扎扎实实地学雷锋。十几年的坚持不懈，不仅让雷锋精神深入员工内心，而且让雷锋精神成为锦州银行企业文化的核心内容，使其作为文化基因，融汇在锦州银行人的血脉中。骄人的成绩单可以证明，锦州银行结合本职工作学雷锋、传承雷锋精神，既锻炼了队伍、赢得了市场，又让他们在前进的道路上一路凯歌、勇往直前。

在锦州银行这个有着4000余人的大集体里，“让雷锋精神永放光芒”已经深深根植于每位员工内心，“知雷锋、学雷锋、做雷锋”成为每位员工的必修课。可以说，十几年坚持不懈地学雷锋，早已经让雷锋精神化作文化基因，融入锦州银行人的血脉之中。正因为如此，锦州银行才会获得“全国先进基层党组织”、“辽宁省雷锋号”、“全国文明单位”等20几个具有很高含金量的荣誉。

锦州银行学雷锋学得巧。它摒弃了那种为了学雷锋而学雷锋的表面文章，深入挖掘雷锋精神，将雷锋精神与企业自身文化“家文化”完美结合。他们通过学雷锋一方面要树立自己的服务品牌，另一方面就是要推动企业发展。接了地气的“学雷锋”自然有的放矢。为了发扬“螺丝钉精神”，锦州银行营造全行学习业务、钻研业务、人人成为一专多能技术能手的浓厚氛围。去年，锦州银行组织全体员工开展“大练兵大考试”，通过班前问一题、班中组织学一题、遇到问题讨论一题、回到家里预习一题等形式，让员工努力钻研本岗位技术业务。正因为人人发扬“螺丝钉精神”，在去年开展的50多次服务窗口技能大比武中，锦州银行涌现出120多位“储蓄明星”、“信贷能手”、“服务标兵”。

“人的生命是有限的，可是，为人民服务是无限的，我要把有限的生命投入到无限的为人民服务之中去。”《雷锋日记》中的这段脍炙人口的话，让“为人民服务”成了雷锋精神的重要组成部分。在锦州银行，他们将“为人民服务”细化成为“服务观念最新、服务面貌最佳、服务效率最优、客户满意度最高”的特色服务。为了给客户提供全天候的便捷服务，锦州银行通过全国客服热线“400－66－96178”开发了包括电话费、水费、燃气费充值等多项便民代收费业务。为了让客户感受到温馨舒适的服务环境，在锦州银行营业场所，普遍增设了休息区，那里备有电视、书报，客户可以在休息中等候叫号服务。

在锦州银行人的眼里，为人民服务并不局限在一招一式，而是一种全方位的“大服务”。为了发展地方经济，带动更多就业，锦州银行向中小型企业提供信贷支持，发放贷款337亿元，占锦州市中小型企业贷款市场份额的一半还多。尤其是加强了对包括小企业、小门店、小摊位在内的“三小”客户的信贷扶持。专门为“三小”客户信贷服务设立的“直通车”，做到了即呼即到、现场解答、现场受理、方便快捷，已经累计为“三小”客户发放贷款34.8亿元。为了支持生态城市建设，锦州银行全面实施了“绿色信贷”，加大对绿色、低碳对象的贷款力度。3年来，锦州银行累计投入信贷资金30亿元支持节能减排和绿色企业发展，重点支持光伏产业、新能源企业及零部件、生物质能源、污水处理等新兴产业的节能减排贷款，加速了锦州市产业结构调整的步伐。

肥沃的土壤容易盛开美丽的鲜花。“洋雷锋”罗杰斯就是锦州银行传承雷锋精神的一朵鲜花。这位来自美国、现任职锦州银行7777财富中心外籍客户经理的小伙子，在“人人学雷锋”的大环境里一直向雷锋看齐，用雷锋精神武装自己。为了更好地理解雷锋精神，罗杰斯在爱人的协助下，将《雷锋日记》翻译成了英文；为了帮助更多的人，罗杰斯到锦州市儿童医院看望脑瘫儿童，在圣诞夜探望患病儿童，组织外国人为汶川地震进行“爱心无国界”捐款活动……一件件点滴小事，让“洋雷锋”罗杰斯声名鹊起。获得辽宁省雷锋奖章的他，是全国第一位获得雷锋奖章的外国人。

精神动力可以推动大发展。扎扎实实学雷锋，让锦州银行获益匪浅，取得了不俗业绩。截至2011年年末，锦州银行全行资产总额逾千亿，比年初增长125亿元，上缴各种税金5.6亿元。在取得丰硕经营成果的同时，锦州银行也获得了许多闪光荣誉，比如“中国最具特色中小银行”、“全国支持中小企业发展十佳商业银行”等。

自打1998年成立那天起，锦州银行就一直坚持不懈地学习雷锋。如此连贯、持续地以雷锋为榜样来学习的企业，本身就已经有资格成为别人学习的榜样。不仅如此，锦州银行学雷锋并不是空洞地高喊口号、应景儿地高唱赞歌，而是实打实地和自身工作结合起来，将雷锋精神融入企业文化，再通过企业文化根植在每位员工的心中。

精神层面的学雷锋一旦接地气、有抓手、与自身工作相结合，不仅会增加无限延续的持久力，让学习雷锋长久开展下去；而且会给一个企业带来看得见摸得着、实打实的发展成果。就像锦州银行所倡导的那样，“谁学雷锋谁受益、谁学雷锋谁成长、谁学雷锋谁发展”。

七、人保财险用雷锋精神丰富公司企业文化的内涵

党的十七届六中全会《决定》强调，深入开展学雷锋活动，采取措施推动学习活动常态化。在全国再次掀起学雷锋的热潮。人保财险作为大型国有金融企业，拥有辉煌的历史和充满希望的未来，同时也有着自身特有的企业文化和精神。当前行业竞争新形势和跨越式发展新任务业务公司企业文化的内涵和精髓提出了新的要求，雷锋精神作为中华民族宝贵的精神财富，也就自然成为我们丰富企业文化内涵的母本和食粮。

雷锋精神内涵丰富，历久弥新。在社会主义市场经济的新时代，道德建设比过去更加重要，雷锋精神更具深刻的现实意义。毋庸讳言，一段时期以来，像“小悦悦”事件中一些人的冷漠，毒奶粉、瘦肉精、地沟油等食品安全事件中一些人道德底线的失守，假货、假文凭、假论文等诚信缺失，自私、无聊、低俗等“精神滑坡”现象，虽然不是主流，但在新媒体时代，其传播效应无疑会被放大，导致人们对道德失范深感忧虑。在这种社会环境下，继续深入开展学雷锋活动，让蕴含在民间、草野的道德力量茁壮生长，以道德力遏制贪欲，以崇高遏制信仰物化，以服务精神遏制野蛮逐利。对今天的中国，有着伟大的现实意义。

坚守良知和节操，承担作为社会公民的责任，遵纪守法，乐于助人，匡正道德失范，矫治不良世风，重建诚信环境，不仅让我们的社会变得更加美好，市场经济也才能健康发展。越是以经济建设为中心，就越是要弘扬雷锋精神。经济学家常言“交易成本”，减少“交易成本”，固然需要制度的改进、法治的昌明，同样需要道德诚信的社会环境。人人守信遵规，经济活动就会简约为“在服务他人中接受他人服务”的服务交换，在一个无须互相戒备、彼此提防的交易环境下，经济发展将会迸发出无穷的活力与创造力。

雷锋精神与公司企业文化的相融，人保财险的企业文化是在公司60多年的经营发展与改革转型中逐步积淀形成的，是几代人保人拼搏奉献精神的集中升华，其直接表现就是“和谐奋进”。这种“和谐奋进”的企业文化以品牌、标识、司歌、网站等为载体，内容包含了公司的社会责任和使命，公司的发展目标和经营理念，公司的企业精神与核心价值观等等多个层面和角度。这与以无私奉献为核心的雷锋精神有着广泛和深远的相融性。

雷锋精神与公司企业文化在属性上具有同一性。一方面，二者都是在实践中总结出来的、经过提炼、概括和不断丰富而形成的一种理念和特色，同属于思想文化的范畴。雷锋精神作为一种文化力是可以被企业借鉴、吸收的宝贵精神财富，是公司创建企业文化模块难得的素材资源库。同时，这二者又都是具有超越现实意义的先进文化，都是走在时代前沿，具有争先性，在很大程度上具有赶超作用。另一方面，雷锋精神已经成为雷锋和雷锋式的先进人物崇高思想和优秀品质的结晶，弘扬雷锋精神的奉献精神、集体主义精神、艰苦奋斗精神、钻研刻苦精神，目标是发展人与人之间团结友爱互助的社会主义新型关系，从而树立具有理想人格的新人。对人保财险这样一个大型国有企业来讲，其企业文化必然是具有中国特色的企业文化，基于对企业在社会生活中角色定位的重新思考以及对利润最大化绝对一元主义的摒弃，主流观念日渐认为企业的角色定位不应仅仅限于成为一种谋求利润最大化的工具，而是担负着广泛的社会责任。从这一点看雷锋精神与公司企业文化的精神实质是统一的。

雷锋精神与企业文化的内容上具有一致性。一是共具诚信意识。表现在企业遵循的目标原则与雷锋精神的“忠实”、“热情”等特征相一致。雷锋精神中诚实、真挚，乐于奉献，全心全意为人民服务，服从大局，不计个人名利得失。同时，雷锋精神所体现的“干一行、爱一行、专一行”也是忠诚的思想基础。人保财险最基本的理念是“以客户为中心”。只有处处为客户考虑，才能提高公司的经营质量和服务意识，取得客户的信任，从而实现公司做大做强。二是共具和谐意识，表现在公司的和谐共生及团队精神与雷锋精神的集体主义精神一致。雷锋精神中的集体主义原则，是社会主义核心价值体系所倡导与追求的最高觉悟层次，也是公司团队精神和谐共生价值所要求的。公司的和谐共生及团队精神，是建立在共同的价值标准及与时代相适应的道德规范基础之上的，是企业文化的主要内容之一。三是共具争先意识，表现在公司绩效激励原则与雷锋精神的奋发进取精神一致。雷锋精神具有强烈的激励争先意识，而争先文化要求管理者使用各种有效方法，激励员工在实现企业目标的同时满足个人需要，营造人人争先的文化氛围，增强企业活力。四是共具创新意识，表现在公司发展的立根之本与雷锋精神时代性质相一致。雷锋精神是随着社会进步而不断丰富发展起来的，随着社会进步和发展，今后还要不断赋予雷锋精神新的时代内涵，才能使其生生不息，永放光芒。同样，企业文化也是一个动态的形成过程。与时俱进是雷锋精神和企业文化保持先进性、时代性的共同要求。五是共具可持续意识，表现在企业文化的节约增效原则与雷锋精神的勤俭节约，艰苦朴素精神相一致。雷锋精神当中的勤俭节约并不是要求我们也像雷锋那样“缝三年，补三年，缝缝补补又三年”，而是要在新形势下树立节约意识。而公司在发展转型过程中，不但强调集约化经营、精细化管理，不断加强成本控制，实现可持续发展。

以雷锋精神丰富企业文化内涵的途径：

1. 注重循序渐进，强调有机结合。用雷锋精神丰富企业文化内涵，不是对当前公司管理模式和现有企业文化的否定，不是在公司现有框架外再行一套文化模式，而是在公司现有整体管理架构下，把雷锋文化内涵融入现有企业文化中，丰富企业文化内涵，使之更具特色，更具实用性，实现企业文化的升级换代。它也区别于传统意义上的企业学雷锋活动。传统意义上的企业学雷锋活动带有阶段性、局部性、公益性、动员性、与企业生产经营管理平行性特征。构建以雷锋文化为底蕴的新型企业文化，是将着力点打在企业文化上，更具效用性、根本性、全局性、长期性。公司内部管理也得到加强，做到科学有序，风正气顺，凝聚和谐，效益良好。公司上下服务地方经济建设和承担社会责任意识进一步增强，公司的社会美誉度迅速提升，人保服务品牌得到地方政府和百姓的充分认可。

2. 坚持以人为本，弘扬四种精神。将“忠诚、守纪、进取、奉献”四种精神作为公司的核心文化理念，下大力气加以宣导和弘扬。

忠诚，就是要求和倡导职工忠于国家，忠于公司，忠于职守，以公司荣誉、集体荣誉为重，处理与合作伙伴和客户关系时，诚实守信。

守纪，即守法遵规，信守承诺，廉洁自律，合法求利。包括遵守法律，遵守公司规章制度，信守契约承诺，廉洁自律等。守纪有两个层面要求：一是要求有法必守；二是要求依法治司，健全公司的规章制度。

进取，即倡导不怕困难，勤奋工作，善于学习，钻研技术，开拓创新，艰苦奋斗，尊重科学。进取，是要求公司和全体员工以积极的态度对待困难和挑战，顽强拼搏、开拓进取，逐步形成“唯旗是夺，无功即过”、“进取则生，平庸则亡”、“进取光荣，退缩可耻”的荣辱观。

奉献，即关爱、服务、真诚付出。关爱公司，关爱他人，关爱自己，关爱家庭，关爱社会，客户为尊，服务至上，坚定信念，克己奉公。

当然，学习雷锋要实事求是，扎扎实实讲实效，不要搞形式主义。不但普通干部、群众学雷锋，领导干部也要带头学雷锋，才能形成好风气。我们深入开展学雷锋活动就要用雷锋精神去助推和丰富我们企业文化的内涵。在全体员工大力倡导诚实守信、艰苦奋斗、敬业奉献的道德风尚。用干一行、爱一行、钻一行，立足本职，尽职尽责的雷锋精神鼓舞和教育我们的广大员工。以“诚信”去服务社会、服务人民，以“创新”去追求卓越，在改革开放的大潮中促进人保事业扬帆远航。

第四节　私营企业文化建设案例

一、“雷锋”——华为技术有限公司文化之魂

华为技术有限公司是一家总部位于中国广东省深圳市的生产销售电信设备的员工持股的民营科技公司，于 1987 年由任正非创建于中国深圳，是全球最大的电信网络解决方案提供商，全球第二大电信基站设备供应商。华为的主要营业范围是交换，传输，无线，数据通信类电信产品，在电信领域为世界各地的客户提供网络设备、服务、解决方案。在 2011 年 11 月 8 日公布的 2011 年中国民营 500 强企业榜单中，华为技术有限公司名列第一。在发展过程中，华为一直坚持以“爱祖国、爱人民、爱公司”为主导的企业文化，发展民族通信产业。积极进取的基础上，重视聚焦客户、技术创新，创造一种和谐的商业环境以实现自身的稳健成长。

（一）民族文化、政治文化企业化

华为人认为，企业文化离不开民族文化与政治文化，中国的政治文化就是社会主义文化，华为把共产党的最低纲领分解为可操作的标准，来约束和发展企业高中层管理者，以高中层管理者的行为带动全体员工的进步。华为管理层在号召员工向雷锋、焦裕禄学习的同时，又奉行决不让“雷锋”吃亏的原则，坚持以物质文明巩固精神文明，以精神文明促进物质文明来形成千百个“雷锋”成长且源远流长的政策。华为把实现先辈的繁荣梦想，民族的振兴希望，时代的革新精神，作为华为人义不容辞的责任，铸造华为人的品格。坚持宏伟抱负的牵引原则、实事求是的科学原则和艰苦奋斗的工作原则，使政治文化、经济文化、民族文化与企业文化融为一体。

（二）双重利益驱动

华为人坚持为祖国昌盛、为民族振兴、为家庭幸福而努力奋斗的双重利益驱动原则。这是因为，没有为国家的个人奉献精神，就会变成自私自利的小人。随着现代高科技的发展，决定了必须坚持集体奋斗不自私的人，才能结成一个团结的集体。同样，没有促成自己体面生活的物质欲望，没有以劳动来实现欲望的理想，就会因循守旧，固步自封，进而滋生懒惰。因此，华为提倡欲望驱动，正派手段，使群体形成蓬勃向上、励精图治的风尚。

（三）同甘共苦，荣辱与共

团结协作、集体奋斗是华为企业文化之魂。成功是集体努力的结果，失败是集体的责任，不将成绩归于个人，也不把失败视为个人的责任，一切都由集体来共担，“官兵”一律同甘苦，除了工作上的差异外，华为人的高层领导不设专车，吃饭、看病一样排队，付同样的费用。在工作和生活中，上下平等，不平等的部分已用工资形式体现了。华为无人享受特权，大家同甘共苦，人人平等，集体奋斗，任何个人的利益都必须服从集体的利益，将个人努力融入集体奋斗之中。自强不息，荣辱与共，胜则举杯同庆，败则拼死相救的团结协作精神，在华为得到了充分体现。

（四）“华为基本法”

从1996年初开始，公司开展了“华为基本法”的起草活动。“华为基本法”总结、提升了公司成功的管理经验，确定华为二次创业的观念、战略、方针和基本政策，构筑公司未来发展的宏伟架构。华为人依照国际标准建设公司管理系统，不遗余力地进行人力资源的开发与利用，强化内部管理，致力于制度创新，优化公司形象，极力拓展市场，建立具有华为特色的企业文化。

二、晋城银行将雷锋精神融入企业文化

在银行业竞争激烈的今天，城市商业银行如何立足？

三年前，中国银监会提出，城市商业银行要走差异化、特色化、精

细化的路子，不求规模，不求速度，不求排名。基于这样的要求，结合自身实际，位于太行山上的晋城银行将自己定位于“城市草根银行”。

作为一家小型城商行，晋城银行在成立的那天起，就面向广大草根客户，积极开拓业务。2009 年春天，随着业务发展的良好势头，“城市草根银行”战略定位逐步明晰。

为了实现“做城市草根银行”的战略愿景，晋城银行的企业文化必须从雷锋精神中汲取营养。

在晋城银行，有一个人人皆知的“小草宣言”：客户就是我们的亲人，客户的电话就是我们的冲锋号，用亲切的话语讲述我们的原则，成就客户就是成就我们自己。

小微业务是草根银行与草根客户契合度最高的业务，是一项崇高的事业。该行微贷业务自发放第一笔贷款以来，其团队呈现出了敢想敢干，猛打猛冲的营销精神。在其成立 45 天的日子里，晋城银行举办了“大爱启航”微贷客户经理故事会，第一批 12 位微贷客户经理讲述了各自的营销故事。在此基础上，他们提炼出了“不怕苦、不怕低、不怕难、不怕失败、不怕麻烦、不怕吃亏”的“六不怕”精神。

“清茶一杯”是晋城银行践行雷锋大爱精神的又一生动体现。“用雷锋精神把员工的道德底线提起来”，晋城银行在这一坚定理念带动下，以大爱为底色，从规范行为着手，大力推动“清茶一杯”授信自律文化。

“干干净净做业务，清清白白交客户”，即使到客户门上办理业务，也从不吃客户一顿饭，最多只是喝一杯清茶而已。

企业文化最有效的推进方式，就是理念故事化，故事理念化。晋城银行通过身边的人讲身边的事，鼓励大家做一棵小草，要在平凡岗位上将平凡的小事做好，把小事做好才能有真正的进步。小草最大的特点，就是放低自己，尊重他人，低调做人，高调做事，坚韧、乐观、谦卑、感恩。这不仅是一家银行的定位，也是每个员工做人做事的定位。

草根理念与晋城银行的结合，不断促进企业的发展。到 2011 年年末，晋城银行的小、微型企业贷款余额为 47.50 亿元，比 2008 年年末增加36.87亿元；占企业贷款总额的62.7%，贷款户数3462户，占全部企业户数的97%；2011年，小微贷款累放金额为53亿元，占全部贷款累放额的55%；2011年，小微企业贷款增速为43.73%，高于全行贷款平均增速21个百分点。“做小微就是做精神”，这个“精神”就是雷锋精神与晋城银行精神的结合。晋城银行在小微业务上，无论是业务规模、客户数量还是客户经理人数都达到了一个新的高度。

雷锋精神对发展质量的提升更具战略意义。在雷锋精神感召下，一个个小草雷锋应运而生，定位草根、服务草根的发展战略日益坚定。“学雷锋，做好人”，“学雷锋，扎扎实实地把小事做好”，这样的文化氛围对于防控内部道德风险和能力风险十分有效。在晋城银行，风险和合规管理的要求都落实在了每个岗位、每个业务流程和每个工作细节，努力做精做细，做深做透，全行科学发展不断开辟出新的境界。

在不断挑战极限、超越自我，精益求精、细节最优的过程中，晋城银行品牌影响力和核心竞争力不断得到提升。在《银行家》杂志举办的“2010年度中国商业银行竞争力排名发布会”上，晋城银行荣获“资产规模300亿以下城市商业银行综合竞争力排名第五名”和“2010年度最佳公司治理城市商业银行”，在中国中小企业家年会上荣获“全国支持中小企业发展（区域）十佳商业银行”；在金融时报社联合中国社会科学院金融研究所举办的“2011中国金融机构金牌榜‘金龙奖’颁奖盛典”上，荣获“年度最具成长性中小银行”奖项。

晋城银行并不是每天在喊着学雷锋，而是实实在在地将雷锋精神的点点滴滴内化为自己的实际行动。这样的故事，每天都在晋城银行的各部门、各网点精彩上演。

三、广药集团设立3000万元“向秀丽、雷锋爱心奖”

广药集团联合国家中医药管理局、中国中药协会等单位在京举办“学习向秀丽　倡导雷锋社会高峰论坛”。广药集团总经理李楚源在论坛上提出创建“雷锋社会”的理念，并宣布广药集团将致力于创建“雷锋企业”。

广药集团牵头设立总额达3000万元的“向秀丽、雷锋爱心奖”，并在全国6000多家“过期药品回收合作药店”设立“爱心信息站”，收集当地的好人好事。

为促进学雷锋形成常态机制，广药集团把3月13日设为“雷锋、向秀丽志愿服务日”，每年在这一天开展家庭过期药品免费更换公益活动。

四、宏达公司——让雷锋精神融入企业文化

“喂，您好，我叫秦六玲，听说你正在找我，那个钱夹就是我的，我现在从余关赶回去，到城里我们再联系，先谢谢了。”“那好吧，一会儿咱们见。”这段电话的两头分别是：丢失钱夹的牧原公司第十七分场员工秦六玲、积极寻找失主的宏达公司员工杨瑞菊。

这件好人好事还得从头说起。3月15日下午4点多，宏达公司员工杨瑞菊到西关邮政储蓄银行办事，在自动取款机上发现了一个被人“遗忘”的钱夹。“我当时在银行大厅里等了足足20分钟，仍不见人，无奈之下，打开了钱夹，里面装有400元现金，秦六玲的身份证、银行卡、医保卡和会员卡等物品。”杨瑞菊告诉记者，“钱虽不多，但这些卡却很重要，失主现在肯定急坏了。”钱夹里的一张手机缴费单，让失主“浮出了水面”。原来这张手机缴费单是失主秦六玲为一同事缴的，这位同事在接到杨瑞菊打来的电话时，还半信半疑的打给秦六玲询问情况，这时的秦六玲已坐车赶回余关，还没发现自己的钱夹早已“不翼而飞”了。于是就出现了开头的一段对话。

“学习、发扬、践行雷锋精神，就是我们宏达人做大企业文化，提升企业形象的重要抓手。”宏达公司董事长兼总经理李保国说，“雷锋精神与公司倡导的‘诚信、责任、创新、奉献’核心价值体系上也有着高度的相同性，杨瑞菊拾金不昧的好事，我们的员工人人都会做到。”

宏达房地产公司近20年来，积极参与城市建设和公益性基础设施建设，在西城区构建了广大居民向往的一道亮丽风景线。如何建设独有

的企业文化，宏达人在不断思考，不断前进。把“像雷锋那样做人，像雷锋那样做事，用雷锋精神做强企业”作为宏达公司的企业理念和企业价值，把学雷锋活动融入企业的生产、经营、管理和服务等各个环节。“人以品正，品以行为主”是宏达公司员工时刻牢记的做人做事原则，“良心做事，智慧做人”悬挂在董事长的办公室内，“企业要做大必须学文化”是该公司上下普遍的共识和坚守。扶危助困，累计捐资达160余万元帮扶20余名贫困大学生完成学业；新建的梨苑山庄售房部办公楼装修一新后就让给宛梆戏校使用；坚持重大节日慰问特困农户和鳏寡孤独老人；坚持多年为广大农村教师和农村党员、干部提供优惠购房……

“我们学雷锋，只有做到内化于心，固化于制，外化于行，才能持之以恒，常学常新，常抓常青”，“是否孝敬父母，是否品行端正，是否懂得感恩，是否心怀大爱”，宏达公司创始人李保国心中自有一套明晰的思路、一把衡量的尺子，而他自己也深知身教重于言传的道理，常常率先垂范，正影响和带动着宏达人，做继承和发扬雷锋精神的积极实践者。

宏达公司内出了一名活雷锋，这一点也不奇怪。

五、抢手的“雷锋战士”——金星啤酒公司用雷锋精神丰富企业文化内涵

金星集团南阳啤酒有限公司以弘扬雷锋精神为企业文化基调，引入、培养并运用典型发挥模范作用，极大地丰富了企业文化内涵。

该公司得知雷锋生前所在团有部分邓州籍士兵将要退伍回乡，企业负责人专程赶赴部队，与这批退伍士兵签订用工协议，特招为企业员工。

公司把这批每个人身上都闪耀着雷锋精神的士兵招用后，首先给予他们特殊的礼遇，抽调技术骨干，对他们进行上岗前的技术知识及现代化企业管理培训，把他们作为公司未来的技术和管理骨干来培养，使他们迅速完成军人向企业员工的转变。同时，公司还运用这些退伍士兵钻

研技术、勤奋刻苦的精神，感染激励企业老员工，很快使公司上下形成了浓厚的学习氛围。目前，这些退伍战士在新的岗位上勤奋努力工作的同时，还主动向工友们宣讲雷锋事迹，传扬雷锋精神，影响带动全公司每个岗位都闪耀着雷锋精神的光芒。

六、行驶的爱心——雷锋车队

1997 年，吉林市大鹏出租车公司的一名出租车司机吴景贵，率先在出租车上粘贴了雷锋的头像，向雷锋同志学习。2003 年 3 月 5 日，在毛泽东“向雷锋同志学习”题词发表 40 周年之际，经中国雷锋精神研究会批准，中国第一支出租车行业群体挂标的雷锋车队在吉林市诞生。中国雷锋精神研究会常务副会长、雷锋生前战友乔安山，中国雷锋精神研究会顾问、著名战士作家高玉宝、沈阳军区某部教导员、雷锋班第 18 任班长赵红光、吉林市党政领导和社会各界群众出席了“雷锋车队”成立仪式。

吉林市出租车行业开展学雷锋活动由来已久。“雷锋车”、“学雷锋车”、“共产党员车”、“志愿者服务车”不断涌现，市出租车管理办公室因势利导，决定成立以行业学雷锋先进典型为主体的雷锋车队。首批入编的 20 辆雷锋车中，绝大多数成员均有 5 年以上学雷锋实践史和卓越的业绩。其中，全国学雷锋先进个人吴景贵、全国职工职业道德十佳标兵孟庆春、全国出租车行业见义勇为标兵杨春祥等人的先进事迹早已为人们所熟知。

为了加强雷锋车队的管理，吉林市出租车管理办公室制定了雷锋车队标准和服务公约，实行统一标识、统一门字、统一座套、统一着装。在雷锋车队成立仪式上，乔安山代表中国雷锋精神研究会向车队授牌；雷锋车队队员举行了集体宣誓。车队组建以来，吉林市出租车管理办公室连续两届获得省“精神文明建设标兵”，被中宣部、中央文明委授予全国“创建文明行业工作先进单位”，被团中央评为“青年文明号”、孕育了“全国文明驾驶员”、“全国学习雷锋、志愿服务先进个人”、的哥群体当选全省“感动吉林”十大人物。

七、锦州新华龙钼业——信守承诺　回馈社会

锦州新华龙钼业股份有限公司是国内最大的钼系列产品市场企业之一，国家一类出口免检企业。经过多年的发展，已经成为集采矿、选矿、冶炼、加工、贸易于一体的专业化公司。该公司下辖3个全资子公司和2个控股公司。2003年至2011年，共实现产值72亿元，缴纳税金3亿1千万元，为地方经济作出重大贡献。

该公司连续多年实施技改项目，建成工艺和技术完善成熟的回转窑，完全替代了原有落后的反射炉。同时建成与之匹配的环保项目亚硫酸钠工程，达到了绿色环保要求。企业自主设计新建的现代化钼铁冶炼自动化生产线，其技术装备水平和生产能力居国内领先地位。

该公司先后从美国、日本引进国际先进水平的焙烧、自动化冶炼、环保等技术和检测设备，严格规范原辅料和产品质检制度，全面通过了质量、环境、职业健康安全管理三体系的认证和监督审核。该公司生产的主要产品性能均达到国内先进水平，并销往全国各大钢厂，出口到世界数十个国家和地区，钼铁生产量与销售量稳居中国钼业第一方阵，深加工产品——钼酸铵和高纯氧化钼的产量和质量居行业内前列。

该公司整合全球资源，确立公司钼产品在钢铁、石油化工领域的市场优势地位，扩大国际市场，成为国内一流、世界知名的钼业公司。专注钼业产业链一体化发展战略，加快钼资源储备和开发，力争实现企业三年确保15%、五年达到30%以上的原料自给率；稳定并提高产品的产量、销量、质量，使钼铁、钼化工产品占据30%以上的市场份额；拓展钼金属制品的品种；创新科技与营销模式，运用并完善各项现代企业管理方法，培育企业核心竞争力；打造企业品牌形象，使新华龙成为国内一流、世界知名的钼业公司。

该公司积极组织实施名牌产品和商标战略，全力打造新华龙品牌，被国家农业部授予“全面质量管理达标验收合格单位”、辽宁省“诚信示范企业”、“守合同重信用企业”、“民营百强企业”和“名牌产品”、“著名商标”等称号，连续多年成为锦州市“工业十强企业”，是注册

地重点骨干纳税企业。2012 年 8 月 24 日锦州新华龙钼业股份有限公司 A 股在上海证券交易所成功上市。该企业热心志愿服务事业，2012 年被中华志愿者协会吸纳为理事单位。

锦州新华龙钼业股份有限公司以其卓越的经营实践，凝结成自己特有的企业文化。

1. 一种竞争的文化：开拓创新；

2. 一种诚信的文化：诚实守信，让客户赚不到钱的营销员不是一个合格的营销员；

3. 一种执行的文化：令行禁止；

4. 一种实干的文化：成功了也不张扬；

5. 一种团结的文化：善待客户、善待员工；

6. 一种奉献的文化：先奉献后索取；

7. 一种负责的文化：勇于承担责任。

科技立企，科学发展

科技进步是企业的生命力所在，是企业发展的源泉，也是推动以钼金属深加工和钼化工产品为核心的企业快速成长壮大的直接源动力。这是锦州新华龙钼业股份有限公司董事长郭光华近年来实施产品结构调整、向高科技、高附加值、当今世界钼工业最高技术水平领域进军，加快企业发展的深切体会。创业之初，他就把生产设备、工艺技术和环保处理等各个环节定在一个高起点上，科技立企，不断加大设备更新改造的资金投入。近年来，新华龙公司以打造“绿色华龙”为目标，切实按环保标准将污染物控制在源头，做到了清洁生产，打造了绿色工厂，保持了企业可持续发展的能力。其中氧化钼焙烧尾气回收工程，均采用先进的环保技术，达到了绿色环保的要求，而除尘、脱硫系列环保设备更是处于全国领先水平。

信守承诺，开拓创新

“诚实守信、开拓创新”是企业始终秉承的核心价值观。2004 年钼铁市场价格不稳定，公司与客户签订供销协议后，市场价格上涨迅速，一月份的价格是每吨 9 万元，可是很短时间内钼铁价格翻番涨至每吨 22 万元，到 11 月底达到了 40 万元/吨。在巨大的经济利益诱惑面前，企业体现出一诺千金的优秀商业道德，按原价供货。虽然公司为此少收入很大一部分，却为企业赢得了宝贵的信誉。

回馈社会，构建和谐

企业坚持以人为本的发展理念，在企业发展的同时，努力使员工也得到成长，成为有素养、有一技之能的有用人才。他先后投资兴建员工宿舍楼、食堂、浴池、篮球场、娱乐游艺室，改善员工生活；组织员工旅游，开阔员工视野；开展管理、技术和技能培训，提高员工素质。开办员工工会之家，保障员工提案得到落实；为员工上养老和医疗保险，并使工资水准保持同行业中上水平。这一系列积极措施为员工创造了良好的工作和生活环境，切实保障了员工的各项合法权益。

发展创造了和谐，和谐推动和发展。在发展和和谐的相互作用下，新华龙钼业公司用自己的力量为构建和谐社会做出了巨大的贡献，连续多年在销售收入、上缴税金、出口创汇等各项经济指标均名列锦州民营企业前列。同时企业从创业初到 2010 年资助光彩事业和社会福利事业的资金总金额达 800 余万元。不但在资金上扶危济困，还累计安排 600 多名当地农民及下岗职工就业，把他们培养成优秀的技术工人，减轻了社会负担。

在中国，人们谈起春天的温暖，自然会联想起一个伟大的士兵。

在华夏，人们谈起永恒的生命，自然会联想到一种时代的精神。

雷锋留给人间永久的微笑，永恒的生命。

他用火热的心肠、壮丽的青春，凝聚了永久的微笑；他用一颗伟大的心灵，编织着无数个平凡，托起时代精神文明的彩虹。

雷锋的名字已远远超出他个人的称谓，而成为一种富有时代气息，意蕴丰富的文化载体，成为社会文明的晴雨表。每当人们褒奖一种高尚

时，总要将其与雷锋连在一起，每当社会风气不好时，人们又会疾呼雷锋归来。雷锋经久不衰地占据着人们的心灵，得到人们的怀念、呼唤与播扬。

马克思说：只能用心换心。只能用爱换爱。民族的灵魂，历史的凝聚，精神力量的火炬，就这样燃烧，就这样跨过漫长的时间隧道，熊熊燃烧，雷锋和他的传人们共同创造和丰富了雷锋精神。

学雷锋忠于职守的螺丝钉精神，学雷锋像夏天般火热的工作热情，学雷锋像春天般温暖的为人之道，学雷锋做大海中一滴水的团队观念。

无限的事业靠有限的生命来延续，有限的生命只有投入到无限的事业中才能获得永生。

雷锋——永生！
雷锋——丰碑！
让我们以诗人蓝歌的诗作为本书的结束语
薪火相传
长明的灯　谁来加油
我来加油　我们来加油
虽然我是粗粝的柴草
但我依然向往燃烧
因为人们需要火的温暖　光的照耀

参考文献

《雷锋辞典》，白山出版社 1992 年版。

《中国学雷锋活动 30 年简史》，红旗出版社 1991 年版

《回顾学雷锋活动的起源和发展》，白山出版社 1991 年版

《党员公务员学雷锋手册》，新世界出版社 2012 年版。

《解读雷锋》，辽宁少年儿童出版社 2000 年版。

《雷锋的故事》，吉林大学出版社 2011 年版。

《向雷锋学什么》，红旗出版社 2012 年版。

《锦州日报》，锦州市交警支队系列报道：刘玉鹏、梁全峰，记者：杜江，2012 年 11 月 27 日。

《雷锋文化照亮抚顺供电》，http：//roll. sohu. com/20120330。

学雷锋网站 http：//www. xueleifeng. com. cn。

中国文明网 http：//www. wenming. cn/。

后　记

本书在编写期间，得到社会各界广泛关心和支持，并为文稿提供了宝贵的资料和建议，在此一并致谢！

本书涉及面广，时间跨度大，加之我们编写经验不足，存在的疏漏和谬误之处，敬请广大读者给予批评指正。

编著者

2013.2